令和 2 年版

土　地　白　書

JN057253

国土交通省

CONTENTS 目次

第1部　土地に関する動向

第1章　令和元年度の不動産市場等の動向 ……………………………………… 3
第1節　地価の動向 ……………………………………………………… 3
第2節　土地取引の動向 ………………………………………………… 10
第3節　土地利用の動向 ………………………………………………… 15
第4節　不動産市場の動向 ……………………………………………… 28
第5節　不動産投資市場の動向 ………………………………………… 35
第6節　土地・不動産の所有・利用・管理に関する意識 …………… 40

第2章　人口減少社会における土地の利用と管理を巡る動向 …………… 45
第1節　新たな需要への対応や需要喚起による土地・不動産活用の取組 … 46
第2節　管理不全土地等の現状と適正な利用・管理に関する取組 ………… 83
第3節　土地基本法等の改正と土地基本方針に基づく総合的土地政策の推進 …103

CONTENTS 目次

第2部　令和元年度土地に関して講じた基本的施策

第1章　土地に関する基本理念の普及等 ………………………………………113
第2章　土地に関する情報の整備 ………………………………………………114
　第1節　土地情報の体系的整備 ………………………………………………114
　第2節　国土調査の推進 ………………………………………………………114
　第3節　国土に関する情報の整備等の推進 …………………………………115
　第4節　土地に関する登記制度の整備 ………………………………………115
第3章　地価動向等の的確な把握等 ……………………………………………116
　第1節　地価公示等の推進 ……………………………………………………116
　第2節　不動産取引価格情報の提供 …………………………………………116
　第3節　不動産価格指数等の整備 ……………………………………………116
　第4節　不動産鑑定評価の充実 ………………………………………………116
　第5節　公的土地評価の均衡化・適正化 ……………………………………116
第4章　不動産市場の整備等 ……………………………………………………117
　第1節　不動産取引市場の整備等 ……………………………………………117
　第2節　不動産投資市場の整備 ………………………………………………118
　第3節　土地税制における対応 ………………………………………………118
　第4節　不動産市場における国際展開支援 …………………………………119
第5章　土地利用計画の整備・充実等 …………………………………………120
　第1節　土地利用計画の推進 …………………………………………………120
　第2節　都市計画における適正な土地利用の推進 …………………………120
　第3節　国土政策との連携 ……………………………………………………121
第6章　住宅対策等の推進 ………………………………………………………123
　第1節　住宅対策の推進 ………………………………………………………123
　第2節　良好な宅地供給・管理の推進等による良質な居住環境の形成等 …126
第7章　土地の有効利用等の推進 ………………………………………………127
　第1節　地方創生・都市再生の推進 …………………………………………127
　第2節　都市基盤施設整備や災害に強いまちづくりの推進 ………………129
　第3節　低・未利用地の利用促進等 …………………………………………132
　第4節　都市と緑・農の共生するまちづくりの推進 ………………………133
　第5節　国公有地の利活用等 …………………………………………………134
　第6節　公共用地取得の円滑化 ………………………………………………135
　第7節　所有者不明土地問題への対応方策の推進 …………………………135
第8章　環境保全等の推進 ………………………………………………………137
　第1節　環境保全等に係る施策の推進 ………………………………………137
　第2節　農地の適切な保全 ……………………………………………………139
　第3節　森林の適正な保全・利用の確保 ……………………………………139

第4節　河川流域の適切な保全 ……………………………………………140

第5節　文化財等の適切な保護及び歴史・文化等を活かした良好な
景観形成の推進等 ……………………………………………140

第9章　東日本大震災と土地に関する復旧・復興施策 …………………142

第1節　土地利用関連施策 …………………………………………………142

第2節　住宅関連施策……………………………………………………143

第3節　住宅再建・まちづくりの加速化に向けた取組…………………143

第4節　土地情報関連施策 …………………………………………144

第5節　税制上の措置………………………………………………144

CONTENTS 目次

第3部　令和2年度土地に関する基本的施策

第1章　土地の利用及び管理に関する計画の策定等 …………………………………… 149
第1節　国土計画における適正な土地利用の推進 ……………………………… 149
第2節　都市計画における適正な土地利用の推進 ……………………………… 150
第3節　農業振興地域整備計画等による優良農地の確保と
有効利用の取組の推進 ……………………………………………………… 150
第4節　森林計画等による適正な利用・管理の推進 ………………………… 151

第2章　適正な土地利用及び管理の確保を図るための施策 …………………… 152
第1節　地方創生・都市再生の推進等 …………………………………………… 152
第2節　災害に強いまちづくりの推進 …………………………………………… 154
第3節　低未利用地の利用促進等 ………………………………………………… 156
第4節　国公有地の利活用等 ……………………………………………………… 158
第5節　住宅対策の推進 …………………………………………………………… 159
第6節　都市と緑・農の共生するまちづくりの推進 ………………………… 162
第7節　農地の適切な保全 ………………………………………………………… 162
第8節　森林の適正な保全・利用の確保 ……………………………………… 163
第9節　環境保全等に係る施策の推進 …………………………………………… 163
第10節　文化財等の適切な保護及び良好な景観形成の推進等 …………… 165
第11節　適正な土地の管理の確保方策の推進 ………………………………… 166
第12節　所有者不明土地問題への対応方策の推進 …………………………… 166

第3章　土地の取引に関する施策 ……………………………………………………… 168
第1節　不動産取引市場の整備等 ………………………………………………… 168
第2節　不動産投資市場の整備 …………………………………………………… 168
第3節　土地税制における対応 …………………………………………………… 169
第4節　不動産市場における国際展開支援と国際化を踏まえた対応 ……… 169
第5節　土地取引制度の適切な運用 ……………………………………………… 169

第4章　土地に関する調査の実施及び情報の提供等に関する施策 ………… 170
第1節　国土調査の推進等 ………………………………………………………… 170
第2節　国土に関する情報の整備等の推進 …………………………………… 170
第3節　土地に関する登記制度の整備 …………………………………………… 171
第4節　不動産取引情報の推進等 ………………………………………………… 171
第5節　災害リスク等についての情報の提供等の推進 ……………………… 172

第5章　土地に関する施策の総合的な推進 ………………………………………… 173
第1節　国・地方公共団体の連携協力 …………………………………………… 173
第2節　関連分野の専門家等との連携協力 …………………………………… 173
第3節　土地に関する基本理念の普及等 ……………………………………… 173
第4節　資金・担い手の確保 ……………………………………………………… 173

第6章　東日本大震災と土地に関する復旧・復興施策 ……………………… 175
　　第1節　土地利用関連施策 ……………………………………………… 175
　　第2節　住宅関連施策…………………………………………………… 176
　　第3節　住宅再建・まちづくりの加速化に向けた取組……………… 176
　　第4節　土地情報関連施策 ……………………………………………… 176
　　第5節　税制上の措置……………………………………………………… 177

CONTENTS　目次

資料編
1. 経済の動向 ……………………………………………………………………………………… 180
　　図表1　実質GDP成長率と寄与度の推移
　　図表2　生産・営業用設備DIの推移
　　図表3　雇用判断DI、有効求人倍率の推移
　　図表4　実質家計最終消費支出の推移
2. 地価の動向 ……………………………………………………………………………………… 182
　（1）地価動向の的確な把握 …………………………………………………………………… 182
　　図表5　地価公示の対象区域、標準地数等の推移
　　図表6　地価公示と都道府県地価調査との比較
　　図表7　公的土地評価一覧
　（2）各圏域別の地価動向について ……………………………………………………………… 185
　　図表8　東京圏の地域別対前年平均変動率
　　図表9　東京圏の市区の対前年平均変動率
　　図表10　大阪圏の地域別対前年平均変動率
　　図表11　大阪圏の市区の対前年平均変動率
　　図表12　名古屋圏の地域別対前年平均変動率
　　図表13　名古屋圏の市区の対前年平均変動率
　　図表14　地方圏の市区別変動率（人口10万人以上の市）
　　図表15　名目GDPと地価の推移
3. 土地取引の動向 ………………………………………………………………………………… 195
　　図表16　制度部門別土地純購入額の推移
　　図表17　土地売却主体の状況（面積割合）
　　図表18　土地購入主体の状況（面積割合）
　　図表19　売主・買主の形態（件数割合）
　　図表20　売主・買主の形態（面積割合）
　　図表21　土地取引の地目別割合（件数割合）
　　図表22　土地取引の地目別割合（面積割合）
　　図表23　個人買主の購入目的（件数割合）
　　図表24　個人売主の売却理由（件数割合）
　　図表25　法人買主の業種（件数割合）
　　図表26　法人買主の購入目的（件数割合）
　　図表27　法人売主の業種（件数割合）
　　図表28　法人売主の売却理由（件数割合）
　　図表29　耕作目的の農地の権利移動
　　図表30　土地取得面積の業種別割合の推移（販売用土地）
　　図表31　土地売却面積の業種別割合の推移（販売用土地）
　　図表32　産業別工場立地面積の推移
　　図表33　地域別工場立地面積の推移
　　図表34　産業別工業用地取得金額の推移
4. 土地利用の動向 ………………………………………………………………………………… 205
　　図表35　国有地の面積の推移
　　図表36　公有地の面積の推移

図表37　国土（宅地・農地及び森林・原野等）の所有主体別面積
図表38　個人及び法人の所有地面積の地目別構成比の推移
図表39　個人及び法人の所有地面積の地域別構成比
図表40　法人所有土地・建物及び世帯所有土地の面積
図表41　地目別土地所有者数の推移

（1）宅地などの利用現況 ………………………………………………………… 208
図表42　法人が所有する宅地などの利用現況別面積
図表43　世帯が所有する宅地などの利用現況別面積割合

（2）未利用地の状況 ……………………………………………………………… 209
図表44　事業用土地及び販売用土地に占める未利用地割合の推移
図表45　利用関係別新設住宅着工戸数の推移
図表46　新設住宅（利用関係別）着工戸数の推移
図表47　新設住宅（利用関係別）着工床面積の推移
図表48　新設住宅（利用関係別、地域別、資金別）着工戸数
図表49　新設住宅（地域別、利用関係別）着工床面積及び1戸あたり平均床面積
図表50　産業別工業用地面積の推移
図表51　地域別工業用地面積の推移
図表52　地域別森林面積
図表53　地域別耕地面積
図表54　耕地面積等の推移
図表55　市街化区域内に占める市街化区域農地の割合
図表56　市街化区域内農地の転用面積
図表57　農地に太陽光発電設備を設置するための農地転用許可実績
図表58　営農型太陽光発電設備を設置するための農地転用許可実績
図表59　三大都市圏特定市における生産緑地地区指定状況
図表60　オフィスの新規賃借予定理由
図表61　新規賃借予定面積の拡大縮小割合
図表62　コイン式駐車場の車室数の推移

5. 不動産投資市場の動向 ………………………………………………………… 219
図表63　東証REIT指数の推移（平成31年1月～令和2年3月）
図表64　Ｊリート資産取得額の推移
図表65　Ｊリートにおける外国人の売買状況
図表66　Ｊリート等の物件取得件数・割合の推移
図表67　Ｊリートの物件取得額の推移
図表68　Ｊリート保有物件の推移（地域別累積件数）

6. 土地資産額の動向 ……………………………………………………………… 222
図表69　我が国の資産額の推移
図表70　名目GDPと土地資産額の推移
図表71　制度部門別土地資産額の推移
図表72　法人所有土地・建物及び世帯所有土地の資産額

7. 土地関連諸制度の動向 ………………………………………………………… 225
（1）土地取引規制等 ……………………………………………………………… 225
図表73　土地取引規制制度について
図表74　届出制フロー
図表75　事後届出があった場合において勧告・助言をした割合
図表76　監視区域指定市町村数の推移
図表77　監視区域の指定を行っている団体
図表78　遊休土地制度の仕組み

図表79　遊休土地の通知条件
(2) 国土利用計画体系 ……………………………………………………………………… 229
図表80　国土利用計画市町村計画策定状況
図表81　五地域の指定状況
図表82　都市計画区域の指定状況
図表83　都市計画法第29条に基づく開発許可の状況
図表84　農用地区域の状況
図表85　転用用途別にみた農地転用の状況
図表86　森林面積及び保安林面積の推移
図表87　森林法第10条の2に基づく林地開発許可の状況
図表88　国立公園等の指定状況
図表89　自然環境保全地域等の面積
(3) 自然環境保全等のための土地利用規制 ……………………………………………… 234
図表90　生息地等保護区の現況
図表91　鳥獣保護区の現況
図表92　特別緑地保全地区等の指定状況
図表93　保安林の指定状況
図表94　保護林の現況
(4) 国土調査 ………………………………………………………………………………… 237
図表95　国土調査の種類
図表96　第7次国土調査事業十箇年計画の事業量
図表97　公図と地籍図
図表98　地籍調査の地域区分別の進捗率

第1部

土地に関する動向

第1章 令和元年度の不動産市場等の動向

　令和元年度の不動産市場については、雇用・所得環境の改善や緩和的な金融政策等が続く中、依然として、堅調なオフィス需要により空室率の低下・賃料の上昇傾向が継続するとともに、首都圏・近畿圏におけるマンション価格も高水準で推移するなど、良好な状況が継続し、このような状況を背景に、地価についても、全国で上昇が継続するなど、底堅く推移した。

　一方、令和2年に入り、新型コロナウィルス感染症が世界的に拡大した影響により、内外経済が下押しされ始め、不動産市場全体への影響が想定される中、Jリート市場の値動きには影響がみられている。

　本章では、令和元年度における地価の動向、土地取引の動向、土地利用の動向、不動産市場の動向、不動産投資市場の動向等についてみていく。

第1節　地価の動向

（令和元年の地価動向）

　国土交通省「地価公示」により、令和2年1月1日時点における全国の地価動向をみると、全用途平均は5年連続の上昇となり、上昇幅も4年連続で拡大し上昇基調を強めている。用途別では、住宅地は3年連続、商業地は5年連続、工業地は4年連続の上昇となり、いずれも上昇基調を強めている。

　三大都市圏の平均変動率でみると、全用途平均・住宅地・商業地・工業地のいずれも各圏域で上昇が継続し、東京圏及び大阪圏では上昇基調を強めている。

　地方圏では、全用途平均・住宅地は2年連続、商業地・工業地は3年連続の上昇となり、いずれも上昇基調を強めている。地方圏のうち地方四市（札幌市・仙台市・広島市及び福岡市）では全ての用途で上昇が継続し、上昇基調を強めている。地方四市を除くその他の地域においても、全用途平均・商業地が平成4年以来28年ぶりに上昇、住宅地は平成8年から続いた下落から横ばいとなり、工業地は2年連続の上昇となった。

　地価の回復傾向が全国的に広がっている背景として、住宅地については、雇用・所得環境の改善が続く中、低金利環境の継続や住宅取得支援施策等による需要の下支え効果もあって、交通利便性や住環境の優れた地域を中心に需要が堅調なことがあげられる。商業地については、景気回復、良好な資金調達環境の下、企業による人材確保等を目的として、オフィスビルに対する需要が堅調であり、空室率の低下・賃料の上昇傾向が継続するとともに、外国人観光客をはじめとする国内外からの訪問客の増加により収益性の向上が見込まれる地域、交通インフラの整備や再開発の進展に伴い利便性や繁華性の向上が見られる地域などで、店舗、ホテル等の需要が堅調であり、地価上昇の要因となっている（図表1-2-1〜3）。

図表 1-1-1	地価変動率の推移（年間）

(%)

	住宅地					商業地					全用途				
	H28公示	H29公示	H30公示	H31公示	R2公示	H28公示	H29公示	H30公示	H31公示	R2公示	H28公示	H29公示	H30公示	H31公示	R2公示
全国	▲0.2	0.0	0.3	0.6	0.8	0.9	1.4	1.9	2.8	3.1	0.1	0.4	0.7	1.2	1.4
三大都市圏	0.5	0.5	0.7	1.0	1.1	2.9	3.3	3.9	5.1	5.4	1.1	1.1	1.5	2.0	2.1
東京圏	0.6	0.7	1.0	1.3	1.4	2.7	3.1	3.7	4.7	5.2	1.1	1.3	1.7	2.2	2.3
大阪圏	0.1	0.0	0.1	0.3	0.4	3.3	4.1	4.7	6.4	6.9	0.8	0.9	1.1	1.6	1.8
名古屋圏	0.8	0.6	0.8	1.2	1.1	2.7	2.5	3.3	4.7	4.1	1.3	1.1	1.4	2.1	1.9
地方圏	▲0.7	▲0.4	▲0.1	0.2	0.5	▲0.5	▲0.1	0.5	1.0	1.5	▲0.7	▲0.3	0.0	0.4	0.8
札幌・仙台・広島・福岡	2.3	2.8	3.3	4.4	5.9	5.7	6.9	7.9	9.4	11.3	3.2	3.9	4.6	5.9	7.4
その他	▲1.0	▲0.8	▲0.5	▲0.2	0.0	▲1.3	▲0.9	▲0.4	0.0	0.3	▲1.1	▲0.8	▲0.5	▲0.2	0.1

凡例：全国 ー×ー　東京圏 ー■ー　大阪圏 ー▲ー　名古屋圏 ー◆ー　地方圏（札幌・仙台・広島・福岡）ー●ー　地方圏（その他）ー×ー

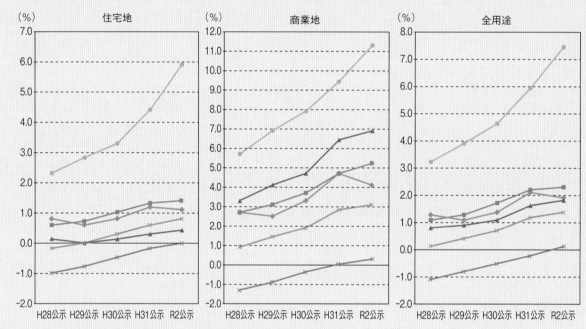

資料：国土交通省「地価公示」
注1：地域区分は以下のとおり
　　　三大都市圏：東京圏、大阪圏、名古屋圏
　　　東　京　圏：首都圏整備法による既成市街地及び近郊整備地帯を含む市区町村の区域
　　　大　阪　圏：近畿圏整備法による既成都市区域及び近郊整備区域を含む市区町村の区域
　　　名　古　屋：中部圏開発整備法による都市整備区域を含む市町村の区域
　　　地　方　圏：三大都市圏を除く地域
　　　そ　の　他：地方圏のうち札幌市・仙台市・広島市・福岡市を除いた市町村の区域
注2：H28公示：平成28年地価公示（平成27年1月1日〜平成28年1月1日）
　　　H29公示：平成29年地価公示（平成28年1月1日〜平成29年1月1日）
　　　H30公示：平成30年地価公示（平成29年1月1日〜平成30年1月1日）
　　　H31公示：平成31年地価公示（平成30年1月1日〜平成31年1月1日）
　　　R2公示：令和2年地価公示（平成31年1月1日〜令和2年1月1日）
注：□前年よりも下落率縮小・上昇率拡大　▨前年よりも下落率拡大・上昇率縮小　□前年と変動幅同一

図表1-1-2 三大都市圏における地価の対前年平均変動率の推移

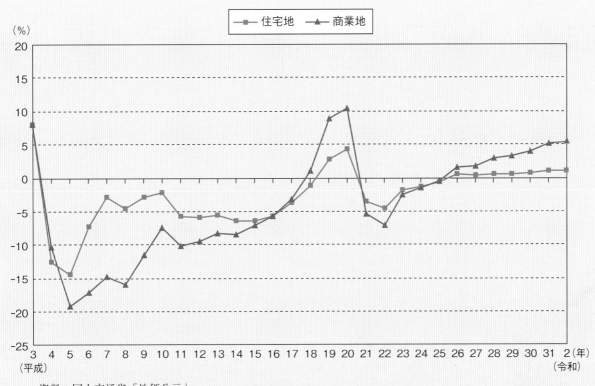

資料：国土交通省「地価公示」
注：三大都市圏：東京圏、大阪圏、名古屋圏
　　東　京　圏：首都圏整備法による既成市街地及び近郊整備地帯を含む市区町村の区域
　　大　阪　圏：近畿圏整備法による既成都市区域及び近郊整備区域を含む市町村の区域
　　名古屋圏：中部圏開発整備法による都市整備区域を含む市町村の区域

図表1-1-3 地方圏における地価の対前年平均変動率の推移

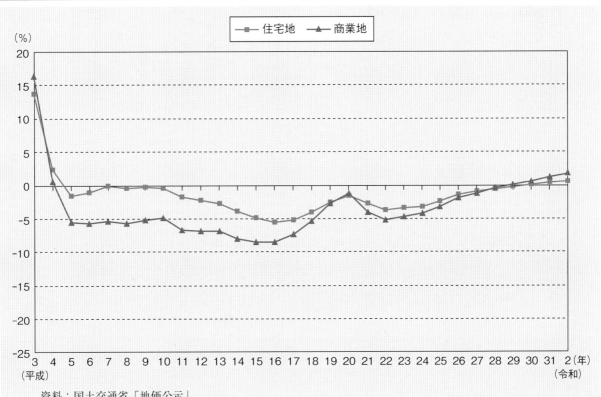

資料：国土交通省「地価公示」
注：「地方圏」とは、三大都市圏を除く地域を指す

土地に関する動向

　地方圏における地価上昇地点の例（北海道倶知安町・福井県福井市）

　地方圏における地価上昇例として、①外国人観光客の増加に伴う宿泊施設に係る需要の高まり等により地価上昇がみられる北海道倶知安町と、②北陸新幹線の延伸整備等を契機とした土地利用の進展に伴う地価上昇がみられる福井県福井市における地価動向を概観する。

○北海道倶知安町

図表1　各標準地の位置（価格は令和2年地価公示価格）

資料：国土交通省

　令和2年の北海道倶知安町の地価動向をみると、住宅系標準地である「地点A」と「地点B」、商業系標準地である「地点C」の対前年変動率は、それぞれ「30.6％」、「44.0％」、「57.5％」で、平成29年から上昇基調が顕著となっている。また、同町の市街地（用途地域指定区域）内の不動産の平均取引単価も平成26年から上昇基調にある。

図表2　標準地の地価変動率の推移

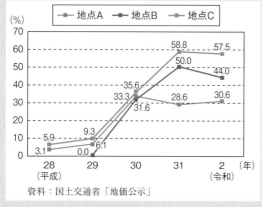

資料：国土交通省「地価公示」

図表3　市街地（用途地域指定区域）内の不動産の取引件数及び平均取引単価（土地の取引単価）の推移

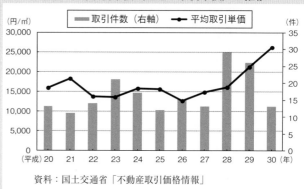

資料：国土交通省「不動産取引価格情報」

（参考）「全国用途別地価変動率：住宅地0.8％、商業地3.1％」
　　　　「北海道用途別平均地価変動率：住宅地2.2％、商業地4.5％」

図表4　新規立地した外資系ホテル

資料：パークハイアットニセコ HANAZONO

　倶知安町では、同町のスキー場が世界的に人気を有し、観光客が急増したことに伴い外資系ホテル等の宿泊施設や市街地において店舗が新規立地するなど、土地・不動産需要が高まっていることに加え、リゾート関連施設の従業員や、北海道新幹線の延伸事業等に係る建設作業員向けの賃貸住宅需要も旺盛であることなどが地価上昇の要因となっている。

○福井県福井市

図表5 各標準地の位置及び福井駅周辺の再開発事業（価格は令和2年地価公示価格）

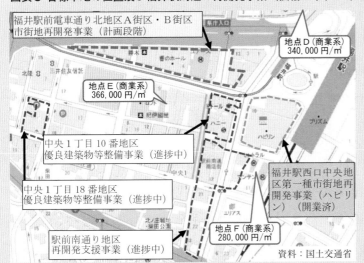

福井駅前電車通り北地区A街区・B街区
市街地再開発事業（計画段階）

地点D（商業系）
340,000 円/㎡

地点E（商業系）
366,000 円/㎡

中央1丁目10番地区
優良建築物等整備事業（進捗中）

中央1丁目18番地区
優良建築物等整備事業（進捗中）

福井駅西口中央地区第一種市街地再開発事業（ハピリン）（開業済）

駅前南通り地区
再開発支援事業（進捗中）

地点F（商業系）
280,000 円/㎡

資料：国土交通省

令和2年の福井県福井市の地価動向をみると、商業系標準地である「地点D」、「地点E」、「地点F」の対前年変動率は、それぞれ「1.2％」、「3.4％」、「6.1％」で、「地点D」は同県用途別平均地価変動率を、「地点E」及び「地点F」は、全国用途別地価変動率を上回り、上昇基調が継続している。また、同市中心部の不動産の平均取引単価は平成29年に大きく上昇している。

図表6 標準地の地価変動率の推移

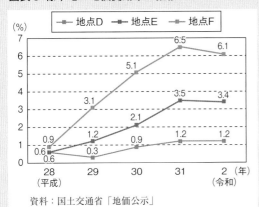

（%）
―地点D ―地点E ―地点F

資料：国土交通省「地価公示」

図表7 福井市中心部の不動産の取引件数及び平均取引単価の推移

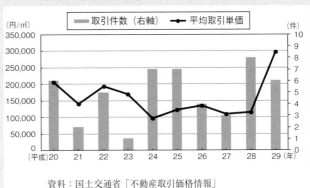

（円/㎡） 取引件数（右軸） ―平均取引単価 （件）

資料：国土交通省「不動産取引価格情報」

（参考）「全国用途別地価変動率：商業地3.1％」、「福井県用途別平均地価変動率：商業地−0.7％」

図表8 福井駅前電車通り北地区A街区・B街区市街地再開発事業（イメージ）

［電車通りからの鳥瞰］

W棟 住宅
P棟 駐車場
E棟 ホテル
オフィス
屋内広場
カンファレンスホール
屋外広場
薬業
通路
屋上広場
電車通り

資料：福井県都市計画課

福井駅周辺では、それまで積極的な土地利用が行われてこなかった福井駅西口において、複数の再開発事業が計画・実施されており、平成28年には市街地再開発事業による複合施設（業務・商業・住宅等）が開業し、また、北陸新幹線の延伸への期待等から、空き店舗等の解消など土地利用が進展したことが地価上昇の要因となっている。

（長期的な地価動向）

　全国の長期的な地価の動向について、昭和49年以降の地価公示をみると、住宅地・商業地ともに昭和62年頃から平成3年にかけて大幅な上昇となった。

　その後、平成19、20年を除き下落が続いていたが、景気回復や低金利環境等を背景に、住宅地は平成30年から3年連続、商業地は平成28年から5年連続で上昇を示している（図表1-1-4）。

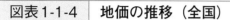

| 図表1-1-4 | 地価の推移（全国） |

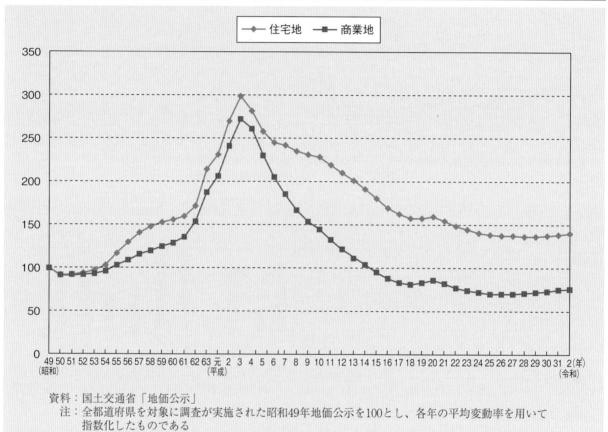

　　資料：国土交通省「地価公示」
　　注：全都道府県を対象に調査が実施された昭和49年地価公示を100とし、各年の平均変動率を用いて指数化したものである

（地価に関する意識）

　企業の地価に関する意識についてみると、現在の地価水準の判断に関するＤＩ（「高い」と回答した企業の割合から「低い」と回答した企業の割合を差し引いたもの）は、平成31年1月から各地域で上昇し、令和2年2月調査では、東京23区内は60.0ポイント、大阪府内は49.2ポイントと、その他の地域も10.3ポイントとなった（図表1-1-5）。

土地に関する動向

| 図表1-1-5 | 現在の地価水準の判断に関するＤＩ |

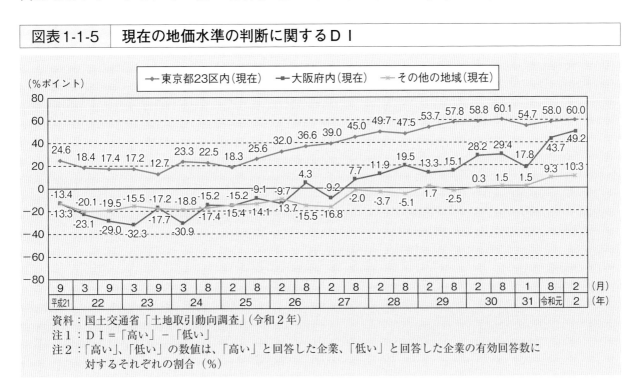

資料：国土交通省「土地取引動向調査」（令和2年）
注1：ＤＩ＝「高い」－「低い」
注2：「高い」、「低い」の数値は、「高い」と回答した企業、「低い」と回答した企業の有効回答数に対するそれぞれの割合（％）

　1年後の地価水準の予想に関するＤＩ（「上昇が見込まれる」と回答した企業の割合から「下落が見込まれる」と回答した企業の割合を差し引いたもの）は、令和2年2月調査では、東京23区内は平成31年1月から下落し17.9ポイント、大阪府内は上昇し31.2ポイント、その他の地域は3.5ポイントとプラスに転じた（図表1-1-6）。

| 図表1-1-6 | 1年後の地価水準の予想に関するＤＩ |

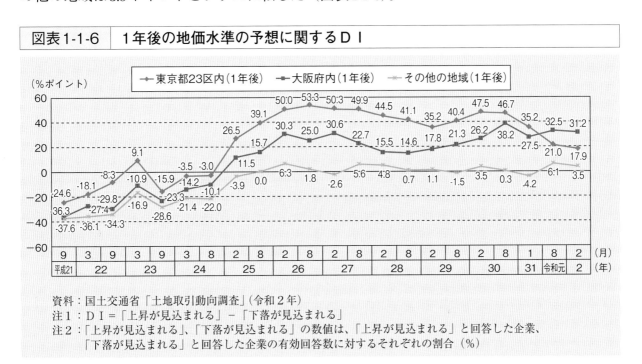

資料：国土交通省「土地取引動向調査」（令和2年）
注1：ＤＩ＝「上昇が見込まれる」－「下落が見込まれる」
注2：「上昇が見込まれる」、「下落が見込まれる」の数値は、「上昇が見込まれる」と回答した企業、「下落が見込まれる」と回答した企業の有効回答数に対するそれぞれの割合（％）

（土地取引件数等の推移）

　土地取引について、売買による所有権の移転登記の件数でその動向をみると、法務省「法務統計月報」によれば、令和元年の全国の土地取引件数は約131万件となり、横ばいで推移している（図表1-2-1）。

図表1-2-1　売買による土地取引件数の推移

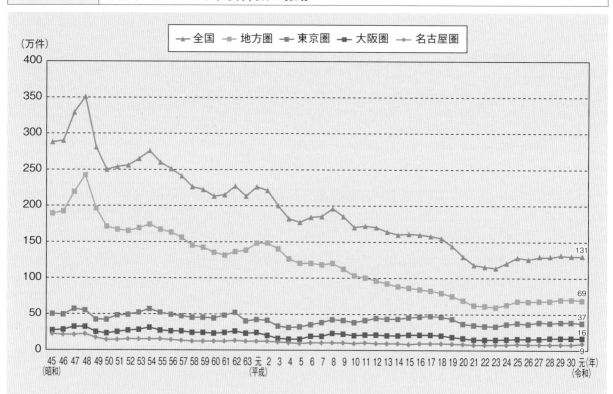

　　資料：法務省「法務統計月報」より国土交通省作成
　　　注：圏域区分は以下のとおり
　　　　　東 京 圏：埼玉県、千葉県、東京都、神奈川県
　　　　　名古屋圏：愛知県、三重県
　　　　　大 阪 圏：大阪府、京都府、兵庫県
　　　　　地 方 圏：上記以外の地域

企業の土地投資額の動向をみると、日本銀行「全国企業短期経済観測調査」によると、令和元年度の計画値は全産業で2兆6,160億円（前年度比7.5％減）であり、業種別の製造業を除く、全ての分類で前年度に対し減少の見込みとなっている（図表1-2-2）。

図表1-2-2	企業の土地投資額の推移

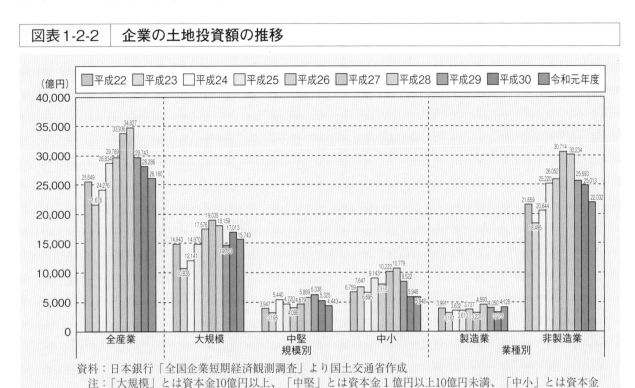

資料：日本銀行「全国企業短期経済観測調査」より国土交通省作成
注：「大規模」とは資本金10億円以上、「中堅」とは資本金1億円以上10億円未満、「中小」とは資本金2千万円以上1億円未満の企業を指す

国土利用計画法第23条に基づく事後届出面積及び件数をみると、令和元年の面積は39,466ha、件数は16,863件となっており、いずれも前年より減少した（図表1-2-3）。

図表1-2-3	事後届出面積及び件数の推移

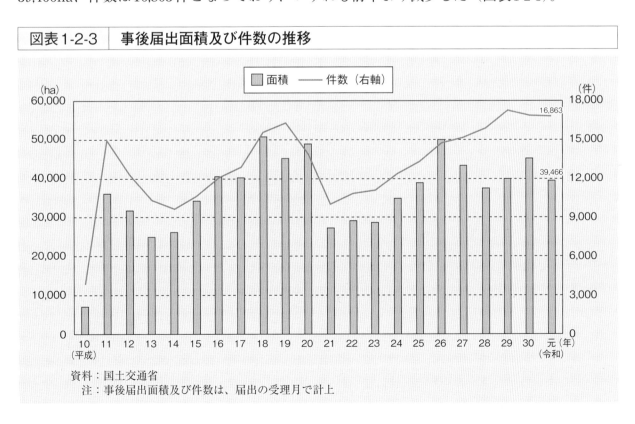

資料：国土交通省
注：事後届出面積及び件数は、届出の受理月で計上

（土地取引に関する意識）

　企業の土地取引に関する意識をみると、国土交通省「土地取引動向調査」によれば、本社所在地における現在の土地取引の状況に関するＤＩ（「活発」と回答した企業の割合から「不活発」と回答した企業の割合を差し引いたもの）は、令和２年２月調査において東京23区内、大阪府内は上昇傾向にあり、その他の地域も平成31年１月調査より11.1ポイント上昇しプラスに転じた（図表1-2-4）。

　１年後の土地取引の状況に関するＤＩについては、東京23区内は平成31年１月調査から下降が続く一方、大阪府内は令和２年２月調査で上昇に転じている。その他の地域は前年同期比3.0ポイント上昇したものの、－7.8ポイントとマイナスの状況が続いている（図表1-2-5）。

図表1-2-4	現在の土地取引の状況の判断に関するＤＩ

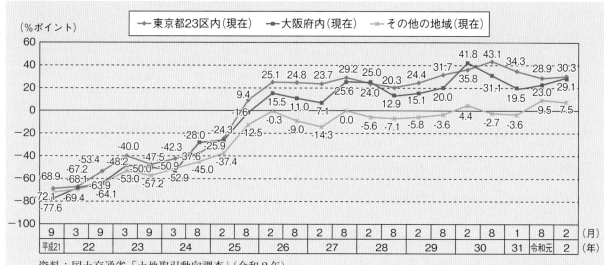

資料：国土交通省「土地取引動向調査」（令和２年）
注１：ＤＩ＝「活発」－「不活発」
注２：「活発」、「不活発」の数値は、「活発」と回答した企業、「不活発」と回答した企業の有効回答数に対するそれぞれの割合（％）

図表1-2-5	１年後の土地取引の状況の判断に関するＤＩ

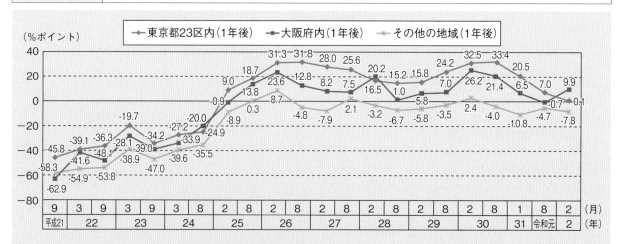

資料：国土交通省「土地取引動向調査」（令和２年）
注１：ＤＩ＝「活発」－「不活発」
注２：「活発」、「不活発」の数値は、「活発」と回答した企業、「不活発」と回答した企業の有効回答数に対するそれぞれの割合（％）

企業の今後1年間における土地の購入・売却意向に関するDI（「土地の購入意向がある」
と回答した企業の割合から「土地の売却意向がある」と回答した企業の割合を差し引いたも
の）は、東京23区内はポイントが下降し、令和2年2月調査で、土地の購入意向が売却意
向を下回った。大阪府内、その他の地域及び全体はポイントが上昇し、大阪府内は、土地の
購入意向が売却意向を上回った（図表1-2-6）。

土地に関する動向

図表1-2-6	今後1年間における土地の購入・売却意向

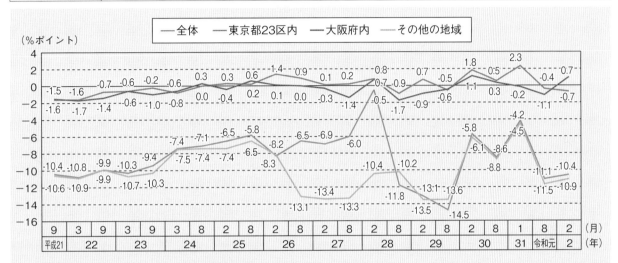

資料：国土交通省「土地取引動向調査」（令和2年）
注1：DI＝「購入意向」－「売却意向」
注2：「購入意向」、「売却意向」の数値は、土地の購入意向が「ある」と回答した企業、土地の売却意向が「ある」
　　　と回答した企業の全有効回答数に対するそれぞれの割合（％）
注3：令和元年8月購入意向・・・全国：17.8、東京23区内：7.1、大阪府内：5.3、その他の地域：15.6
　　　令和2年2月購入意向・・・全国：19.9、東京23区内：8.1、大阪府内：6.8、その他の地域：16.8
　　　令和元年8月売却意向・・・全国：28.9、東京23区内：7.5、大阪府内：6.4、その他の地域：27.1
　　　令和2年2月売却意向・・・全国：30.3、東京23区内：8.8、大阪府内：6.1、その他の地域：27.7

今後1年間の自社利用する土地・建物の増加・減少意向に関するＤＩ（「土地・建物利用の増加意向がある」と回答した企業の割合から「土地・建物利用の減少意向がある」と回答した企業の割合を差し引いたもの）は、大阪府内ではポイントが上昇しているが、東京23区内、その他の地域並びに全体はポイントが下降し、その他の地域は、土地・建物利用の増加意向が減少意向を下回った（図表1-2-7）。

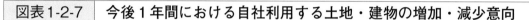

| 図表1-2-7 | 今後1年間における自社利用する土地・建物の増加・減少意向 |

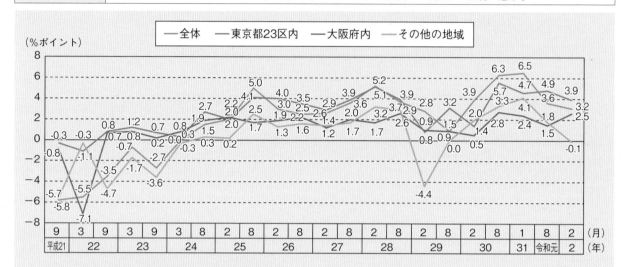

資料：国土交通省「土地取引動向調査」(令和2年)
注1：ＤＩ＝「利用増加意向」－「利用減少意向」
注2：「自社利用」とは、以下の場合を指す
　　　・他社への販売・賃貸目的や投資目的は除く
　　　・建物のみの利用も含む（賃貸ビルにテナントとして入居する場合も該当する）
　　　・購入・売却に限らず、「賃貸する」又は「賃貸をやめる」場合も含む
注3：「利用増加意向」、「利用減少意向」の数値は、土地・建物利用の増加意向が「ある」と回答した企業、土地・建物利用の減少意向が「ある」と回答した企業の全有効回答数に対するそれぞれの割合（％）

14

第3節 土地利用の動向

（土地利用等の概況）

　平成30年における我が国の国土面積は約3,780万haであり、このうち森林が約2,503万ha
と最も多く、次いで農地が約442万haとなっており、これらで全国土面積の約8割を占め
ている。このほか、住宅地、工業用地等の宅地は約196万ha、道路は約140万ha、水面・河
川・水路が約135万ha、原野等が約35万haとなっている（図表1-3-1,2）。

| 図表1-3-1 | 我が国の国土利用の概況 |

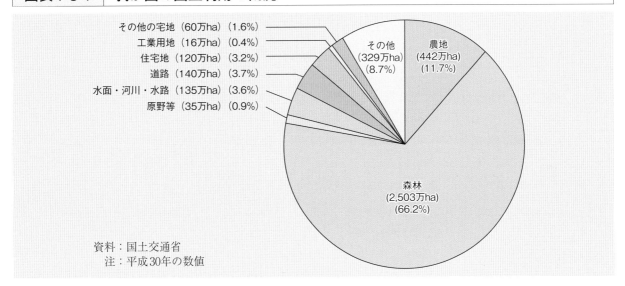

その他の宅地（60万ha）（1.6%）
工業用地（16万ha）（0.4%）
住宅地（120万ha）（3.2%）
道路（140万ha）（3.7%）
水面・河川・水路（135万ha）（3.6%）
原野等（35万ha）（0.9%）
その他（329万ha）（8.7%）
農地（442万ha）（11.7%）
森林（2,503万ha）（66.2%）

資料：国土交通省
注：平成30年の数値

| 図表1-3-2 | 我が国の国土利用の推移 |

（万ha、%）

区　分／地　目	昭和50年（1975年）			昭和60年（1985年）			平成7年（1995年）			平成17年（2005年）			平成27年（2015年）			平成29年（2017年）			平成30年（2018年）		
	全国	三大都市圏	地方圏	全国	三大都市圏	地方圏	全国	三大都市圏	地方圏	全国	三大都市圏	地方圏	全国	三大都市圏	地方圏	全国	三大都市圏	地方圏	全国	三大都市圏	地方圏
1. 農　地	557	80	477	538	72	466	504	66	438	470	61	409	450	56	393	444	56	389	442	55	387
	(14.8)	(15.0)	(14.7)	(14.2)	(13.5)	(14.4)	(13.3)	(12.2)	(13.5)	(12.4)	(11.4)	(12.6)	(11.9)	(10.5)	(12.1)	(11.8)	(10.4)	(12.0)	(11.7)	(10.3)	(11.9)
2. 森　林	2,529	324	2,205	2,530	323	2,207	2,514	318	2,195	2,509	316	2,193	2,505	314	2,191	2,505	315	2,190	2,503	314	2,190
	(67.0)	(60.7)	(68.0)	(67.0)	(60.3)	(68.1)	(66.5)	(59.3)	(67.7)	(66.4)	(58.8)	(67.7)	(66.3)	(58.5)	(67.6)	(66.3)	(58.6)	(67.5)	(66.2)	(58.4)	(67.5)
3. 原野等	62	2	60	41	1	40	35	1	34	36	1	35	35	1	34	35	1	34	35	1	34
	(1.6)	(0.4)	(1.9)	(1.1)	(0.2)	(1.2)	(0.9)	(0.2)	(1.1)	(1.0)	(0.1)	(1.1)	(0.9)	(0.2)	(1.0)	(0.9)	(0.2)	(1.0)	(0.9)	(0.2)	(1.0)
4. 水面・河川・水路	128	18	110	130	18	112	132	19	113	134	19	115	134	19	115	135	19	116	135	19	116
	(3.4)	(3.4)	(3.4)	(3.4)	(3.4)	(3.5)	(3.5)	(3.6)	(3.5)	(3.5)	(3.6)	(3.5)	(3.6)	(3.6)	(3.5)	(3.6)	(3.6)	(3.6)	(3.6)	(3.6)	(3.6)
5. 道　路	89	19	70	107	23	84	121	25	95	132	27	105	139	28	110	140	29	111	140	29	111
	(2.4)	(3.6)	(2.2)	(2.8)	(4.3)	(2.6)	(3.2)	(4.7)	(2.9)	(3.5)	(5.1)	(3.2)	(3.7)	(5.3)	(3.4)	(3.7)	(5.3)	(3.4)	(3.7)	(5.3)	(3.4)
6. 宅　地	124	43	81	150	51	99	170	57	113	185	61	124	193	63	130	195	64	131	196	64	132
	(3.3)	(8.1)	(2.5)	(4.0)	(9.6)	(3.0)	(4.5)	(10.6)	(3.5)	(4.9)	(11.3)	(3.8)	(5.1)	(11.8)	(4.0)	(5.2)	(11.9)	(4.0)	(5.2)	(11.9)	(4.1)
住宅地	79	26	53	92	31	61	102	34	68	112	37	74	118	40	78	119	40	79	120	41	79
	(2.1)	(4.9)	(1.6)	(2.4)	(5.7)	(1.9)	(2.7)	(6.4)	(2.1)	(3.0)	(7.0)	(2.3)	(3.1)	(7.4)	(2.4)	(3.2)	(7.5)	(2.4)	(3.2)	(7.5)	(2.4)
工業用地	14	6	8	15	6	9	17	6	11	16	5	10	15	5	10	16	5	10	16	5	10
	(0.4)	(1.1)	(0.2)	(0.4)	(1.1)	(0.3)	(0.5)	(1.1)	(0.3)	(0.4)	(1.0)	(0.3)	(0.4)	(1.0)	(0.3)	(0.4)	(1.0)	(0.3)	(0.4)	(1.0)	(0.3)
その他の宅地	31	11	20	44	15	29	51	17	35	57	18	39	60	18	41	60	18	42	60	18	42
	(0.8)	(2.1)	(0.6)	(1.2)	(2.7)	(0.9)	(1.4)	(3.1)	(1.1)	(1.5)	(3.4)	(1.2)	(1.6)	(3.4)	(1.3)	(1.6)	(3.4)	(1.3)	(1.6)	(3.4)	(1.3)
7. その他	286	48	238	283	47	235	303	51	252	312	52	261	324	55	269	327	55	272	329	55	274
	(7.6)	(9.0)	(7.3)	(7.5)	(8.8)	(7.3)	(8.0)	(9.4)	(7.8)	(8.3)	(9.6)	(8.0)	(8.6)	(10.2)	(8.3)	(8.7)	(10.2)	(8.4)	(8.7)	(10.3)	(8.4)
合　計	3,775	534	3,241	3,778	536	3,242	3,778	537	3,242	3,779	537	3,242	3,780	537	3,243	3,780	537	3,242	3,780	537	3,242
	(100.0)	(100.0)	(100.0)	(100.0)	(100.0)	(100.0)	(100.0)	(100.0)	(100.0)	(100.0)	(100.0)	(100.0)	(100.0)	(100.0)	(100.0)	(100.0)	(100.0)	(100.0)	(100.0)	(100.0)	(100.0)

資料：国土交通省
注1：道路は、一般道路、農道及び林道
注2：四捨五入により、内訳の和と合計等との数値が一致しない場合がある
注3：（　）内は、全国・三大都市圏・地方圏ごとの合計の面積に占める割合
　　　三大都市圏：埼玉県、千葉県、東京都、神奈川県、岐阜県、愛知県、三重県、京都府、大阪府、兵庫県、奈良
　　　　　　　　県の1都2府8県
　　　地　方　圏：三大都市圏を除く地域
注4：平成23年から地目区分を変更し、従来の「採草放牧地」、「原野」の区分を統合し、「原野等」とした
注5：平成29年から工業用地の対象を変更し、従来の「従業者10人以上の事業所敷地面積」から「従業者4人以上の
　　　事業所敷地面積」とした

平成29年の土地利用転換面積は、約22,100haで前年と同数となった。主な内訳として、農林地及び埋立地から都市的土地利用（住宅地、工業用地、公共用地等）への転換面積は約15,400ha（前年比約900ha減）、農地から林地への転換面積は約4,700ha（前年比約1,400ha増）となり、平成3年以降で最多となった（図表1-3-3）。

図表1-3-3　土地利用転換の概況

(ha、%)

平成3年〜21年

用途＼年	平成3	4	5	6	7	8	9	10	11	12	13	14	15	16	17	18	19	20	21
（都市的土地利用）																			
住宅地	(21.7) 9,700	(22.5) 10,400	(25.3) 9,900	(31.3) 10,600	(31.4) 10,600	(31.2) 10,100	(33.3) 9,600	(29.8) 8,100	(30.8) 7,800	(32.4) 7,700	(27.9) 6,100	(28.5) 5,300	(31.6) 5,500	(33.7) 5,800	(33.1) 5,500	(32.5) 5,500	(32.1) 5,300	(32.6) 4,700	(34.1) 4,200
工業用地	(19.2) 8,600	(17.3) 8,000	(18.4) 7,200	(18.6) 6,300	(18.6) 6,300	(18.8) 6,100	(20.5) 5,900	(17.3) 4,700	(15.0) 3,800	(13.4) 3,200	(12.3) 2,700	(13.4) 2,500	(12.1) 2,100	(11.6) 2,000	(13.9) 2,300	(12.4) 2,100	(15.2) 2,500	(14.0) 2,000	(13.8) 1,700
公共用地	(23.5) 10,500	(22.7) 10,500	(26.6) 10,400	(23.0) 7,800	(27.5) 9,300	(28.1) 9,100	(27.4) 7,900	(32.7) 8,900	(31.2) 7,900	(28.6) 6,800	(33.3) 7,300	(26.9) 5,000	(25.9) 4,500	(22.7) 3,900	(21.1) 3,500	(22.5) 3,800	(20.0) 3,300	(20.3) 2,900	(22.8) 2,800
レジャー施設用地	(21.7) 9,700	(23.6) 10,900	(18.2) 7,100	(13.9) 4,700	(9.2) 3,100	(7.1) 2,300	(2.1) 600	(4.4) 1,200	(2.0) 500	(1.7) 400	(1.8) 400	(0.5) 100	(1.1) 200	(1.1) 200	(1.8) 300	(1.8) 300	(1.2) 200	(0.7) 100	(0.8) 100
その他の都市的土地利用	(13.9) 6,200	(13.9) 6,400	(11.5) 4,500	(13.3) 4,500	(13.3) 4,500	(14.8) 4,800	(16.7) 4,800	(15.8) 4,300	(20.9) 5,300	(23.9) 5,700	(24.7) 5,400	(30.6) 5,700	(29.3) 5,100	(30.2) 5,200	(30.7) 5,100	(30.8) 5,200	(32.1) 5,300	(32.4) 4,700	(27.6) 3,400
小計	(100) 44,700	(100) 46,200	(100) 39,100	(100) 33,900	(100) 33,800	(100) 32,400	(100) 28,800	(100) 27,200	(100) 25,300	(100) 23,800	(100) 21,900	(100) 18,600	(100) 17,400	(100) 17,200	(100) 16,600	(100) 16,900	(100) 16,500	(100) 14,600	(100) 12,300
（農林業的土地利用）																			
農地	(56.9) 2,900	(63.3) 3,100	(41.4) 1,200	(42.3) 1,100	(42.3) 1,100	(30.8) 800	(24.0) 600	(29.2) 700	(29.2) 700	(34.8) 800	(17.6) 300	(12.5) 200	(20.0) 300	(17.6) 300	(16.7) 200	(25.0) 300	(35.7) 500	(13.0) 300	(16.7) 300
林地	(43.1) 2,200	(36.7) 1,800	(58.6) 1,700	(57.7) 1,500	(57.7) 1,500	(69.2) 1,800	(76.0) 1,900	(70.8) 1,700	(70.8) 1,700	(65.2) 1,500	(82.4) 1,400	(87.5) 1,400	(80.0) 1,200	(82.4) 1,400	(83.3) 1,000	(75.0) 900	(64.3) 900	(87.0) 2,000	(83.3) 1,500
小計	(100) 5,100	(100) 4,900	(100) 2,900	(100) 2,600	(100) 2,600	(100) 2,600	(100) 2,500	(100) 2,400	(100) 2,400	(100) 2,300	(100) 1,700	(100) 1,600	(100) 1,500	(100) 1,700	(100) 1,200	(100) 1,200	(100) 1,400	(100) 2,300	(100) 1,800
その他	7,800	7,000	7,600	6,200	5,700	5,400	5,500	5,100	4,500	4,000	3,800	3,700	3,300	3,400	2,900	3,200	2,900	2,900	3,300
合計	57,600	58,100	49,600	42,700	42,100	40,400	36,800	34,700	32,200	30,100	27,400	23,900	22,200	22,200	20,800	21,300	20,600	20,700	17,400

平成22年〜25年（年・転換源）

用途	22 農地	22 林地	22 埋立地	22 計	23 農地	23 林地	23 埋立地	23 計	24 農地	24 林地	24 埋立地	24 計	25 農地	25 林地	25 埋立地	25 計
（都市的土地利用）																
住宅地	3,800	300	0	(35.3) 4,100	3,900	100	0	(37.7) 4,000	4,200	100	0	(36.8) 4,300	4,500	−100	0	(31.7) 4,400
工業用地	1,200	500	0	(14.7) 1,700	1,000	400	0	(13.2) 1,400	1,100	600	0	(14.5) 1,700	1,000	1,100	100	(15.8) 2,200
公共用地	1,200	800	100	(18.1) 2,100	1,300	900	100	(21.7) 2,300	1,300	800	200	(19.7) 2,300	1,500	1,100	100	(19.4) 2,700
レジャー施設用地	100	0	0	(0.9) 100	100	0	0	(0.9) 100	100	100	0	(1.7) 200	100	0	0	(0.7) 100
その他の都市的土地利用	3,200	-	200	(29.3) 3,400	2,800	-	100	(27.4) 2,900	3,300	-	100	(29.1) 3,400	4,300	-	100	(31.7) 4,400
うち商業用地（店舗等施設）	600	-	0	(5.2) 600	600	-	0	(5.7) 600	800	-	0	(6.8) 800	800	-	0	(5.8) 800
小計	9,600	1,600	400	(100) 11,600	9,000	1,300	300	(100) 10,600	9,800	1,600	300	(100) 11,700	11,500	2,100	300	(100) 13,900
（農林業的土地利用）																
農地	-	200	-	(14.3) 200	-	300	-	(21.4) 300	-	300	-	(27.3) 300	-	100	-	(12.5) 100
林地	1,200			(85.7) 1,200	1,100			(78.6) 1,100	800			(72.7) 800	700			(87.5) 700
小計	1,200	200		(100) 1,400	1,100	300		(100) 1,400	800	300		(100) 1,100	700	100		(100) 800
その他	1,500	1,200	0	2,700	1,200	1,000	0	2,200	1,300	1,000	0	2,300	1,600	1,400	0	3,000
合計	12,300	3,000	400	15,700	11,300	2,600	300	14,200	12,000	2,900	300	15,200	13,800	3,700	300	17,800

平成26年〜29年（年・転換源）

用途	26 農地	26 林地	26 埋立地	26 計	27 農地	27 林地	27 埋立地	27 計	28 農地	28 林地	28 埋立地	28 計	29 農地	29 林地	29 埋立地	29 計
（都市的土地利用）																
住宅地	4,100	0	0	(25.8) 4,100	4,200	0	0	(26.9) 4,200	4,200	100	0	(26.4) 4,300	4,000	100	0	(26.6) 4,100
工業用地	1,200	2,600	100	(24.5) 3,900	1,000	2,600	0	(25.0) 3,600	1,100	3,000	100	(25.8) 4,200	1,100	2,700	100	(25.3) 3,900
公共用地	1,600	700	0	(14.5) 2,300	1,300	600	0	(12.2) 1,900	1,300	700	0	(12.9) 2,100	1,100	400	0	(9.7) 1,500
レジャー施設用地	100	0	0	(0.6) 100	100	0	0	(0.6) 100	100	0	0	(0.6) 100	100	0	0	(0.6) 100
その他の都市的土地利用	5,500	-	200	(35.8) 5,700	5,500	-	100	(35.9) 5,600	5,500	-	100	(34.4) 5,600	5,800	-	100	(38.3) 5,900
うち商業用地（店舗等施設）	800	-	0	(5.0) 800	700	-	0	(4.5) 700	700	-	0	(4.3) 700	700	-	0	(4.5) 700
小計	12,400	3,200	300	(100) 15,900	12,200	3,200	200	(100) 15,600	12,200	3,800	300	(100) 16,300	12,000	3,200	200	(94) 15,400
（農林業的土地利用）																
農地	-	200	-	(15.4) 200	-	200	-	(7.1) 200	-	200	-	(5.7) 200	-	200	-	(5.7) 200
林地	1,100			(84.6) 1,100	2,600			(92.9) 2,600	3,300			(94.3) 3,300	4,700			(134.3) 4,700
小計	1,100	200	0	(100) 1,300	2,600	200	0	(100) 2,800	3,300	200	0	(100) 3,500	4,700	200	0	4,900
その他	1,800	1,400	0	3,200	1,600	1,200	0	2,800	1,000	1,300	0	2,300	800	1,000	0	1,800
合計	15,200	4,800	300	20,300	16,500	4,600	200	21,300	16,400	5,400	300	22,100	17,500	4,400	200	22,100

資料：農林水産省、国土交通省の資料に基づき、国土交通省で推計
注1：農地、林地及び埋立地からの転換ベースの面積であり、原野等からの転換面積は含まれていない
注2：農地からの公共用地への転換面積については、農道、農業用排水路等農業的土地利用が一部含まれている
注3：林地からの転換には、1ha未満のものは含まれていない
注4：林地からの転用については、当該年度の新規許可面積に対して変更許可による面積の減が大きければ負数となる場合がある
注5：十の位を四捨五入。四捨五入の関係で内訳の和が小計又は合計と一致しない場合がある
注6：（　）内は、小計の面積に占める割合である

（土地利用の推移）

　全国の宅地供給量の推移をみると、平成30年度の宅地供給量は5,967ha（平成28年度比6.3％増）で、その内訳は、公的供給が407ha（平成28年度比40％減）、民間供給が5,560ha（平成28年度比13％増）となっており、近年は6,000ha前後で推移している（図表1-3-4）。

| 図表1-3-4 | 全国の宅地供給量の推移 |

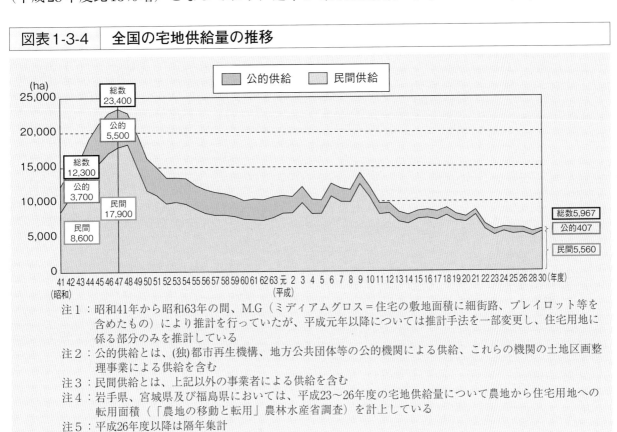

注1：昭和41年から昭和63年の間、M.G（ミディアムグロス＝住宅の敷地面積に細街路、プレイロット等を
　　　含めたもの）により推計を行っていたが、平成元年以降については推計手法を一部変更し、住宅用地に
　　　係る部分のみを推計している
注2：公的供給とは、(独)都市再生機構、地方公共団体等の公的機関による供給、これらの機関の土地区画整
　　　理事業による供給を含む
注3：民間供給とは、上記以外の事業者による供給を含む
注4：岩手県、宮城県及び福島県においては、平成23～26年度の宅地供給量について農地から住宅用地への
　　　転用面積（「農地の移動と転用」農林水産省調査）を計上している
注5：平成26年度以降は隔年集計

　平成30年度の開発許可面積は2,596ha、土地区画整理事業認可面積は701haとなっており、いずれも概ね横ばいで推移している（図表1-3-5）。

| 図表1-3-5 | 開発許可面積及び土地区画整理事業認可面積の推移 |

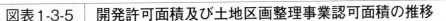

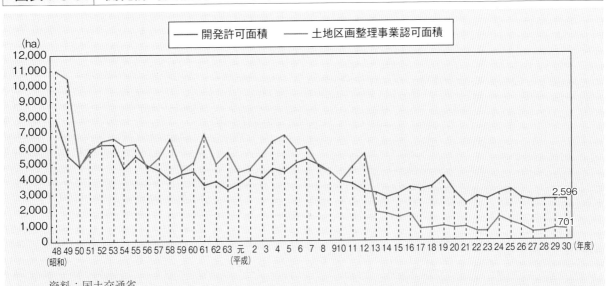

資料：国土交通省
注1：開発許可とは、都市計画法に基づく開発許可のうち、主として住宅の建築の用に供する目的で行われる
　　　開発行為に係るもの
注2：開発許可面積の昭和48、49年度の数値は、旧「住宅地造成事業に関する法律」による許可面積を加えたもの
注3：土地区画整理事業認可面積は、個人・共同、組合、公共団体、行政庁、(独)都市再生機構、
　　　地方住宅供給公社施行の合計

市街化区域農地面積と生産緑地地区指定面積の推移をみると、全国における市街化区域農地面積は53,831ha、生産緑地地区指定面積は12,713haとなっており、近年はいずれも減少傾向である（図表1-3-6）。

図表1-3-6	市街化区域内の農地面積の推移

（面積：ha、農地率：%）

地域		年	昭和60	平成7	12	17	22	25	30
市街化区域農地面積	全国（A）		186,787	118,257	100,505	84,552	71,625	65,781	53,831
	三大都市圏		85,775	48,127	40,062	33,457	30,771	27,785	22,505
		東京圏	40,779	23,468	20,094	16,457	13,446	11,927	9,416
		東京都	8,764	2,666	2,013	1,478	1,161	1,003	811
		区部	1,877	603	438	247	176	132	89
	地方圏		101,012	70,130	60,443	51,094	40,854	37,996	31,326
生産緑地地区指定面積	全国			15,497	15,381	14,696	14,248	13,859	12,713
	三大都市圏			15,494	15,378	14,690	14,193	13,783	12,627
		東京圏		8,695	8,794	8,487	8,157	7,942	7,300
		東京都		4,060	3,925	3,746	3,521	3,381	3,100
		区部		591	558	515	472	451	413
	地方圏			2	3	6	55	76	86
市街化区域面積（B）			1,342,936	1,410,296 (5.0)	1,432,302 (1.5)	1,434,640 (0.2)	1,440,000 (0.4)	1,447,771 (0.5)	1,451,690 (0.6)
農地率　A／B			13.9	8.4	7.0	5.9	5.0	4.5	3.7

資料：総務省「固定資産の価格等の概要調書」及び国土交通省「都市計画年報」より作成
注1：地域区分は以下のとおり
　　　三大都市圏：東京圏、中部圏及び近畿圏
　　　　東京圏：茨城県、埼玉県、千葉県、東京都及び神奈川県
　　　　中部圏：静岡県、愛知県及び三重県
　　　　近畿圏：京都府、大阪府、兵庫県及び奈良県
　　　　地方圏：三大都市圏以外の道県
注2：各年とも市街化区域農地面積は1月1日現在、生産緑地地区指定面積は3月31日現在の数値
　　　最新のデータについては、市街化区域農地面積が平成30年、生産緑地地区指定面積が平成29年の数値
注3：（　）内は、左隣の欄に掲載している数値に対する伸び率
注4：市街化区域農地面積には、生産緑地、都市計画施設として定められた公園または緑地の区域等の内の農地面積を含まない

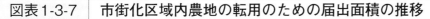

　市街化区域内農地の転用のための届出面積の推移をみると、平成29年は3,643haで、近年は3,000ha後半で推移している（図表1 3-7）。

図表1-3-7	市街化区域内農地の転用のための届出面積の推移

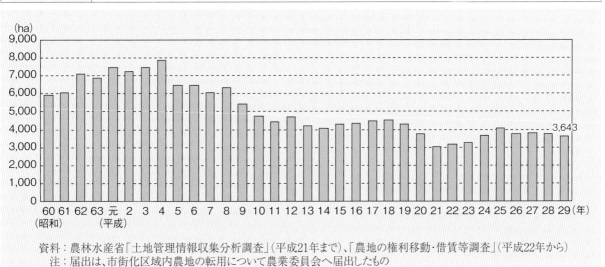

資料：農林水産省「土地管理情報収集分析調査」（平成21年まで）、「農地の権利移動・借賃等調査」（平成22年から）
注：届出は、市街化区域内農地の転用について農業委員会へ届出したもの

　生産緑地と生産緑地以外の市街化区域内農地の面積をみると、平成30年度の生産緑地は12,415ha（前年比1.7％減）、生産緑地以外の市街化区域内農地は10,891ha（前年比4.3％減）となっており、近年はいずれも減少傾向である（図表1-3-8）。

図表1-3-8	生産緑地と生産緑地以外の市街化区域内農地の面積の推移

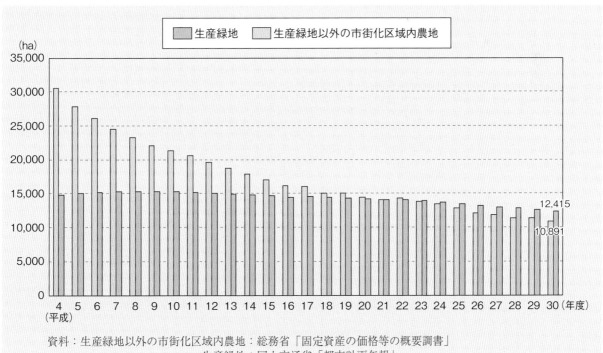

資料：生産緑地以外の市街化区域内農地：総務省「固定資産の価格等の概要調書」
　　　生産緑地：国土交通省「都市計画年報」
注１：生産緑地以外の市街化区域内農地は、各年度中の１月１日時点、生産緑地は、各年度中の３月31日時点
注２：生産緑地以外の市街化区域内農地は、三大都市圏特定市の市街化区域内にある農地

（不動産供給等の推移）

　令和元年の都市別事務所着工面積については、東京都は1,379千㎡（前年比2.9％増）、大阪府は355千㎡（前年比2.2％減）でいずれも前年と概ね同水準であり、愛知県は360千㎡（前年比26％減）で4年振りの減少となった（図表1-3-9）。

図表1-3-9　都市別事務所着工面積の推移

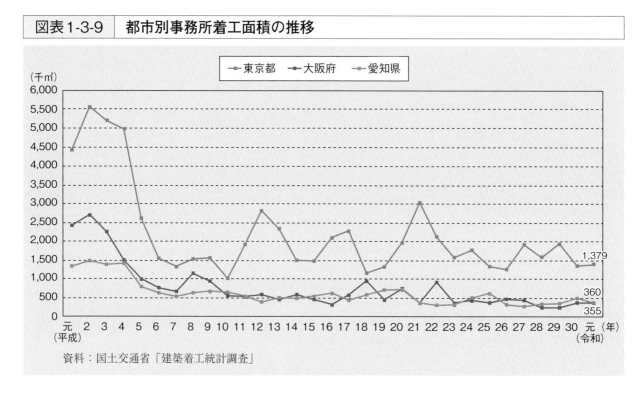

資料：国土交通省「建築着工統計調査」

　令和元年の新設住宅着工戸数については、令和元年は約90.5万戸であり、前年と比較すると6.2％の減少で、全ての圏域で減少となった（図表1-3-10）。

図表1-3-10　圏域別新設住宅着工戸数の推移

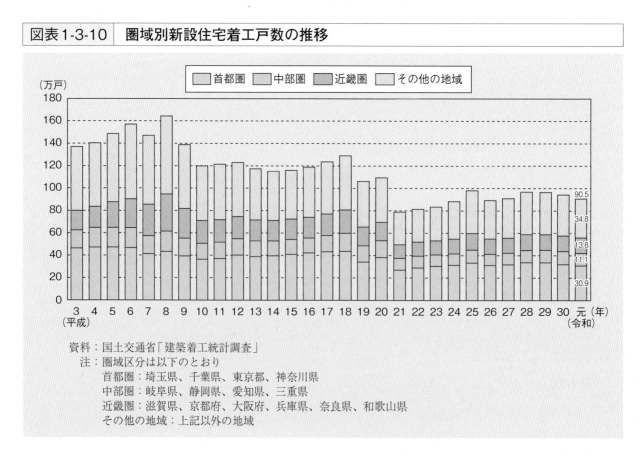

資料：国土交通省「建築着工統計調査」
注：圏域区分は以下のとおり
　　首都圏：埼玉県、千葉県、東京都、神奈川県
　　中部圏：岐阜県、静岡県、愛知県、三重県
　　近畿圏：滋賀県、京都府、大阪府、兵庫県、奈良県、和歌山県
　　その他の地域：上記以外の地域

令和元年のマンションの新規発売戸数については、全国で70,660戸（前年比12.0%減）となっており、平成元年以降、最低となった。内訳は、首都圏が31,238戸（前年比15.9%減）、近畿圏が18,042戸（前年比13.9%減）、その他が21,380戸（前年比3.6%減）となり、全ての圏域で減少となった（図表1-3-11）。

図表1-3-11	圏域別新築マンションの供給戸数の推移

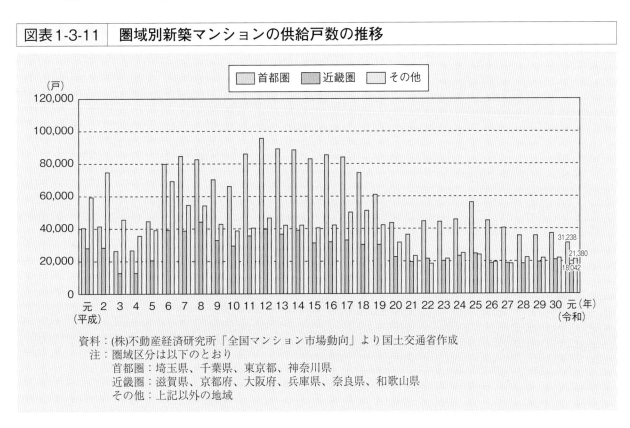

資料：(株)不動産経済研究所「全国マンション市場動向」より国土交通省作成
注：圏域区分は以下のとおり
首都圏：埼玉県、千葉県、東京都、神奈川県
近畿圏：滋賀県、京都府、大阪府、兵庫県、奈良県、和歌山県
その他：上記以外の地域

長期優良住宅認定実績（新築）については、平成30年度は、一戸建ての住宅が、108,800戸で前年度より3.5%増加した一方で、共同住宅等は、586戸で前年度より61.7%減少した（図表1-3-12）。

図表1-3-12	長期優良住宅認定実績（新築）の推移

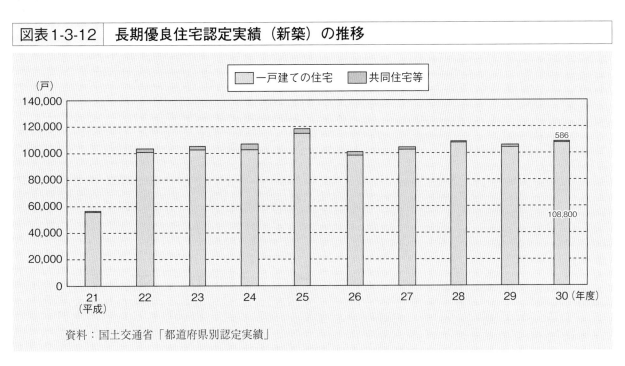

資料：国土交通省「都道府県別認定実績」

高齢者向け施設のうち、認知症高齢者グループホーム、有料老人ホーム、介護老人福祉施設は増加傾向が続いており、特に有料老人ホームは大きく増加している。また、サービス付き高齢者向け住宅も、平成24年以降増加傾向が継続している（図表1-3-13）。

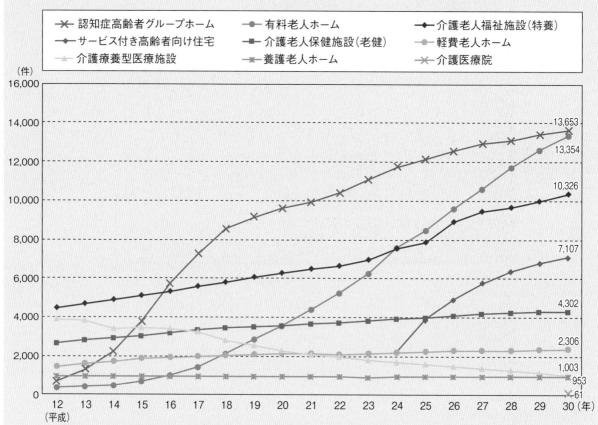

| 図表1-3-13 | 高齢者向け施設・サービス付き高齢者向け住宅数の推移 |

※1：介護保険施設及び認知症高齢者グループホームは、「介護サービス施設・事業所調査（10月1日時点）【平成12・13年】」、「介護給付費等実態調査（10月審査分）【平成14～29年】」及び「介護給付費等実態統計（10月審査分）【平成30年～】」による

※2：介護老人福祉施設は、介護福祉施設サービスと地域密着型介護福祉施設サービスの請求事業所を合算したもの

※3：認知症高齢者グループホームは、平成12～16年は痴呆対応型共同生活介護、平成17年～は認知症対応型共同生活介護により表示（短期利用を除く）

※4：養護老人ホーム・軽費老人ホームは、「社会福祉施設等調査（10月1日時点）」による。ただし、平成21～23年は調査対象施設の数、平成24～29年は基本票に基づく数

※5：有料老人ホームは、厚生労働省老健局の調査結果による

※6：サービス付き高齢者向け住宅は、「サービス付き高齢者向け住宅情報提供システム（9月30日時点）」による

店舗の着工面積及び1棟あたりの床面積については、令和元年は、着工面積が4,379千㎡（前年比18％減）となり、平成元年以降で初めて5,000千㎡を下回った。また、1棟あたりの床面積は662㎡（前年比6％減）で、近年は概ね横ばいで推移している（図表1-3-14）。

図表1-3-14　店舗着工面積の推移

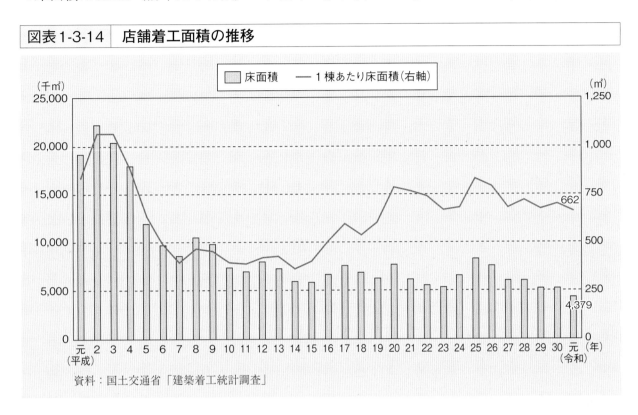

資料：国土交通省「建築着工統計調査」

大規模小売店舗立地法に基づく届出件数については、令和元年度は、430件（前年度比14.5％減）であり、前年度を下回った（図表1-3-15）。

図表1-3-15　大規模小売店舗立地法に基づく新設届出件数の推移

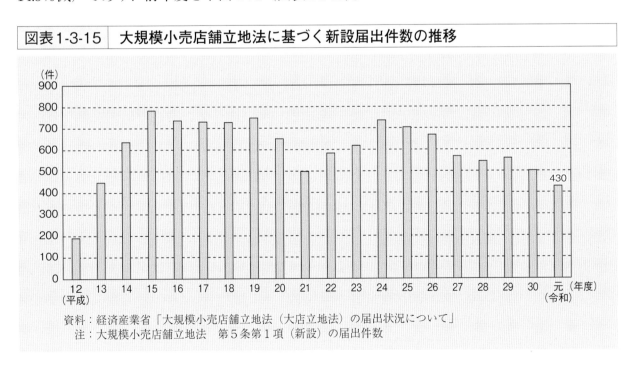

資料：経済産業省「大規模小売店舗立地法（大店立地法）の届出状況について」
注：大規模小売店舗立地法　第5条第1項（新設）の届出件数

宿泊業用建築物の着工面積及び１棟当たりの床面積については、ともに近年は増加傾向にあったが、令和元年は、着工面積は2,530千㎡（前年比16.8％減）、１棟当たりの床面積は1,100㎡（前年比23.4％減）となった（図表1-3-16）。

図表1-3-16　宿泊業用建築物着工面積の推移

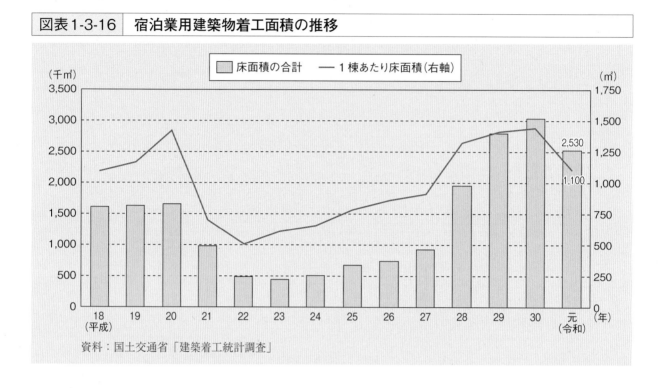

資料：国土交通省「建築着工統計調査」

　また、宿泊施設の施設数及び客室数については、平成30年度は、ホテル・旅館営業の施設数が49,502件（前年度比1.0％増）、簡易宿所が35,452件（前年度比9.2％増）、ホテル・旅館営業の客室数が1,646千室（前年度比3.1％増）と、いずれも前年より増加した（図表1-3-17）。

図表1-3-17　宿泊施設の施設数及び客室数の推移

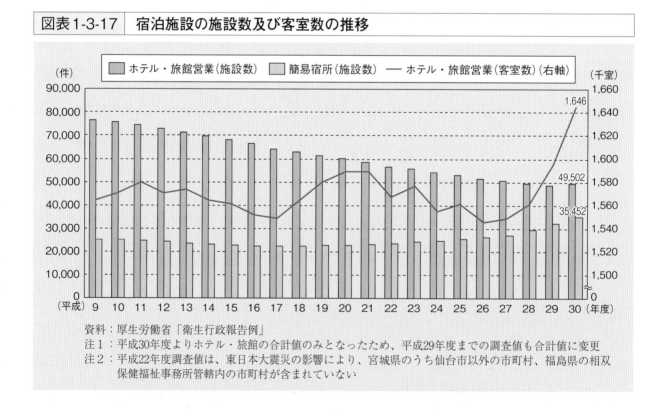

資料：厚生労働省「衛生行政報告例」
注１：平成30年度よりホテル・旅館の合計値のみとなったため、平成29年度までの調査値も合計値に変更
注２：平成22年度調査値は、東日本大震災の影響により、宮城県のうち仙台市以外の市町村、福島県の相双
　　　保健福祉事務所管轄内の市町村が含まれていない

工場の立地件数及び立地面積については、立地件数は1,142件（前年比10.3％増）で3年連続の増加となり、平成30年の立地面積は13,196ha（前年比11.1％減）で3年振りに減少に転じた（図表1-3-18）。

図表1-3-18	工場立地件数及び立地面積の推移

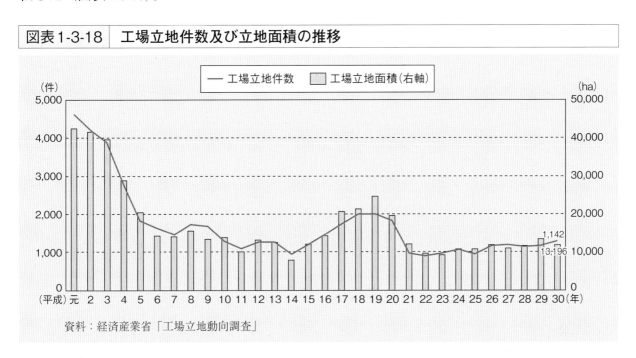

資料：経済産業省「工場立地動向調査」

地域別工場立地件数の割合については、東海、近畿臨海、地方圏の割合が低下した一方、関東内陸、関東臨海、近畿内陸の割合が上昇し、地方圏を除くと関東内陸の割合が最も多くなっている（図表1-3-19）。

図表1-3-19	地域別工場立地件数の割合

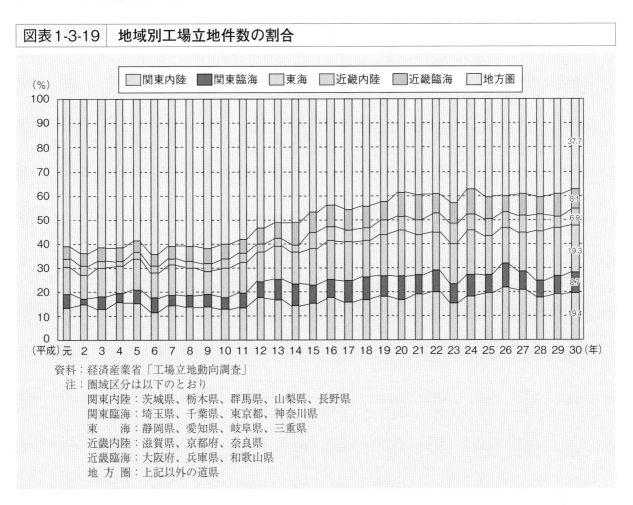

資料：経済産業省「工場立地動向調査」
注：圏域区分は以下のとおり
　　関東内陸：茨城県、栃木県、群馬県、山梨県、長野県
　　関東臨海：埼玉県、千葉県、東京都、神奈川県
　　東　　海：静岡県、愛知県、岐阜県、三重県
　　近畿内陸：滋賀県、京都府、奈良県
　　近畿臨海：大阪府、兵庫県、和歌山県
　　地 方 圏：上記以外の道県

土地に関する動向

倉庫の着工面積及び1棟当たりの床面積については、近年は増加傾向にあったが、令和元年の着工面積は約9,085千㎡（前年比6.2％減）で9年振りに減少に転じ、1棟当たりの床面積は615㎡（前年比6.8％減）で減少となった（図表1-3-20）。

図表1-3-20　倉庫着工面積の推移

資料：国土交通省「建築着工統計調査」

　平成30年度の駐車場整備については、駐車場法（昭和32年法律第106号）に基づく附置義務駐車施設が最も多く約3,348千台であり、調査開始以来、増加を続けており、次いで、届出駐車場が約1,878千台で、増加している。都市計画駐車場（約115千台）と路上駐車場（約0.6千台）は横ばいで推移している（図表1-3-21）。

図表1-3-21　駐車場整備の推移

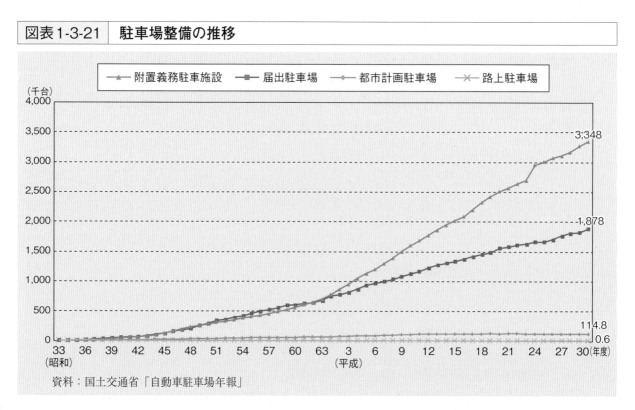

資料：国土交通省「自動車駐車場年報」

　総務省「住宅・土地統計調査」によると、平成30年の空き家は、平成25年と比べ、約29万増加し849万戸となっている。また、総住宅数に占める空き家の割合（空き家率）は13.6％で、平成25年から0.1ポイント上昇している。

　空き家の内訳をみると、「賃貸用又は売却用の住宅」が約462万戸、別荘などの「二次的住宅」が約38万戸、「その他の住宅」が約349万戸となっており、平成25年と比べると、「賃貸用又は売却用の住宅」が約2万戸増、「二次的住宅」が約3万戸減、「その他の住宅」が約31万戸増となっている（図表1-3-22）。

| 図表1-3-22 | 空き家数と空き家率の推移 |

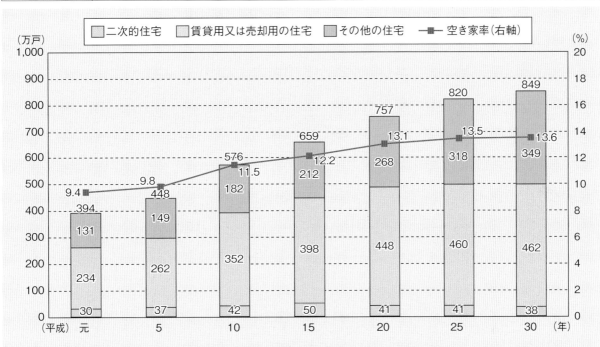

　資料：総務省「住宅・土地統計調査」より国土交通省作成
　注：二　次　的　住　宅：別荘及びその他（たまに寝泊まりする人がいる住宅）
　　　賃貸用又は売却用の住宅：新築・中古を問わず，賃貸又は売却のために空き家になっている住宅
　　　そ　の　他　の　住　宅：上記の他に人が住んでいない住宅

第4節 不動産市場の動向

（オフィス市場の動向）

依然として堅調なオフィス需要を背景に、東京都心5区（千代田区、中央区、港区、新宿区、渋谷区）では、令和2年1-3月期には空室率が1.5%となり、平成19年以降最低を更新した。平均募集賃料については、なお上昇基調が続き、平成20年10-12月期以来、11年振りに2万2千円/坪を超える水準となっている（図表1-4-1）。

図表1-4-1 | オフィスビル賃料及び空室率の推移（東京都心5区）

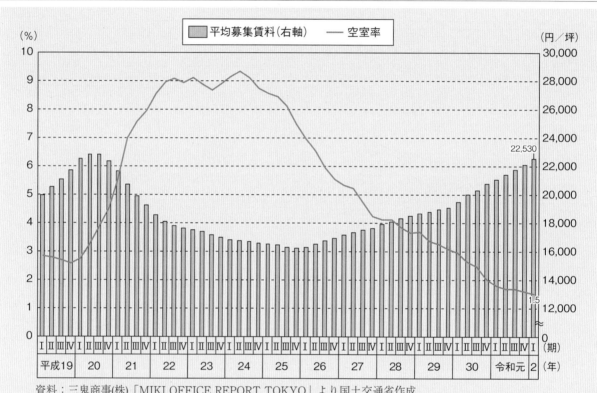

資料：三鬼商事(株)「MIKI OFFICE REPORT TOKYO」より国土交通省作成
注：I～IV期の値は月次の値を平均した値

　東京以外の都市をみると、大阪市及び名古屋市でも、底堅いオフィス需要を背景に、空室率の低下、平均募集賃料の上昇が続き、特に名古屋市の平均募集賃料は、平成19年以降で最高となった（図表1-4-2）。

| 図表1-4-2 | オフィスビル賃料及び空室率の推移（大阪・名古屋） |

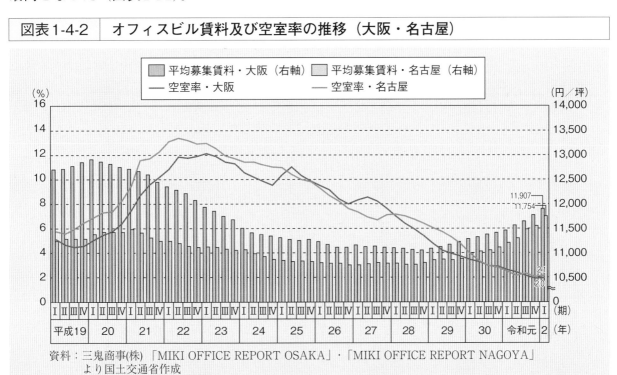

資料：三鬼商事(株)「MIKI OFFICE REPORT OSAKA」・「MIKI OFFICE REPORT NAGOYA」
より国土交通省作成
注：Ⅰ～Ⅳ期の値は月次の値を平均した値

　また、札幌市、仙台市、福岡市をみると、空室率は平成22年頃から改善傾向が続き、札幌市は1％台、福岡市は2％台、仙台市も4％台という水準となっている。平均募集賃料は、3市とも上昇基調となっており、福岡市では、平成19年以降で最高の1万円/坪を超える水準となっている（図表1-4-3）。

| 図表1-4-3 | オフィスビル賃料及び空室率の推移（札幌・仙台・福岡） |

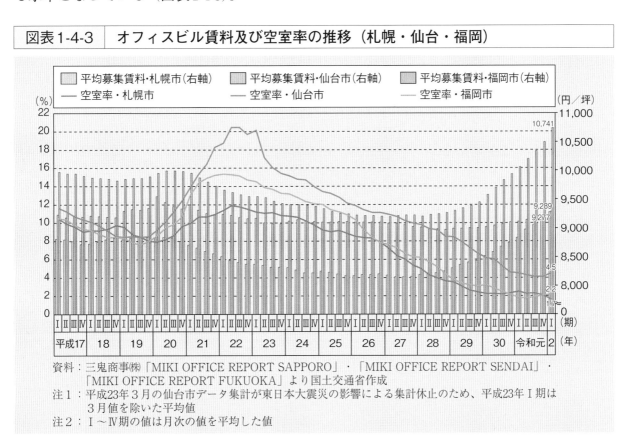

資料：三鬼商事(株)「MIKI OFFICE REPORT SAPPORO」・「MIKI OFFICE REPORT SENDAI」・
「MIKI OFFICE REPORT FUKUOKA」より国土交通省作成
注1：平成23年3月の仙台市データ集計が東日本大震災の影響による集計休止のため、平成23年Ⅰ期は
3月値を除いた平均値
注2：Ⅰ～Ⅳ期の値は月次の値を平均した値

（住宅市場の動向）

　新築マンション価格については、１㎡あたり単価が、首都圏は令和元年に90万円前後で
推移し令和２年1-3月期には100万円を超え、近畿圏は60万円台後半の水準で上昇傾向が続
いている。平均価格は、首都圏は令和元年に６千万円前後で推移し令和２年1-3月期には
７千万円を超え、近畿圏は４千万円前後で推移している（図表1-4-4）。

図表1-4-4　首都圏・近畿圏の新築マンション価格の推移

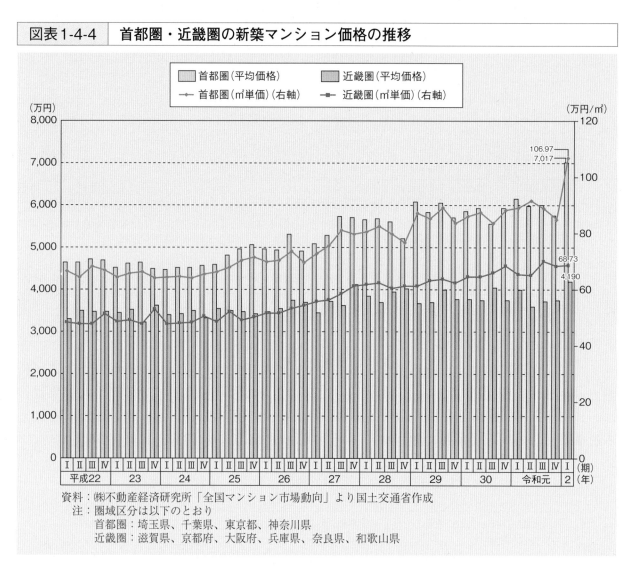

資料：㈱不動産経済研究所「全国マンション市場動向」より国土交通省作成
　　注：圏域区分は以下のとおり
　　　　首都圏：埼玉県、千葉県、東京都、神奈川県
　　　　近畿圏：滋賀県、京都府、大阪府、兵庫県、奈良県、和歌山県

　令和元年のマンションの在庫戸数と契約率については、在庫戸数は、首都圏が前年に続き9,000戸を超過し、近畿圏は横ばいで推移し、約2,800戸であった。

　また、契約率は、首都圏、近畿圏いずれも前年から横ばいで推移した（図表1-4-5）。

図表1-4-5　首都圏・近畿圏のマンションの在庫戸数と契約率の推移

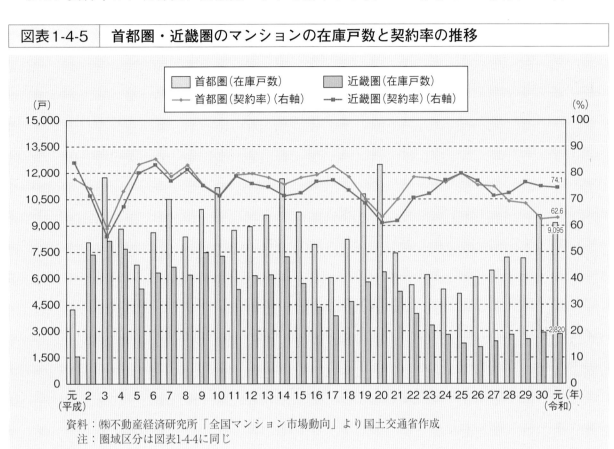

　資料：㈱不動産経済研究所「全国マンション市場動向」より国土交通省作成
　　注：圏域区分は図表1-4-4に同じ

　賃貸マンションの賃料指数の推移をみると、令和元年10-12月期は、東京23区で113.4となり、平成24年7-9月期以降、緩やかな上昇が続いている。また、大阪市で120.3となり、前年同月期から上昇している（図表1-4-6）。

図表1-4-6　東京23区・大阪市のマンション賃料指数の推移

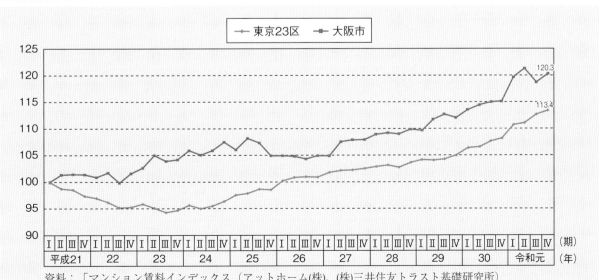

　資料：「マンション賃料インデックス（アットホーム㈱、㈱三井住友トラスト基礎研究所）
　　　　（部屋タイプ：総合：18㎡以上100㎡未満、エリア：東京23区・大阪市）」より国土交通省作成
　　注：平成21年Ⅰ期を100とした指数値である

土地に関する動向

中古マンション市場の動向をみると、令和元年は、成約平均価格が、首都圏で3,442万円（前年比3.3％増）、近畿圏で2,311万円（前年比5.8％増）であり、上昇基調が続いている。また、成約戸数は、首都圏が38,109戸（前年比2.4％増）で4年連続で新規販売戸数（令和元年は31,238戸）を上回り、近畿圏では17,856戸（前年比1.2％増）となり、いずれの圏域も微増となった（図表1-4-7）。

図表1-4-7 **首都圏・近畿圏における中古マンション成約戸数及び成約平均価格の推移**

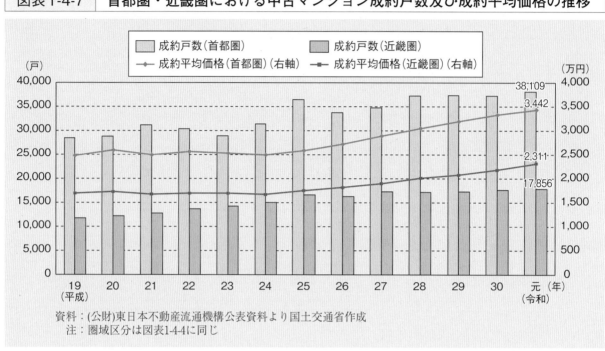

資料：(公財)東日本不動産流通機構公表資料より国土交通省作成
注：圏域区分は図表1-4-4に同じ

　また、令和元年の中古戸建住宅市場については、成約戸数は、首都圏で13,037戸、近畿圏で13,881戸と前年から微増となり、成約平均価格は、首都圏で3,115万円、近畿圏で2,150万円といずれも前年から概ね横ばいで推移した（図表1-4-8）。

図表1-4-8 **首都圏・近畿圏における中古戸建住宅の成約戸数及び成約平均価格の推移**

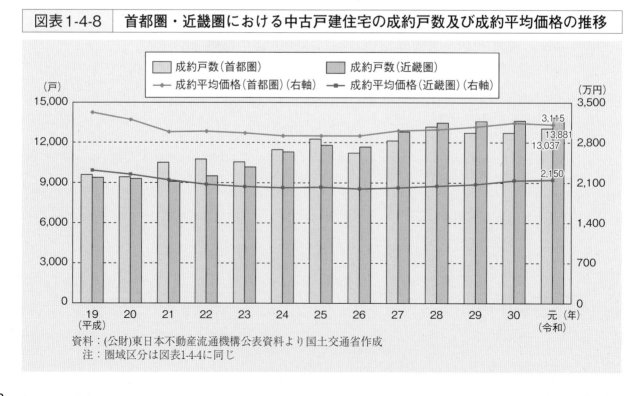

資料：(公財)東日本不動産流通機構公表資料より国土交通省作成
注：圏域区分は図表1-4-4に同じ

　既存住宅流通シェアの動向をみると、直近では減少傾向であったが、平成30年は14.5%となり、4年振りにシェアが増加した。なお、既存住宅取引戸数及び新設着工戸数は、概ね横ばいで推移している（図表1-4-9）。

図表1-4-9　既存住宅流通シェアの推移

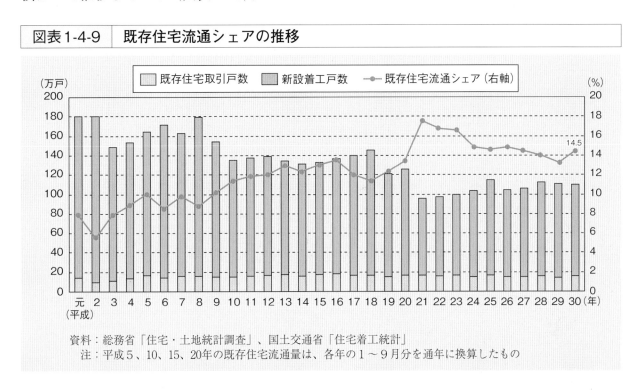

資料：総務省「住宅・土地統計調査」、国土交通省「住宅着工統計」
注：平成5、10、15、20年の既存住宅流通量は、各年の1～9月分を通年に換算したもの

（店舗、宿泊施設、物流施設の市場の動向）

　主要都市の店舗賃料の推移をみると、令和元年10-12月期は、東京・横浜で33,733円/坪（対前年同月期比13.7%増）、京都・大阪・神戸で15,850円/坪（対前年同月期比5.2%減）、名古屋で15,753円/坪（対前年同月期比3.5%増）、札幌で11,546円/坪（対前年同月期比7.4%増）、福岡で15,655円/坪（対前年同月期比18.4%増）となり、京都・大阪・神戸以外の都市で上昇となった（図表1-4-10）。

図表1-4-10　主要都市の店舗賃料の推移

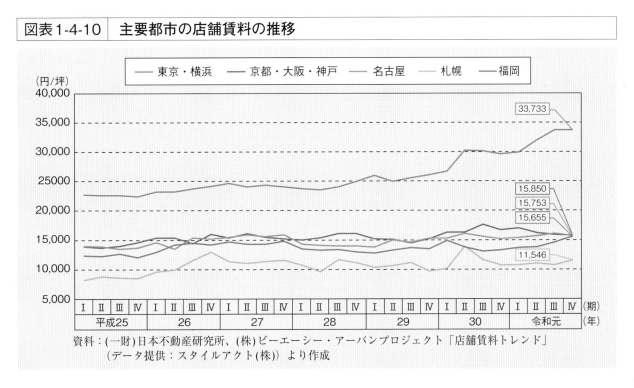

資料：(一財)日本不動産研究所、(株)ビーエーシー・アーバンプロジェクト「店舗賃料トレンド」
　　　（データ提供：スタイルアクト(株)）より作成

旅館・ホテルの客室稼働率については、いずれも上昇傾向となっており、シティホテルは8割を超える稼働率で推移している（図表1-4-11）。

図表1-4-11 旅館・ホテルの客室稼働率の推移

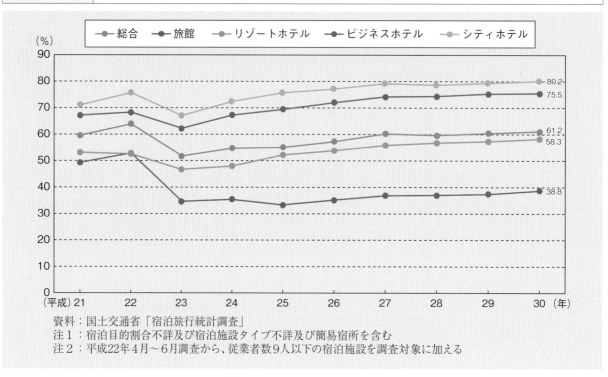

資料：国土交通省「宿泊旅行統計調査」
注1：宿泊目的割合不詳及び宿泊施設タイプ不詳及び簡易宿所を含む
注2：平成22年4月～6月調査から、従業者数9人以下の宿泊施設を調査対象に加える

　首都圏における物流施設の市況をみると、令和元年は、首都圏4エリア全てで、賃料が上昇基調であり、空室率についても、低水準である（図表1-4-12）。

図表1-4-12 首都圏における物流施設の賃料と空室率

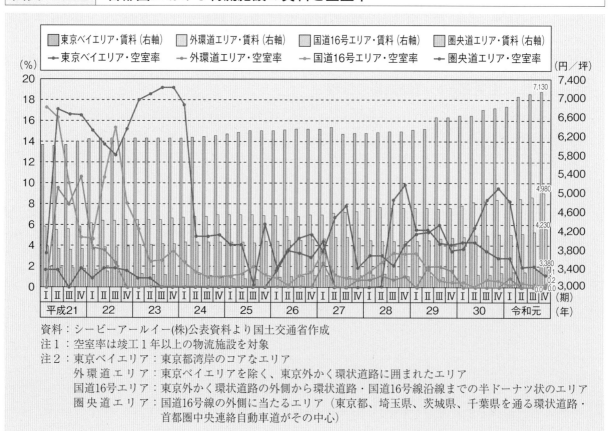

資料：シービーアールイー(株)公表資料より国土交通省作成
注1：空室率は竣工1年以上の物流施設を対象
注2：東京ベイエリア：東京都湾岸のコアなエリア
　　　外環道エリア：東京ベイエリアを除く、東京外かく環状道路に囲まれたエリア
　　　国道16号エリア：東京外かく環状道路の外側から環状道路・国道16号線沿線までの半ドーナツ状のエリア
　　　圏央道エリア：国道16号線の外側に当たるエリア（東京都、埼玉県、茨城県、千葉県を通る環状道路・首都圏中央連絡自動車道がその中心）

第5節　不動産投資市場の動向

（不動産証券化市場の動向）

　不動産証券化には、主なスキームとして、①「投資信託及び投資法人に関する法律」に基づく不動産投資信託（リート）、②「不動産特定共同事業法」に基づく不動産特定共同事業、③「資産の流動化に関する法律」に基づく特定目的会社（ＴＭＫ）、④合同会社を資産保有主体として、匿名組合出資等で資金調達を行うＧＫ－ＴＫスキーム（合同会社－匿名組合方式）等がある。

　政府の成長戦略における令和2（2020）年頃までにリート等（上記①及び②）の資産総額を約30兆円にすることを目指す不動産投資市場の成長目標「未来投資戦略2017」（平成29年6月9日閣議決定）の実現に向けて、平成31年3月末時点の資産総額は、約24.2兆円となっている。その取得した不動産の主な用途について資産額ベースでみると、平成30年度は事務所が34.6%、住宅が9.6%、商業施設が10.4%、倉庫が19.1%、ホテル・旅館が14.7%、複合施設が0.6%となった（図表1-5-1,2）。

図表1-5-1　リート等の資産総額の推移

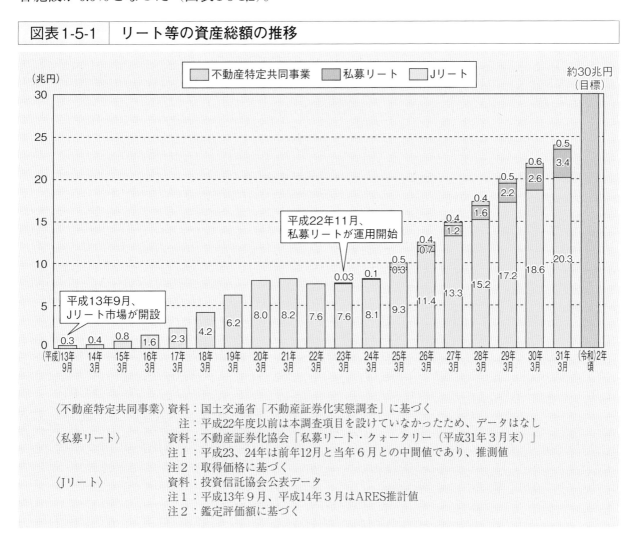

〈不動産特定共同事業〉資料：国土交通省「不動産証券化実態調査」に基づく
　　　　　　　　　　　注：平成22年度以前は本調査項目を設けていなかったため、データはなし
〈私募リート〉　　　　資料：不動産証券化協会「私募リート・クォータリー（平成31年3月末）」
　　　　　　　　　　　注1：平成23、24年は前年12月と当年6月との中間値であり、推測値
　　　　　　　　　　　注2：取得価格に基づく
〈Jリート〉　　　　　 資料：投資信託協会公表データ
　　　　　　　　　　　注1：平成13年9月、平成14年3月はARES推計値
　　　　　　　　　　　注2：鑑定評価額に基づく

図表1-5-2	リート等の用途別資産取得額の割合

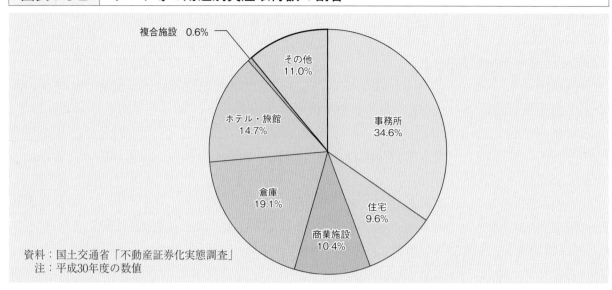

資料：国土交通省「不動産証券化実態調査」
注：平成30年度の数値

（Jリート市場の動向）

　Jリートについて、令和元年度の1年間で新たに1件の新規上場が行われた。令和2年3月末現在、64銘柄が東京証券取引所に上場されており、不動産投資証券の時価総額は約12.4兆円となっている（図表1-5-3）。

図表1-5-3	Jリート上場銘柄数と時価総額の推移

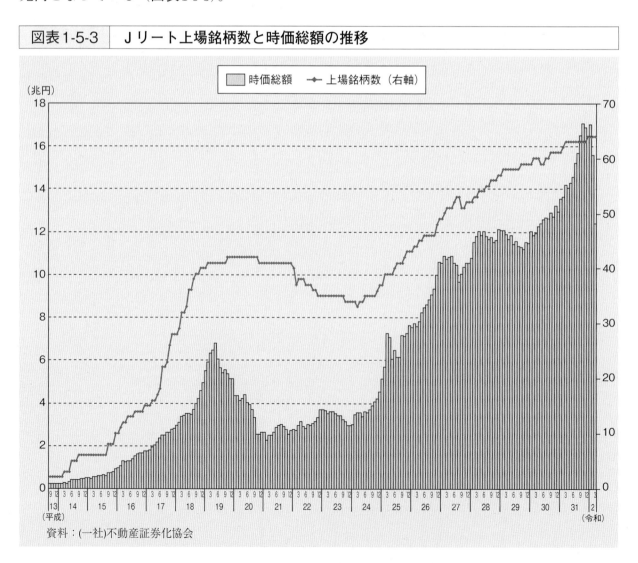

資料：(一社)不動産証券化協会

Jリート市場全体の値動きを示す東証リート指数は、良好な不動産市況や国内外の長期金利が低下したことなどを背景に、令和元年7月にリーマンショック後初めて2,000ポイントを超え、令和元年10月には、2,200ポイントを超えるなど、大幅に上昇した。その後、年末にかけては、米中貿易協議の進展期待による投資家のリスク回避姿勢の後退等により、2,100ポイント台前半まで低下した。令和2年2月には2,250ポイント台まで回復したものの、新型コロナウイルス感染症が世界的に拡大し始めると、一時急落した後、令和2年3月末において1,595ポイントとなった（図表1-5-4）。

図表1-5-4	東証REIT指数と日経平均株価の推移

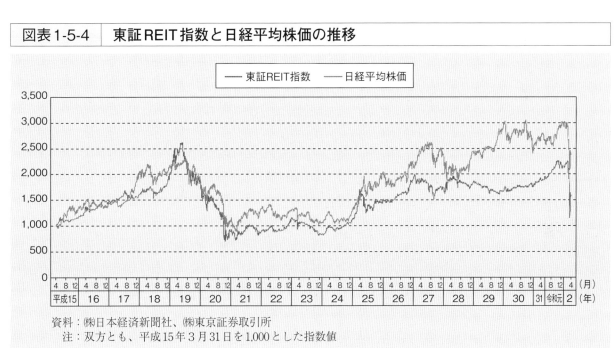

資料：㈱日本経済新聞社、㈱東京証券取引所
注：双方とも、平成15年3月31日を1,000とした指数値

投資部門別Jリート売買動向を平成31年の売却金額と購入金額の合計金額ベースでみると、海外投資家が66.3％、国内個人投資家が9.4％、証券会社が0.7％、投資信託が10.6％、事業法人が1.0％、金融機関が11.7％を占めており、海外投資家の動向がJリート市場に与える影響は大きい（図表1-5-5）。

図表1-5-5	投資部門別のJリート売買動向

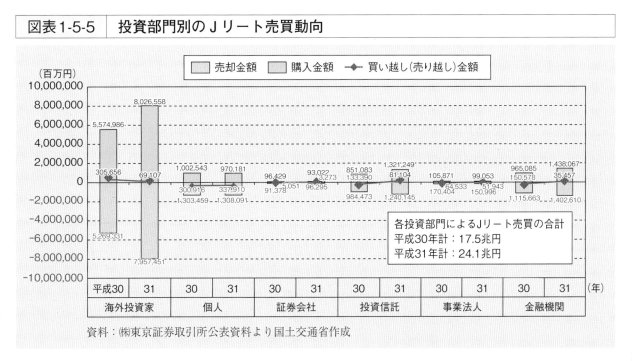

資料：㈱東京証券取引所公表資料より国土交通省作成

(資金調達環境の動向)

　企業の資金調達環境については、日本銀行による金融緩和政策等を背景に堅調な状況が続いている。日本銀行「全国企業短期経済観測調査（日銀短観）」における資金繰り判断ＤＩによれば、全産業は、平成22年10-12月期以降、38四半期連続してプラスであるが、直近はポイントが下落している。また、不動産業の数値は、直近はポイントが下落しているが、依然として全産業の数値以上で推移している（図表1-5-6）。

| 図表1-5-6 | 資金繰り判断ＤＩの推移 |

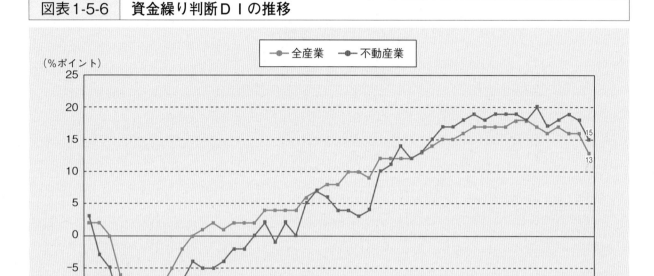

資料：日本銀行「全国企業短期経済観測調査」より国土交通省作成
　注：ＤＩは「楽である」（回答社数構成比）－「苦しい」（回答社数構成比）

（不動産業向けの貸出動向）

　銀行等による不動産業向け新規貸出については、日本銀行「貸出先別貸出金」をみると、令和元年は前年から微増し11兆2,494億円となっており、高い水準での新規貸出が続いている（図表1-5-7）。

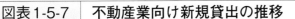

図表1-5-7　不動産業向け新規貸出の推移

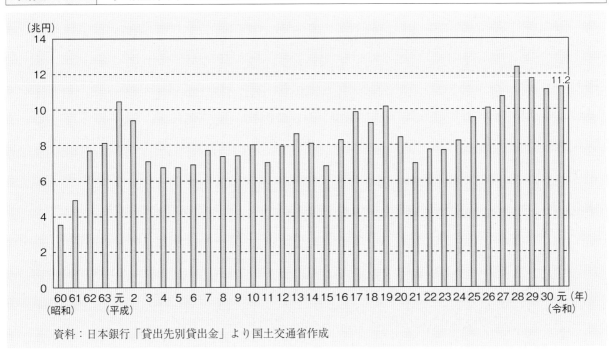

資料：日本銀行「貸出先別貸出金」より国土交通省作成

　また、銀行等による不動産業向け貸出残高については、日本銀行「貸出先別貸出残高」をみると、引き続き増加傾向が顕著であり、令和元年は昭和60年以降過去最高の80兆5,860億円となっている（図表1-5-8）。

図表1-5-8　不動産業向け貸出残高の推移

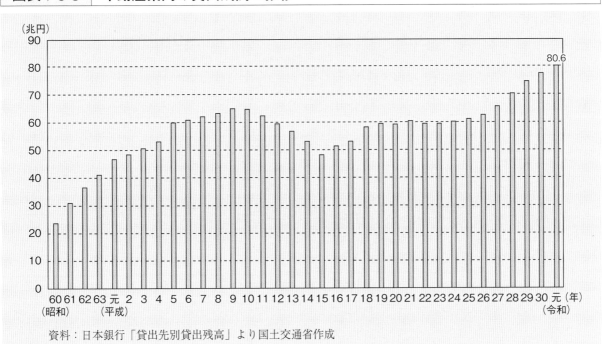

資料：日本銀行「貸出先別貸出残高」より国土交通省作成

第6節　土地・不動産の所有・利用・管理に関する意識

（国民の土地・不動産に関する意識）

国民にとって、土地の所有は、生活の基盤である住宅用地等としての目的だけでなく、資産としての目的を有する。

国土交通省において毎年行っている「土地問題に関する国民の意識調査」[1]（以下、「調査」という。）によると、「土地は預貯金や株式などに比べて有利な資産か」という質問に対し、「そう思う」と回答した者の割合は、平成５、６年度は60%を超えていたが、近年は30%超で推移し、令和元年度は27.1%（前年度比5.5%減）と、調査開始以来最低の割合となった。また、「そう思わない」と回答した者の割合は、平成５、６年度は20%超であったが、近年は40%前後で推移し、令和元年度は45.3%（前年度比5.9%増）と、調査開始以来最高の割合となった。

これらの回答を土地の所有の有無別にみると、土地所有者のうち「そう思う」と回答した者の割合は27.3%、土地を所有していない者のうち「そう思う」と回答した者の割合は26.5%となっており、土地所有者の方が「そう思う」と回答した割合が僅かに高かった。また、都市圏別にみると、「そう思う」と回答した者の割合が大都市圏で30.5%、地方圏で24.8%となっており、大都市圏が地方圏より高くなっている（図表1-6-1）。

図表1-6-1　土地は預貯金や株式などに比べて有利な資産か

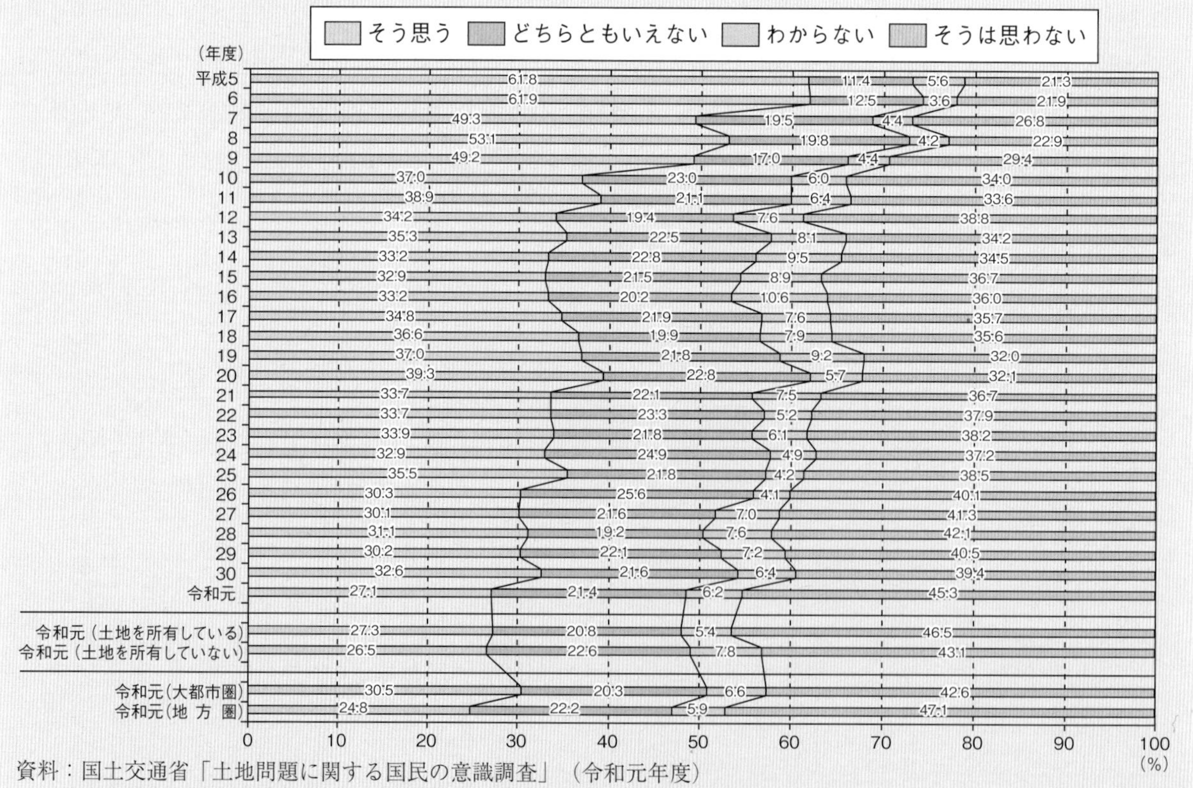

資料：国土交通省「土地問題に関する国民の意識調査」（令和元年度）
注：大都市圏：東京圏、大阪圏、名古屋圏
東 京 圏：首都圏整備法による既成市街地及び近郊整備地帯を含む市区町村
大 阪 圏：近畿圏整備法による既成都市区域及び近郊整備区域を含む市町村
名古屋圏：中部圏開発整備法による都市整備区域を含む市町村
地 方 圏：大都市圏以外の市町村

[1]「土地問題に関する国民の意識調査」（令和元年度）調査対象：・母集団、全国の市区町村に居住する満20歳以上の者。・標本数、3,000人。・抽出法、層化２段無作為抽出法。・有効回答者、1,570人（有効回収率：52%）。調査期間：令和元年11月29日～12月22日

「そう思う」と回答した者にその理由を聞いたところ、令和元年度は「土地はいくら使っても減りもしなければ、古くもならない、なくならない（物理的に滅失しない）」と回答した者の割合が、前年度より低くなったものの36.6％と最も高かった。続いて「土地は生活や生産に有用だ（役に立つ）」が24.9％となり、回答の中で最も前年度より割合が増加した。一方、「価格の変動リスクの大きい株式等と比べて、地価が大きく下落するリスクは小さい」と回答した者の割合は、12.9％と前年度よりも低下し、その他の回答は、概ね横ばいで推移している（図表1-6-2）。

図表1-6-2 土地を資産として有利と考える理由

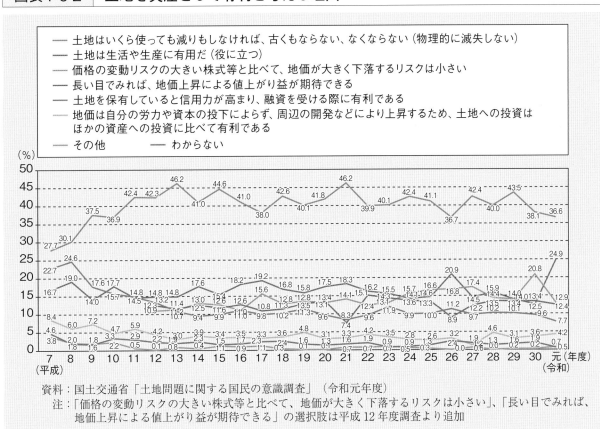

資料：国土交通省「土地問題に関する国民の意識調査」（令和元年度）
注：「価格の変動リスクの大きい株式等と比べて、地価が大きく下落するリスクは小さい」、「長い目でみれば、地価上昇による値上がり益が期待できる」の選択肢は平成12年度調査より追加

「そう思わない」と回答した者にその理由を聞いたところ、「地価上昇による短期的な値上がり益が期待できないから」が28.1％と最も高く、次いで、「土地は預貯金などに比べて、維持管理にかかるコスト負担が大きいから」が27.3％であった（図表1-6-3）。

図表1-6-3 土地を資産として有利と考えない理由

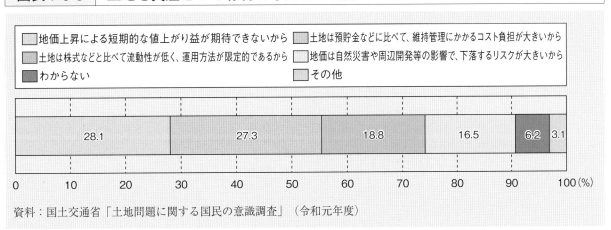

資料：国土交通省「土地問題に関する国民の意識調査」（令和元年度）

次に、「土地を所有したいか」という質問に対し、「所有したい」と回答した者の割合は、56.6％であり、回答者の半数以上に土地の所有意向があった一方で、「所有したくない」と回答した者の割合は、32.5％であった（図表1-6-4）。

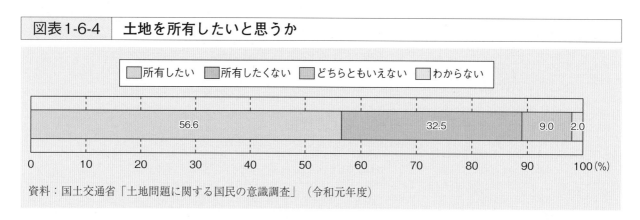

図表1-6-4　土地を所有したいと思うか

資料：国土交通省「土地問題に関する国民の意識調査」（令和元年度）

「土地を所有したい」と回答した者にその理由を聞いたところ、「居住用住宅等の用地として自らで利用したいから」と回答した者の割合は、半数を超える57.7％であり、次いで、「子供や家族に財産として残したい（相続させたい）から」が36.5％と高かった（図表1-6-5）。

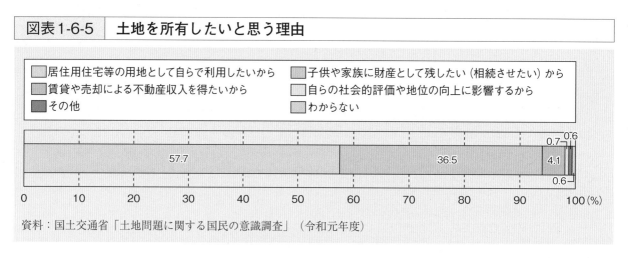

図表1-6-5　土地を所有したいと思う理由

資料：国土交通省「土地問題に関する国民の意識調査」（令和元年度）

また、「土地を所有したくない」と回答した者にその理由を聞いたところ、「所有するだけで費用や手間がかかるから」と回答した者の割合が30.0％であり、次いで、「使い道がないから」が25.1％と、これらの回答で全体の半数を超える結果となった（図表1-6-6）。

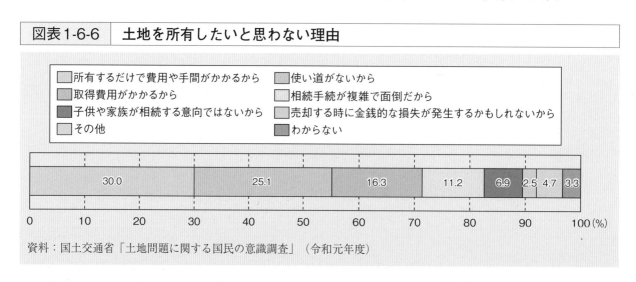

図表1-6-6　土地を所有したいと思わない理由

資料：国土交通省「土地問題に関する国民の意識調査」（令和元年度）

　次に、自らが住むための住宅の所有に関する国民の意識をみると、持ち家志向か借家志向かについて、令和元年度は「土地・建物については、両方とも所有したい」と回答した者の割合が73.5％と、低下傾向が続いている。また、「借家（賃貸住宅）で構わない」と回答した者の割合が14.8％と、前年度より３％低下した。

　圏域別の結果では、「土地・建物については、両方とも所有したい」と回答した者の割合が、大都市圏と地方圏で、それぞれ73.6％と73.4％であり、概ね同等の結果となった（図表1-6-7）。

土地に関する動向

図表1-6-7	持ち家志向か借家志向か

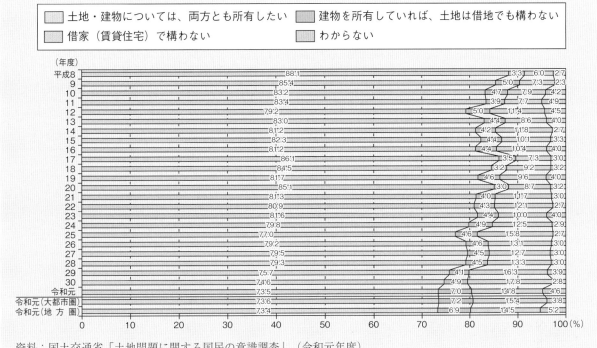

資料：国土交通省「土地問題に関する国民の意識調査」（令和元年度）
　注：圏域区分は図表1-6-1に同じ

望ましい住宅の形態に関する国民の意識をみると、令和元年度は「一戸建て」と回答した者の割合が60.3％（前年度比4.7％減）と、調査開始以来、最低の割合となった一方で、「一戸建て・マンションどちらでもよい」、「マンション」と回答した者の割合が、それぞれ23.6％（前年度比1.8％増）、13.6％（前年度比3.4％増）であり、いずれも調査開始以来、最高の割合となった。

　また、圏域別の結果では、「一戸建て」と回答した者の割合が、大都市圏と地方圏でそれぞれ54.1％と64.5％で、地方圏が高い結果となった一方で、「マンション」と回答した者の割合は、大都市圏と地方圏でそれぞれ16.0％と11.9％で、大都市圏が高い結果となった（図表1-6-8）。

図表1-6-8	望ましい住宅形態

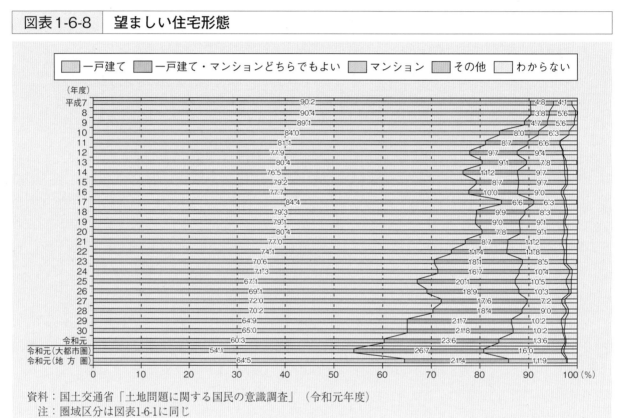

資料：国土交通省「土地問題に関する国民の意識調査」（令和元年度）
　注：圏域区分は図表1-6-1に同じ

第2章 人口減少社会における土地の利用と管理を巡る動向

　我が国の人口は、平成20年をピークに減少を始め、今日、本格的な人口減少社会を迎えている。バブル期には、地価高騰を背景に地価対策を主眼として、土地基本法の制定や土地の投機的取引の抑制を始め総合的な土地対策が展開されたが、経済社会の構造が変化する中で、土地を巡る状況も大きく変化した。

　人口増加局面の開発圧力が高い状況の下では、土地の最適利用を確保するために、計画に基づく事業推進や宅地供給、都市的土地利用に関する規制的手法が有効であったが、人口減少局面では、全体として土地利用ニーズが低下していく中で、経済成長や地域の活性化、安全で持続可能な社会の形成等に向け、計画的なまちづくり、地域づくりを進めながら、インセンティブ等による土地利用の喚起・誘導や投資の促進、取引の円滑化などによって土地の条件に応じた最適利用を促すことが重要となっている。土地が最適に利用されるようにするためには、新たな需要を的確に捉え、都市再生や地方創生施策を始め、土地の有効利用の誘導と取引の円滑化を図る施策の推進が求められ、特に、低未利用の土地については、土地の集約・再編、所有と利用・管理の分離、多様な用途による活用等を通じ、その潜在的な価値を顕在化させることを含め、有効利用を図ることが求められる。

　また、人口減少・高齢化の進展を背景とした土地利用ニーズの低下や土地の所有意識の希薄化等は、空き地・空き家等の低未利用の不動産や所有者による適正な利用・管理が期待できない管理不全の土地等の問題を引き起こしている。潜在的にも利用の可能性が極めて低い土地等については、適正に管理がなされないおそれがあり、近隣住民の生活環境の悪化、周辺の土地利用や災害時の対応の支障など悪影響が生じる場合があるため、それらの解消とともに、土地が管理不全状態に陥ることを未然に防ぐ具体的な措置も必要となっている。

　こうした中で、令和2年3月には所有者不明土地対策等の観点から、人口減少社会に対応して土地政策を再構築するため、土地基本法等が改正され、改正法に基づき同年5月に新たに策定した土地基本方針の下、土地に関する施策を総合的に推進することとしている。

　本章では、土地基本法等の改正の機会をとらえ、人口減少社会における土地の利用と管理を巡る動向として、まず第1節において、新たな需要への対応や需要喚起による土地・不動産活用の取組を、第2節で、管理不全土地等の現状と適正な利用・管理に関する取組を取り上げる。最後に第3節で、土地基本法等の改正内容と土地基本方針に基づく総合的土地政策を取り上げる。

人口減少社会にあっても、近年、都市再生や地方創生等の施策を通じ、都市の競争力の強化や魅力の向上、地域産業の活性化や雇用の創出、地域サービスの維持・向上など地域の活力の維持・向上に向けた土地・不動産活用の取組が展開されている。

また、民間企業等においては、ライフスタイルやワークスタイルの変化に伴う新たな需要に的確に対応するとともに、それらをインターネットを介し活用可能な土地・不動産とのマッチングを行うことなどにより、多様な事業ニーズに対応した地域の遊休土地等を有効活用する取組や多様な世代・世帯のライフスタイルやワークスタイルに対応した住宅を供給する取組が展開されている。

本節においては、このような近年の新たな需要への対応や需要喚起による土地・不動産活用の取組を取り上げる。

1 地域の活力の維持・向上に向けた土地・不動産活用の取組

（1）都市の競争力強化・魅力の向上に向けた取組

近年、大都市を中心に、海外から企業や人を誘致できるような魅力ある都市拠点の形成など都市の競争力強化や魅力の向上に向けた取組として、ターミナル駅やその周辺での大規模な都市再開発が進展している。

ここでは、ターミナル駅の再整備と大規模再開発により都市空間の再構築が進む渋谷駅周辺地域（東京都）、リニア中央新幹線の整備と新駅周辺のまちづくりが進む品川駅周辺地域（東京都）と名古屋駅周辺地域（名古屋市）、老朽化したビルの高付加価値ビルへの建替誘導によるまちづくりが進む天神駅・博多駅周辺地域（福岡市）における取組を取り上げる。

○ターミナル駅の再整備と駅周辺における大規模再開発（東京都渋谷区）

東京都の副都心の一つである渋谷では、ターミナル駅である渋谷駅やその周辺の都市基盤の再整備、大規模再開発ビルの整備等により、渋谷駅周辺地域を新たな都市空間として再構築するプロジェクトが進められている。

渋谷駅周辺地域の都市基盤は、明治時代以降の急速な市街地化、渋谷駅の開業、震災復興・戦災復興による土地区画整理事業等を経て整備されてきたが、今日、老朽化の進行等により、安全性・防災性の向上、交通需要への対応、利便性の向上等が求められている。

このような中、平成17年12月に渋谷駅周辺地域が「都市再生緊急整備地域」[2]に指定されるとともに、平成20年6月には、渋谷区が「渋谷駅街区基盤整備方針」を策定し、道路拡張や広場の拡充、鉄道駅の再編・拡充等により都市基盤を再構築する事業が始まった（図表2-1-1）。

---

[2] 都市再生特別措置法（平成14年法律第22号）に基づき、都市の再生の拠点として、都市開発事業等を通じて緊急かつ重点的に市街地の整備を推進すべき地域として国が指定する地域。

| 図表2-1-1 | 渋谷駅街区基盤整備方針における整備概要 |

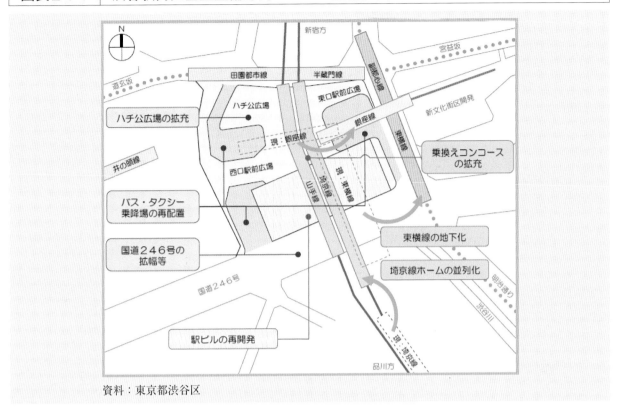

資料：東京都渋谷区

　一方、渋谷駅周辺地域は、周辺に大使館等が多数立地し、外国人旅行者も数多く訪れる国際観光都市としての魅力を備えるとともに、時代を先取りする文化・情報を創造・発信し、コンテンツ・クリエイティブ産業が集積するエリアでもある。

　このような渋谷駅周辺地域については、平成23年12月に、多国籍企業のアジア統括拠点等の誘致を目指す国際戦略総合特別区域[3]（アジアヘッドクォーター特区）に指定されるとともに、平成24年1月には、「特定都市再生緊急整備地域」[4]に指定され、国際ビジネス拠点の形成など国際競争力の一層の強化に向けた都市再生が推進されることとなった。

　このような中、渋谷駅周辺地域では、大規模再開発事業が多数展開されている。その先駆けともなった「渋谷ヒカリエ」（平成24年3月竣工）は、建築物の老朽化への対応と東急東横線の地下化工事、東京メトロ副都心線開業のため、平成15年6月に閉鎖・解体された「東急文化会館」（昭和31年12月開業）の跡地に建設された高層複合施設である。本施設は、周辺の坂状の地形を活かし、渋谷駅をはじめとする各方面へ5つのフロアで接続する歩行者ネットワークを形成するとともに、地下3階から地上4階にかけて「アーバン・コア」を整備している（図表2-1-2,3）。

---

[3] 総合特別区域法（平成23年法律第81号）に基づき、産業の国際競争力の強化に資する事業を実施することにより、我が国の経済社会の活力の向上及び持続的発展に相当程度寄与することが見込まれる区域として国が指定する区域。
[4] 都市再生緊急整備地域のうち、都市の国際競争力の強化を図る上で特に有効な地域として国が指定する地域。

図表2-1-2	渋谷ヒカリエとアーバン・コア

竣工：平成24年3月
開業：平成24年4月
敷地面積：約9,640㎡
延床面積：約144,000㎡
用途：店舗、多目的ホール、劇場、事務所、駐車場等

資料：東急(株)

図表2-1-3	アーバン・コアのイメージ図

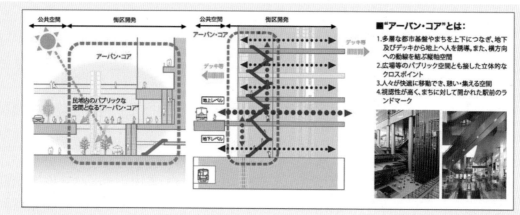

資料：東京都渋谷区

　また、東急東横線の旧渋谷駅ホーム南部の線路跡地に建設された「渋谷ストリーム」（平成30年8月竣工）、渋谷駅の直上に建設された「渋谷スクランブルスクエア（東棟）」（令和元年8月竣工）、「東急プラザ渋谷」（昭和40年6月開業）の跡地に建設された「渋谷フクラス」（令和元年10月竣工）が開業するなど、街の交通結節点としての利便性の向上とともに、周辺街区との回遊性や賑わいの創出を通じて、渋谷の街全体の活性化に貢献している（図表2-1-4,5）。

　「渋谷スクランブルスクエア」は、令和2年3月末現在、第1期事業として東棟のみ開業しているが、今後、令和2年3月に閉店した「東急百貨店東横店」（昭和9年11月開業）跡地に、第2期事業として令和9年度に「中央棟」「西棟」の竣工を予定している。

　さらに、住宅・オフィス・店舗等の複合ビルの建設とともに、後背に広がる丘陵地と渋谷駅をバリアフリーアクセスでつなぐことで、地形の高低差や鉄道・幹線道路による地域の分断の解消にも貢献する「渋谷駅桜丘口地区第一種市街地再開発事業」が令和5年の竣工に向けて行われているほか、老朽化したビルの建替とともに、「渋谷ヒカリエ」に隣接して歩行空間ネットワークの強化にも貢献する「渋谷二丁目17地区市街地再開発事業」が令和2年10月から開始される予定であるなど、100年に一度とも言われる渋谷駅周辺の再開発事業は続いている。

図表2-1-4 渋谷駅周辺開発全体図

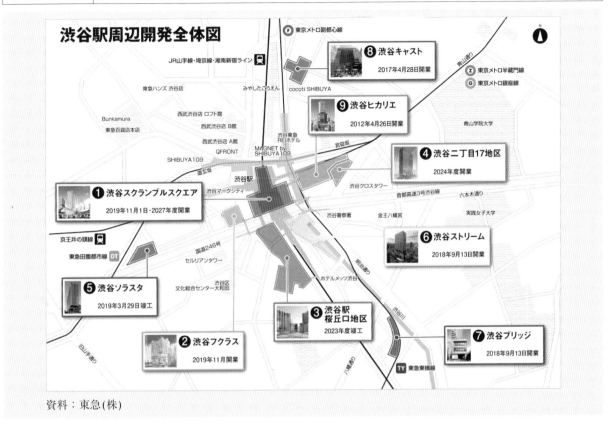

資料：東急(株)

図表2-1-5 再開発ビルの事例

渋谷ストリーム

竣工：平成30年8月
開業：平成30年9月
敷地面積：約7,100㎡
延床面積：約116,000㎡
用途：事務所、店舗、ホテル、
　　　ホール、駐車場等

資料：東急(株)

渋谷スクランブルスクエア

竣工：令和元年8月
開業：令和元年11月
敷地面積：約15,300㎡
延床面積：約181,000㎡
　　　　（第Ⅰ期：東棟）
用途：事務所、店舗、展望施設、
　　　駐車場等

資料：渋谷スクランブルスクエア(株)

渋谷フクラス

竣工：令和元年10月
開業：令和元年12月
敷地面積：約3,336㎡
延床面積：約58,970㎡
用途：飲食店舗、事務所、駐車場、
　　　観光案内所、
　　　バスターミナル等

資料：東急不動産(株)

○リニア中央新幹線の整備と新駅周辺のまちづくり（東京都品川区・愛知県名古屋市）

　東京・名古屋間を約40分、東京・大阪間を約60分で結ぶ「リニア中央新幹線」が、令和9年までに東京・名古屋間での開通を目指して工事が進められており、新駅整備とともに、駅周辺のまちづくりも進められている。

　リニア中央新幹線の始発駅となる品川駅は、東海道新幹線やJR各線などの発着駅であり、羽田空港へのアクセス利便性も高いことから、品川駅周辺地域は、国内外の玄関口としての発展が期待されている地域であり、「アジアヘッドクォーター特区」として国際戦略総合特別区域に指定されるとともに、特定都市再生緊急整備地域にも指定され、国際交流拠点の形成に向けた都市再生が進められている（図表2-1-6）。

　国際ビジネス拠点や地域交流拠点としての機能を持つ「品川シーズンテラス」（平成27年2月竣工）は、リニア中央新幹線の新駅に近接し、東京都の下水処理場である「芝浦水再生センター」の改修に合わせ、立体都市計画制度[5]を活用し、下水道施設である地下の雨天時貯留施設上に整備された人工地盤に借地権を設定して建設されたオフィス・商業・カンファレンス等の複合施設である。本施設は、下水熱を活用した熱供給施設の導入や、省エネ設備、自然エネルギーの積極的な活用による環境性能の高いビルであるとともに、本施設前面の人工地盤上には約35,000㎡の緑地が整備され、良好な周辺環境の整備にも貢献している（図表2-1-7）。

　また、平成28年度からJR品川車両基地跡地で土地区画整理事業が行われている。本事業区域内では、品川駅北周辺地区の新たな街の玄関口としてJR東日本の山手線・京浜東北線が発着する「高輪ゲートウェイ駅」が、令和2年3月に暫定開業するとともに、令和6年頃のまちびらきを目指し、駅の未開業部分をはじめ、国際水準の居住・宿泊施設や文化創造施設、ビジネス支援・交流施設などの建設が進められている（図表2-1-8）。

図表2-1-6　品川駅周辺地図

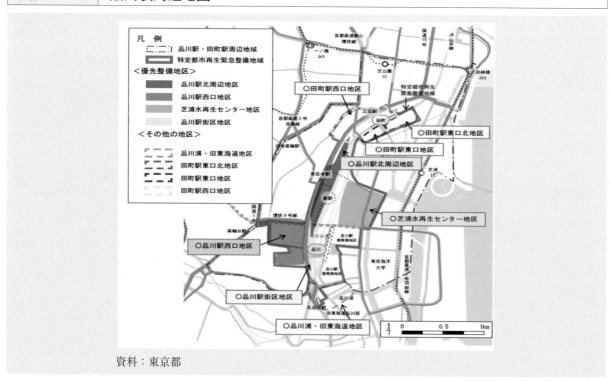

資料：東京都

---

[5] 都市計画法（昭和43年法律第100号）に基づき、道路、河川、公園等の整備の際に必要な範囲を都市計画に立体的に定めることで、これら施設の上空や地下部分の活用を可能とする制度。

| 図表2-1-7 | 品川シーズンテラスと緑地・雨天時地下貯留施設 |

緑地（オープンスペース）

雨天時地下貯留施設

資料：東京都

| 図表2-1-8 | 高輪ゲートウェイ駅と周辺施設計画 |

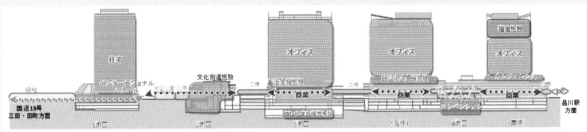

街区別諸元	全体	1街区	2街区	3街区	4街区
敷地面積	約72,000㎡	約12,700㎡	約8,000㎡	約13,000㎡	約38,300㎡
延べ面積 （容積対象床面積）	約851,000㎡ （約690,200㎡）	約149,000㎡ （約103,700㎡）	約31,000㎡ （約24,300㎡）	約211,000㎡ （約174,500㎡）	約460,000㎡ （約387,700㎡）
主要用途	－	住宅、教育施設、駐車場等	文化創造施設、駐車場等	業務、商業、生活支援施設、熱源機械室、駐車場等	業務、ホテル、商業、コンベンション、カンファレンス、ビジネス支援施設、駐車場等
階数/最高高さ	－	地上45階、地下3階／約173m	地上6階、地下4階／約45m	地上31階、地下5階／約167m	地上30階、地下3階／約164m

資料：東日本旅客鉄道(株)

また、令和９年のリニア中央新幹線開業区間の終点駅となる名古屋駅の周辺地域は平成24年に、特定都市再生緊急整備地域に指定され、老朽化した建築物の更新等により、名古屋の玄関口としてふさわしい安心・安全で国際的・広域的な商業・業務拠点の形成を図るため、都市再生が進められている（図表2-1-9）。

　名古屋駅周辺地域では、旧名古屋中央郵便局名古屋駅前分室跡地に建設された「JPタワー名古屋」（平成27年11月竣工）や、老朽化していた旧名古屋ターミナルビルの跡地に建設された「JRゲートタワー」（平成29年２月竣工）などの大規模再開発事業が展開されている。

　隣接する両施設は、１階に「名古屋駅バスターミナル」が整備されるとともに、名古屋駅と直結した構造になるなど、両施設の敷地が一体的に再開発され、周辺地域の回遊性の向上にも貢献している（図表2-1-10）。

　また、令和９年のリニア中央新幹線の開業に合わせて「名鉄名古屋駅地区再開発」が計画されており、名鉄名古屋駅の面的・機能的な拡張による利便性の高いターミナル機能の形成や、高速路線バスの集約化・再構築を可能とする「名鉄バスセンター」の整備とともに、地上部での超大型複合施設の建設により、南北に長い敷地の特性を活かし、周辺のまちと一体となった賑わいの創出を目指している（図表2-1-10）。

図表2-1-9	名古屋駅周辺地域図

資料：名古屋市

図表2-1-10	再開発ビルの事例

JPタワー名古屋

竣工：平成27年11月
開業：平成29年4月

敷地面積：約12,000㎡
延床面積：約180,000㎡
用途：事務所、郵便局、
　　　店舗、カンファレンス、
　　　駐車場、バスターミナル

資料：名古屋市

JRゲートタワー

竣工：平成29年2月
開業：平成28年11月（オフィス）
　　　平成29年4月（商業施設）

敷地面積：約11,700㎡
延床面積：約260,000㎡
用途：オフィス、商業施設、
　　　ホテル、バスターミナル、
　　　駐車場、駅施設

名鉄名古屋駅地区再開発計画パース

資料：名古屋鉄道(株)

○都市中心部における高付加価値ビルへの建替誘導によるまちづくり（福岡県福岡市）

　福岡県福岡市は、九州・アジアの広域集客都市として発展し、天神地区や博多駅周辺地区を始めとする都心部を中心に業務、商業機能が集積する国内有数の経済拠点となっている。

　しかし、都心部では、都心機能を支えてきた民間ビルの老朽化が進むなど、更新期が到来しており、機能更新により高度な都市機能が集積した都心部の機能強化と魅力を高めるまちづくりが必要とされている。

　こうした状況に対して、同市は、平成20年に「都心部機能更新誘導方策」を策定し、容積率の緩和制度による都心部の機能強化と魅力を高めるまちづくりの促進を図ることとした。さらに、都市の国際競争力を強化するべく、創業や雇用の創出を支援し、新たな企業集積等による経済の活性化を目指すため、平成25年9月に国に対し国家戦略特別区域[6]（以下、「国家戦略特区」という。）に関する提案を行い、平成26年5月に「グローバル創業・雇用創出特区」として区域指定され、同年9月に区域計画が認定された。

　国家戦略特区においては、国際競争力強化などの目標実現のため、様々な特例措置が講じられている。通常、空港に近接している都心部等では、航空法によって建築可能な建物の高さ制限が設定されており、高層建築物の建設に当たり、その高さ制限を緩和するためには、一棟毎に申請・審査を経て航空機の飛行の安全を特に害さない建物として承認を受ける必要がある。このような状況に対し、都心部における民間ビルの建替えを加速させるため、航空の安全に支障のない一定の高さをエリア一帯の目安として提示することで、迅速に承認に向けた手続きを進める、エリア単位での特例承認制度が導入された。

　さらに同市は、「天神ビッグバン」、「博多コネクティッド」と称した天神地区と博多駅周

---

[6]国家戦略特別区域法（平成25年法律第107号）に基づき、国の成長戦略の実現に必要な大胆な規制・制度改革を実行することを目的に、経済社会の活力の向上及び持続的発展に相当程度寄与することが見込まれる区域として国が指定する区域。

辺地区を対象としたプロジェクトを推進しており、航空法の高さ制限の特例承認制度の活用とともに、魅力あるデザイン性を有するなどの認定要件を満たした建物について、既存制度に基づく容積率の緩和に加えて最大50％の容積率の上乗せを可能とする制度を創設する等、民間活力を最大限引き出しながら耐震性の高い先進的なビルへの建替えを促進している（図表2-1-11）。

「天神ビッグバン」では、平成27年から令和6年までの10年間で30棟（平成27年2月24日報道発表時の数値目標）、「博多コネクティッド」では、令和元年から令和10年までの10年間で20棟（平成31年1月4日報道発表時の数値目標）のビルの建替えを誘導し、駐車場制度の見直しによる附置義務駐車場台数の低減、認定ビルへのテナント優先紹介、認定ビル及びテナント等に対する地域金融機関による支援、同市へ本社機能を移転・拡充した場合における税制措置、公共空間の利活用を可能とする道路占用事業の導入等、ハード・ソフトの施策を一体的に推進し、都心部のビジネス環境の充実と雇用の創出を推進している（図表2-1-12）。

| 図表2-1-11 | 福岡市天神地区における高さ制限と容積率の緩和制度 |

資料：福岡市公表資料より国土交通省作成

図表2-1-12 「天神ビッグバン」におけるビル建替えプロジェクト

「(仮称)天神ビジネスセンター」

本事業は、天神明治通り地区において、航空法高さ制限の特例承認制度（約89m）と福岡市独自の容積率緩和制度を活用し、福岡地所株式会社が自社所有する複数ビルを一体的に建替え、福岡発の大規模免震構造で国内屈指のオフィススペックを有するビルとなる計画であり、「天神ビッグバン」独自のインセンティブ制度を活用する第1号プロジェクトとして令和3年度の竣工を予定している。

資料：福岡地所(株)

「旧大名小学校跡地活用事業」

本事業は、天神明治通り地区に近接する旧大名小学校跡地において、航空法高さ制限の特例承認制度（約111m）と福岡市独自の容積率緩和制度を活用して、約3,000㎡の広場を囲むように、制震構造による地上25階建てのオフィス・ホテル棟をはじめ、コミュニティー棟、イベントホール等を整備する計画であり、令和4年度の全体竣工及び開業を予定している。

資料：積水ハウス(株)

（2）地域産業の活性化・雇用の創出に向けた取組

　人口減少の進行が著しい地方都市においては、定住人口の流出抑制や移住促進等を目指し、地域産業の活性化や雇用の創出に向けた取組として、土地・不動産の活用が進められている。

　ここでは、ＩＣＴ（情報通信技術）や環境技術などを活かしたまちづくりとして、関連企業の集積や人材育成等を進める取組、民間企業の本社機能の一部移転・機能強化を契機としてまちづくりを進める取組、温泉街を観光地として再生するまちづくりを進める取組、森林資源を活用した産業の活性化と環境に配慮したまちづくりを進める取組を取り上げる。

○スマートシティを目指した大学連携とＩＣＴ企業誘致によるまちづくり（福島県会津若松市）

　福島県会津若松市では、「スマートシティ会津若松」として、ＩＣＴや環境技術などを、健康や福祉、教育、防災、エネルギー、交通、環境等の様々な分野で活用し、持続力と回復力のある力強い地域社会の形成と安心して快適に暮らすことのできるまちづくりを進めている。

　また、同市は、東京などの大都市圏への生産年齢人口の流出が多く見られ、消費や経済力の低下が懸念される中、平成27年4月に「まち・ひと・しごと創生総合戦略」を策定し、地方創生との連携により、アナリティクス産業[7]やＩＣＴ関連企業の集積を図るなどの各種施策を行っている。

　具体的には、同市内に日本初のＩＣＴ専門の大学である「会津大学」があり、同大学では、専門的知見を持つ企業の協力のもと「アナリティクス人材（データサイエンティスト）[8]」の育成に取り組んでいる。平成27年10月には、会津大学に、研究者や学生、企業関係者等の交流の場である「イノベーション創出スペース」、先端ＩＣＴ研究事業、セキュリティ分

---

[7]膨大なデータの解析等を行い、企業経営や社会問題等の様々な用途に役立つ情報や提案等の提供を主とする産業。

[8]ビジネスや社会上の問題に対して、データを通じて意思決定を行い、ビジネス・社会への成果／改善につなげることのできる人材（組織）。

野の研究事業等を可能にする電波シールド機能を備えた「サイバーセキュリティウォールルーム」、研究事業用のICT機器を設置する「データセンター」などで構成された先端ICTラボ「LICTiA（リクティア）」が整備され、研究事業の実施、人材育成等のために活用されている（図表2-1-13）。

図表2-1-13　会津大学の先端ICTラボ「LICTiA（リクティア）」

LiCTiA 外観

イノベーション創出スペース　　　　データセンター

資料：会津若松市

　また、同市は、ICT関連企業の集積により、新たな人の流れと雇用の場の創出、若年層等の定住、交流人口の増加を図り、地域活力の維持発展に資することを目指し、首都圏などのICT関連企業が働きやすい魅力的なオフィス環境を整備する「ICTオフィス環境整備事業」に取り組み、平成31年4月にICTオフィス「スマートシティAiCT（アイクト）」を開所した。

　本施設には、18のICT関連企業が入居（令和2年3月末現在）する「オフィス棟」があり、各階には入居企業間で交流・打合せ等が可能なオープンスペースである「サロン・ラウンジ」がある。

　併設する「交流棟」は、イベントや会合などの開催が可能なスペースであり、入居企業の関係者をはじめ、地域住民や観光客が気軽に利用できるカフェやコワーキングスペースもある。また、屋外には、談話スペースや仕事場として利用可能なテラスや、イベントスペースとして利用可能なポケットパークも整備され、新たなイノベーションやビジネスチャンスの創出に向け、施設全体で、企業間や企業と地元との交流を促している（図表2-1-14）。

図表2-1-14 ＩＣＴオフィスビル「スマートシティAiCT（アイクト）」

外観（右がオフィス棟、左が交流棟）

オフィス棟 企業入居スペース

オフィス棟 セキュリティゲート

オフィス棟 ラウンジ

交流棟 エントランス

テラス

資料：会津若松市

○新幹線開業と企業の地方移転・機能強化を契機としたまちづくり（富山県黒部市）

　富山県黒部市では、北陸新幹線開業や民間企業の東京からの本社機能の一部移転・機能強化などを契機として、官民連携によるまちづくりが展開されている。

　YKK株式会社（本社：東京都千代田区）は、昭和30年5月に前身の吉田工業株式会社の黒部工場（現・黒部事業所）が稼働して以来、研究開発部門や製造拠点を同市内に集積させている。平成20年9月に黒部事業所内に整備された「YKKセンターパーク」は、YKKグループのものづくりの歴史を伝える「丸屋根展示館」や20種類約2万本の苗木を植樹した「ふるさとの森・さくらの森」などで構成され、地域との共生・共存を図るため、これらは一般に開放されている。

　さらに同社は、東日本大震災を一つの契機として、事業継続や機能維持を図るため、本社機能の一部を黒部市に移転することを計画し、平成27年10月に富山県が策定した地域再生計

画[9]（「とやま未来創生」企業の地方移転・拠点強化促進計画）に基づき、東京から富山県内に本社機能を移転する企業等に対する県独自の助成金措置を活用して、平成28年7月までに約230人を異動させ、中核拠点として機能強化を進めている。

　加えて、グループ会社のYKK AP株式会社が、平成28年4月に県内の研究開発や試験・検証部門を集約した研究開発拠点である「YKK AP R&Dセンター」を黒部荻生製造所内に建設するなど、YKKグループとしても拠点機能を高めている（図表2-1-15）。

| 図表2-1-15 | 黒部市内にあるYKKグループの不動産事例 |

YKK(株)黒部事業所

YKK(株)黒部荻生製造所

YKKセンターパーク

YKK AP R&Dセンター

資料：YKK(株)

　黒部市は、北陸新幹線の開業を契機として、あいの風とやま鉄道・黒部駅前広場整備や中心市街地への都市機能の集約、まちの賑わい創出などによるまちづくりに取り組んでいる。そのような中、YKK株式会社は、平成28年から平成29年にかけて、あいの風とやま鉄道・黒部駅前に、駅前周辺地域の活性化や賑わいづくりのため、「K-TOWN」と「K-HALL」を整備した。「K-TOWN」は、老朽化したYKKグループの社有単身寮の代替施設として小規模共同住宅（1棟4居室）25棟を分散整備した「まちなか型の寮」である。A街区・B街区・C街区の3街区で構成され、周辺のまちなみに合わせて建物高さを抑えるとともに、公園のような植栽や街区内に誰でも通り抜けることができる通路を整備し、周辺の住宅地と一体となった良好な住宅地を形成している（図表2-1-16）。

　「K-HALL」は、寮の食堂やラウンジといった共用施設でありながら、周辺の地域住民も利用できるよう、「K-TOWN」の中の黒部駅前広場に面した場所に整備された複合施設であり、1階にはコンビニエンスストア等の店舗、2階には大小の多目的ホールを有し、地域に開かれたスペースとして駅前周辺地域の賑わい創出に貢献している（図表2-1-16）。

[9] 地域再生法（平成17年法律第24号）に基づき、地域経済の活性化、地域における雇用機会の創出その他の地域の活力の再生を総合的かつ効果的に推進するため地方公共団体が策定する計画。

　さらに、グループ会社のYKK不動産株式会社は、「パッシブタウン黒部モデル」として、同社の社宅跡地に地中熱、バイオマス熱、太陽熱といった自然エネルギーを活用した集合住宅と、カフェや保育所などからなる商業複合施設の整備を進めている。令和7年までに250戸の住宅の整備を予定し、令和2年3月末現在、1～3街区117戸が完成しており、中心市街地の活力の向上と若年層をはじめとする新たな定住人口の増大に貢献している（図表2-1-17）。

図表2-1-16	K-TOWN・K-HALL

K-TOWN全体図

K-TOWN　A街区（右）・C街区（左）

K-TOWN　B街区

K-HALL

資料：YKK(株)

図表2-1-17	パッシブタウン黒部モデル

資料：YKK AP(株)

○公民連携による観光地の再生に向けたまちづくり（山口県長門市）

　山口県長門市は、宿泊客数の減少等が進行する温泉街を観光地として再生するため、全国展開している民間企業を誘致するなど、公民連携により温泉街が持つ地域資源を活用したまちづくりに取り組んでいる。

　同市内の「長門湯本温泉」は、昭和時代の終わり頃には年間約40万人の宿泊客が訪れる温泉地として活況を呈していたが、団体から個人旅行への旅行スタイルの変化への対応の遅れ等により近年の宿泊客数はピーク時から半減するとともに、温泉街の中心に位置する老舗旅館の廃業や温泉街における商店の減少等が進行していた。

　そのような状況の中、廃業した旅館が廃墟として残ることで同市の観光産業に与えるマイナス影響に対する危機感から、同市が当該旅館の土地を取得の上、地元の旅館組合が既存建物を解体した。その後、平成28年4月に全国各地でリゾート施設を運営する株式会社星野リゾートと同市が進出協定を締結するとともに、温泉街に関して豊富な知見を有する同社に対し「長門湯本温泉マスタープラン」の策定業務を委託し、平成28年8月に、同マスタープランを踏まえた「長門湯本温泉観光まちづくり計画」を策定した。

　本計画では、魅力的な温泉街が有する要素を分析し、長門湯本温泉の有する資源を活かした取組を進めることにより、「人気温泉地ランキング全国10位以内に入ること」との目標が掲げられており、同計画を踏まえ、行政による道路や遊歩道、駐車場等のハード整備や、「長門湯本温泉景観ガイドライン」と「長門市景観条例」に基づき、統一感のあるまち並みの実現を誘導することなどの取組を進めた。また、本計画を踏まえた具体的な民間事業者の取組として、株式会社星野リゾートによる老舗旅館跡地での宿泊施設の新規開設（図表2-1-18）や、公設公営の外湯から、飲食施設を併設した民設民営施設への地元経営者等によるリニューアルが行われた（図表2-1-18）。

　また、温泉街の活性化にあたっては、観光客が街中を回遊できることが重要であるため、温泉街の中心を流れる音信川との親水性を高める空間づくりとして、山口県による雁木広場や飛び石の造成、さらに都市・地域等再生利用区域[10]指定を受けて民間占用による川テラスを設置するとともに、道路協力団体制度[11]を活用した道路空間の利活用を進め、さらに景観づくりの一環として、既存の店舗や住宅の外観等の修景支援にも取り組んでいる。また、観光客が飲食や買い物を楽しむことができるよう、地元事業者等が空き家をリノベーションし、カフェや土産処、旅館従業員等のシェアハウスとして活用するなど、民間投資も活発化している（図表2-1-18）。

　これらの観光まちづくりは、地域住民や事業者などの代表者や専門家により構成された、実施方針の意思決定を行う「長門湯本温泉観光まちづくり推進会議」と、同推進会議へ具体的な提案を行う「長門湯本温泉観光まちづくりデザイン会議」が中心となり進められてきた。

　さらに、令和2年3月には、温泉街における持続的な観光まちづくりを進めるため、地域の次世代旅館経営者等が中心となって、エリアマネジメント組織が組成されるなど、温泉街の再生に向けた取組が進展している。

---

[10] 地域再生法（平成17年法律第24号）に基づき、地域経済の活性化、地域における雇用機会の創出その他の地域の活力の再生を総合的かつ効果的に推進するため地方公共団体が策定する計画。
[11] 道路法（昭和27年法律第180号）に基づき、道路における身近な課題の解消や道路利用者のニーズへのきめ細やかな対応などの業務に自発的に取り組む民間団体等を支援する制度。

図表2-1-18	観光地の再生に向けたまちづくりの取組例

廃業ホテル跡地を活用した宿泊施設

民設民営によるリニューアル後の外湯

整備された川岸のテラス

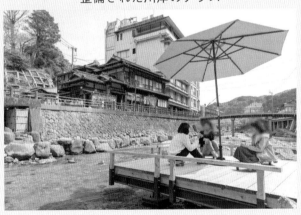

空き家をリノベーションしたカフェ

資料：(株)星野リゾート、長門湯本みらいプロジェクト提供より国土交通省作成

○森林資源を活用した産業の活性化と環境に配慮したまちづくり（岡山県真庭市）

　市域の8割を森林が占め、林業や木材産業を中心に発展した岡山県真庭市は、社会情勢の変化に伴う林業の衰退や少子高齢化の進展等による過疎化が危惧される中、森林をバイオマスエネルギー資源として活用することなどにより、産業の活性化と環境に配慮したまちづくりに取り組んでいる。

　同市では、人口が昭和50年をピークに減少へ転じたことや地球温暖化問題等への関心・意識が高まってきたことから、「持続可能性」・「環境と文化」という価値観が共有され、地域の豊富な森林資源とこれに密接な関連がある製材所群を活かした木質副産物の利活用により、林業の活性化を目指すこととなった。

　平成10年から地元企業による自社廃材を利用した木屑バイオマス発電が本格的に実施されるなど、バイオマス事業を軸に、中山間地での魅力ある持続可能な暮らしを実現するための取組がスタートし、平成19年には、同市が「真庭市バイオマスタウン構想」を策定し、バイオマス事業の取組を拡大させた。

　さらに、平成24年度の再生可能エネルギーの固定価格買取制度の開始を機に、平成25年2月には、地元企業、真庭市、地元森林組合等で「真庭バイオマス発電株式会社」を設立し、平成27年4月より木質バイオマス発電事業を開始した。木材の集積基地が立地する「真庭産業団地」の一画に建設した「木質バイオマス発電所」は、一般家庭の電力使用量（年間3,600kWh）換算で2万2千世帯分に相当する電力供給能力を有し、発電した電力は、電気事業者への売電や市役所等公共施設への供給に利用されるほか、発電事業については新たな雇用創出にも寄与している（図表2-1-19）。

　また、地域産業の活性化や雇用の創出に留まらず、新たな観光の形として、平成18年12月から、一般社団法人真庭観光連盟が、バイオマス資源を活かした施設・工場等を見学する「バイオマスツアー真庭」を実施している。ツアーでは、既存体育館を地域で製造した建築資材であるＣＬＴ[12]を活用して再生し、公共公益機能を集約した「落合総合センター」（平成28年「木材利用優良施設表彰（農林水産大臣賞）」）も見学対象施設の一つとなっている（図表2-1-19）。

　さらに、真庭市は、付加価値の高いバイオマス産業を創出するため、平成22年4月に岡山県と共同で、市内外の研究機関、大学等と地元関係企業等との技術の共同研究・開発やバイオマス関連の人材育成のための拠点施設として、「真庭バイオマスラボ」を整備している（図表2-1-19）。

---

[12] Cross Laminated Timber の略称。ひき板を直交するように積層接着した木質系材料。

図表2-1-19 森林資源を活用したまちづくりの取組例

バイオマス集積基地

木質バイオマス発電所

地域産材で建設された公共公益施設
（外　観）

（エントランスホール）　　　（図書館）　　　　（多目的室）

バイオマス関連研究・人材育成拠点
（真庭バイオマスラボ）

資料：真庭市、(一社)日本木質バイオマスエネルギー協会、(株)東畑建築事務所、
　　　木材利用推進中央協議会

これらの地域資源を活用した経済・社会・環境の3側面を繋ぐ統合的取組が評価され、同市は、内閣府が推進する「SDGs未来都市」（持続可能な開発目標（SDGs）の達成に向けた優れた取組を行う都市）に選定されるとともに、取組自体も先導的なものとして「自治体SDGsモデル事業」に選定されており、林業・木材産業の振興、新産業の創出、再生可能エネルギーの利用等による循環型社会の構築に繋がる地方創生モデルとして動向が注目されている（図表2-1-20）。

図表2-1-20	経済・社会・環境の3側面を繋ぐ統合的取組（概念図）

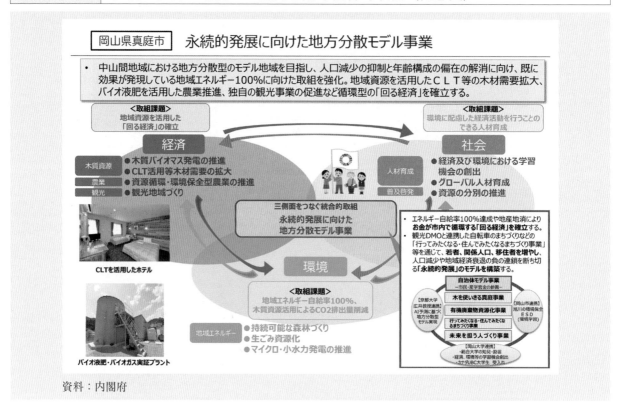

資料：内閣府

（3）中心市街地の活性化や地域サービスの維持・向上に向けた取組

　人口減少等に伴う地方部における中心市街地の活力衰退や生活サービス機能の低下が課題となる中、都市機能の集約や遊休不動産の活用による賑わいの創出、生活拠点の形成による地域サービスの維持・向上等の取組が進められている。

　ここでは、中心市街地において遊休不動産のリノベーションにより、にぎわいのあるまちづくりを進める取組、地域の魅力や利便性向上のため、市役所周辺に医療・教育文化施設等の都市機能の集約によりまちづくりを進める取組、大規模公有地を活用し多様な機能が集積する地域の拠点を形成する取組、中山間地域で地域の生活利便性の向上と交流の促進に向けた拠点づくりを進める取組を取り上げる。

○中心市街地における遊休不動産のリノベーションによるまちづくり（福岡県北九州市）

　福岡県北九州市は、商店街の空き店舗の増加、建築物の老朽化等、多くの課題を抱える小倉地区中心市街地の活性化に取り組んでおり、遊休不動産のリノベーションによる活用や道路空間の活用を通じ、にぎわいのあるまちづくりを進めている。

　同市は、平成22年度に、小倉地区の中心市街地で、デザイン、メディア、都市観光等の多様な業種から構成される都市型ビジネスの集積を目的として、地区の特色を活かした都市型ビジネス振興のコンセプトや空きオフィス等の活用方策を示した「小倉家守構想」[13] を策定した。

　「小倉家守構想」では、遊休不動産をリノベーションにより再生することで、産業振興、雇用創出、コミュニティ再生などのまちづくりを展開することとし、「リノベーションスクール」[14] を都市型ビジネス集積実現のエンジンと位置づけ、民間主導のリノベーションスクールの展開等を通じ、具体の空き店舗等のリノベーションによる活用につなげている。

　リノベーションスクールの活動を通じた最初の事例は、飲食店等の雑居ビルの一角をリノベーションし、クリエイターのためのコワーキングスペースとして活用するものであり、その後も、学習塾だったビルの一角のキッチン付きホステル・レストランとしての活用、マッサージ店だったスペースの一時託児所としての活用、集合団地の店舗のデイサービスセンター等としての活用など、小倉地区で14件の事例（令和2年3月末現在）が展開されている（図表2-1-21）。

　同市内では、小倉地区以外でも、門司港地区などでリノベーションによるまちづくりが進められており、さらに、日本全国で同様のリノベーションスクールの活動を通じた取組が展開されるようになっている。

---

[13] 江戸時代に不在地主に代わって家屋を管理するなどのまちのマネジメントの仕組みである「家守」を現代に取り入れて、空室の多いビルの店子集めから、地元の職人・企業との交流による企業支援などを手がけ、まちを再生しようという民間主導型のまちづくり。

[14] 実際の遊休不動産を題材として、講師陣の指導のもと、受講生が対象物件のエリアや建物の状況などに応じたリノベーションプランを作成する学校形式の取組。

【凡例：①リノベーション前の用途 ②リノベーション後の用途】

MIKAGE1881

① 飲食店（雑居ビルの5階部分）
② クリエイターのためのコワーキングスペース

TangaTable（タンガテーブル）

① 学習塾（6階建ての4階部分）
② キッチン付きホステル＆レストラン

ママトモ魚町

① マッサージ店
② 一時託児とママたちの憩いの場

団らん処和菜屋・デイサービス和才屋

① 集合団地の商店
② デイサービス（和才屋）＋惣菜販売（団らん処和菜屋）

秘密基地

① ビリヤードバー（雑居ビルの3階部分）
② コワーキングスペース

メルカート三番街

① 魚町サンロード商店街に面した商業店舗
② 若手クリエイター等のスタートアップ拠点

資料：北九州市

　また、同市は、国土交通省が推進する「居心地が良く歩きたくなるまちなか」の形成[15]に賛同する「ウォーカブル推進都市」としてウォーカブルなまちづくりを進めている。
　小倉地区では、国家戦略特別区域法上の「国家戦略道路占用事業」[16]として、道路占用の規制緩和を行い、道路空間を活用して、パンや野菜・自然食品を販売するマーケット、夜のオープンカフェ等が開催されるなど、まちの賑わい創出につなげている（図表2-1-22）。

[15] まちなかの官民のパブリック空間をエリア一体的に捉え、街路の広場化など人中心の空間を創ることで、居心地がよく、でかけたくなる、歩きたくなるまちなかへ修復・改変するまちづくり。
[16] 国家戦略特別区域法に基づき、産業の国際競争力の強化及び国際的な経済活動の拠点の形成に寄与し、道路の通行者又は利用者の利便の増進に資するものとして、道路管理者が道路占用を許可する事業。

| 図表2-1-22 | 道路空間を活用したまちの賑わいづくりの事例（小倉地区） |

クロスロードマルシェ

サンロード鳥町夜市（夜のオープンカフェ）

資料：北九州市

○医療・教育文化施設等の都市機能の集約によるまちづくり（長野県小諸市）

　長野県小諸市は、生産年齢人口の減少や中心市街地の空洞化が進行する中、コンパクトシティの形成や市民が住みやすい環境整備を進めることなどにより、地域の魅力を高めるため、市役所周辺に医療施設や教育文化施設等の都市機能を集約する取組を進めている。

　小諸駅周辺地域に形成されている中心市街地は、商業施設の郊外移転や空き店舗の増加などにより空洞化が進み、中心市街地の活性化が課題となるとともに、小諸市役所庁舎や図書館、市民会館、地域の中核医療施設の小諸厚生総合病院などの中心市街地の施設については、建物の老朽化が進んでいた。

　そこで、同市は、市役所敷地内に市役所庁舎、小諸厚生総合病院を併設・再建築するとともに、図書館やコミュニティスペースを中心とした複合施設も併せて整備することを計画し、平成27年に、市役所新庁舎とともに、「こもろプラザ」として市民交流センターと市立図書館の供用が開始され、平成29年には、同敷地内に二次救急医療を担う中核的な病院として浅間南麓こもろ医療センター（前小諸厚生総合病院）が新設された。また、同敷地内には、商工会議所のほか、郵便局や市民広場といった利便施設も併設されているとともに、市役所の地下や周辺に駐車場を整備することで、地域の利便性向上が図られている（図表2-1-23）。

図表2-1-23	小諸市役所周辺図

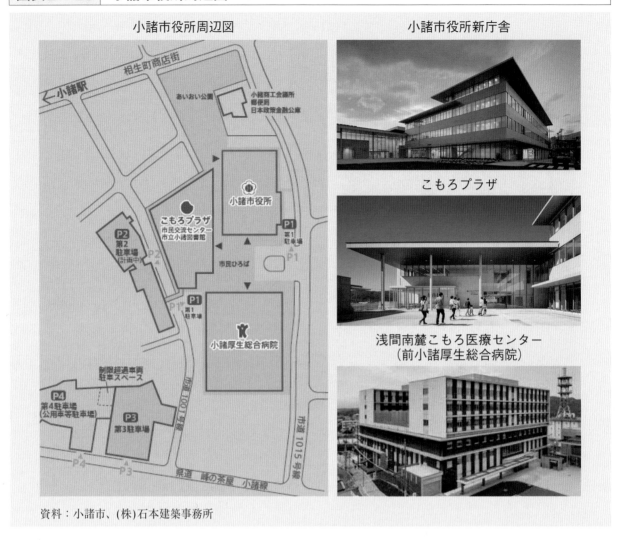

資料：小諸市、(株)石本建築事務所

　さらに同市は、平成29年3月に、「小諸市立地適正化計画」を策定し、同計画に、市役所をはじめ、様々な都市機能が集積する小諸駅周辺地域を中心拠点と位置付け、賑わいの創出につながる商業施設等の都市機能を計画的に誘導するとともに、周辺地域との有機的な公共交通ネットワークを充実させる「多極ネットワーク型コンパクトシティ」形成に取り組んでいる。このような中で、平成29年12月には、「複合型中心拠点誘導施設」の整備構想を公表し、休業した商業施設を中心としたエリア一帯に、令和2年度末を目途に子育て支援・高齢者福祉施設、商業施設、公共交通ターミナル、公共駐車場を集積させた複合施設を整備することとし、更なる賑わいづくりや利便性の向上に取り組んでいる（図表2-1-24）。

| 図表2-1-24 | 複合型中心拠点誘導施設イメージ図 |

複合型中心拠点誘導施設レイアウト
（1）福祉施設
　高齢者福祉センター、ボランティアセンター、ファミリーサポートセンター、病児・病後児保育施設等
（2）コミュニティバスターミナル・公共駐車場
（3）商業施設

資料：小諸市

○大規模公有地を活用した公民連携によるまちづくり（岩手県紫波町）

　岩手県紫波町は、賑わいの創出や経済活動の発展等を実現するため、大規模町有地を活用した公民連携によるまちづくりを進めている。

　同町は、平成21年2月に「紫波町公民連携基本計画」を策定し、教育・医療・子育て関連施設、基幹産業である農業の拡大と雇用の創出に資する民間施設、役場新庁舎等の整備のために、財政難等により10年以上未利用となっていた大規模町有地を活用することとした（図表2-1-25）。

　平成21年6月には、最小限の財政負担でこれらの施設を整備するため、民間企業との共同出資により「オガール紫波株式会社」（以下、「オガール紫波」という。）を設立し、オガール紫波を中心とした公民連携によるまちづくり事業「オガールプロジェクト」に本格着手した。

　施設の整備にあたっては、事業手法としてPFI[17]及びPPP[18]を採用し、整備する施設ごとに事業主体を組成して資金調達を行うことにより、公民での最適な役割分担の下で、民間企業のノウハウと資金を最大限活用することとした。

　本プロジェクトを代表する「オガールプラザ」は、図書館や病院、子育て支援センター等の公共サービス施設、飲食店舗、学習塾、農業関連のマルシェ等の民間テナントで構成される複合施設である。

　施設の整備・管理・運営は、紫波町、オガール紫波及び一般財団法人民間都市開発推進機構の出資により設立した特定目的会社（SPC）の「オガールプラザ株式会社」が担い、整備資金は補助金等の交付を受けることなく、市中銀行からの融資により調達する一方、完成後の公共サービス施設部分の町への譲渡による収入や、事業開始前の民間テナントの誘致など民間テナントに関するマネジメントによりテナント収入を確保し、管理・運営を行っている。

　一方、同町は、土地を事業用定期借地権設定によりオガールプラザ株式会社へ貸付けることで新たな財源を獲得するとともに、同町自らの整備よりも安価で公共サービス施設を取得している（図表2-1-26）。

[17] Private Finance Initiative の略。公共施設等の建設、維持管理、運営等を民間の資金、経営ノウハウ等を活用して行う手法。
[18] Public Private Partnership の略。公民が連携して公共サービスの提供を行う手法。

また、日本初のバレーボール専用体育館や100名以上が収容可能なホテルを始め、物販・飲食店舗や事務所などが入居する「オガールベース」は、民間からの事業提案に基づき事業用定期借地権を活用し整備された民間複合施設であり、町内民間企業の出資により設立した「オガールベース株式会社」が施設の整備、管理・運営を担っている（図表2-1-26）。

　さらに、ＰＦＩ（ＢＴＯ[19]方式）を採用して建設された同町役場新庁舎は、コスト削減を図るために町産木材を活用した国内最大級の木造庁舎であるとともに、地元民間企業が運営する間伐材等を利用した地域熱供給システムを導入するなど、地域資源の活用を通じて環境にも配慮した建物となっている（図表2-1-26）。

　その他にも、同町有地を活用した小児科と病児保育施設が隣接する民設民営の保育園や日本サッカー協会公認の県フットボールセンター、同町が分譲する町産木材を活用した住宅地等、多様な機能が集積し、地域の新たな拠点を形成している。

| 図表2-1-25 | 大規模町有地（整備前）とオガール紫波の全景 |

大規模町有地（整備前）

オガール紫波の全景

資料：紫波町、全国町村会公表資料より国土交通省作成

---

[19]Build Transfer and Operate の略。民間事業者が施設を建設し、完成直後に公共に所有権を移転し、民間事業者が維持管理及び運営を行う方式。

図表2-1-26　オガール紫波に整備された施設・庁舎

ＰＰＰ活用により整備された複合施設

事業用定期借地権設定方式により整備された民間複合施設

ＰＦＩ（ＢＴＯ方式）により整備された役場新庁舎

資料：紫波町、オガール紫波(株)、(一社)紫波町観光交流協会

○地域の生活利便性の向上と交流の促進に向けた拠点づくり（茨城県美浦村・島根県雲南市）

　中山間地域等では、人口減少や高齢化の進行により、買い物や医療・福祉など、住民の日常生活に必要な様々なサービス機能の提供に支障が生じる地域がある中、地域コミュニティを維持し持続可能な地域づくりを目指すため、生活サービス機能や地域活動の場等を集約・確保し交通ネットワークでつなぐ「小さな拠点」づくりが進められている。

　茨城県美浦村は、雇用の場の不足、生活利便性の低下に伴う人口減少が進行する中、平成27年に、地域再生計画（美浦村再生計画）の認定を受け、地域資源を活用した新たな雇用の創出や生活サービス機能の確保、地域の魅力向上に資する拠点として、平成29年3月に、「みほふれ愛プラザ」を整備した。

　同プラザは、役場等公共公益施設が集積する同村中央部に位置し、若者を中心とした定住促進のための子育て支援センター、都市部からの移住・定住を促進するための情報提供スペースや地域産品直売所、多世代交流スペース等で構成される施設である。また、同プラザに隣接して、スーパーマーケットを誘致するとともに、更なる住民サービスの向上を目指して、2期計画として、民間の商業・サービス施設を誘致することとしている（図表2-1-27）。

図表2-1-27　新たに整備された生活サービス・情報発信・交流拠点（茨城県美浦村）

地域交流拠点（外観）

子育て支援施設（内観）　　　農作物直売所（内観）

資料：美浦村

また、「小さな拠点」づくりにおいては、持続可能な運営体制の構築も重要とされる中、島根県雲南市は、活動拠点の整備とともに、拠点の主体的な担い手となる地域自主組織の設立・強化に取り組んでいる。

同市は、地域自主組織の活動拠点を強化するため、平成22年に、それまで生涯学習や社会教育事業を主体に取り組んできた公民館を廃止し、新たに、地域づくりや地域福祉を含めた多様な活動を展開できる地域の活動拠点として「交流センター」の整備を進めている。

また、進行する人口減少に対応するため、集落機能を強化する新たな「地域自主組織」の設立等に対し交付金等による支援を行っており、各地域の自治会、ＰＴＡ、消防団等で構成された地域自主組織は、市内全域で30団体が発足している（令和2年3月末現在）。

同自主組織の一つで昭和57年に設立された「波多コミュニティ協議会」は、平成20年に廃校となった小学校を交流センターとして有効活用するため、平成22年度より、同市から指定管理業務を受託し、交流センターとしての運営と各種事業の展開に取り組んでいる。

同協議会は、同センターにおいて、高齢者を対象とした催しを行うサロンや交流を目的とした喫茶を運営しているほか、平成26年には、地域唯一の商店の閉店を受け、過疎地向け店舗の事業者と協同して、同センター内の一画に店舗「はたマーケット」を開設している（図表2-1-28）。

図表2-1-28　廃校を活用した地域自主活動拠点（交流センター）（島根県雲南市）

廃校となった小学校（活用前）

※旧波多小学校

廃校活用による拠点（活用後）

はたマーケット（購買施設）

交流サロン

資料：国土交通省、雲南市

2 多様な事業ニーズやライフスタイル・ワークスタイルに対応する土地・不動産活用の取組

　近年、個人等が保有する資産等を、インターネットを介して他の個人等も利用可能とする「シェアリング・エコノミー」の活動が普及してきており、これらを通じ、駐車場や商業への利用など多様な事業ニーズに対応した土地・不動産の有効活用が進んでいるほか、多様なライフスタイル・ワークスタイルに対応した住居の提供を行うサービスもみられるようになっている。

　ここでは、このような多様な事業ニーズやライフスタイル・ワークスタイルに対応する土地・不動産活用の取組を取り上げる。

（駐車場利用のための遊休土地・スペースの活用）

　複数の会員により特定の自動車を共有し、インターネットで予約して利用できるカーシェアリングが急速に普及しており、カーシェアリング車両ステーション数は、令和元年で約17,000となっている。一方、駐車場についても、インターネットで予約して利用できるサービスが見られるようになる中、未契約の月極駐車場や空きスペースの所有者と一時的に駐車場として利用したい者とをインターネットを介してマッチングするサービスが展開されている（図表2-1-29）。

図表2-1-29　カーシェアリング車両ステーション数と車両台数の推移

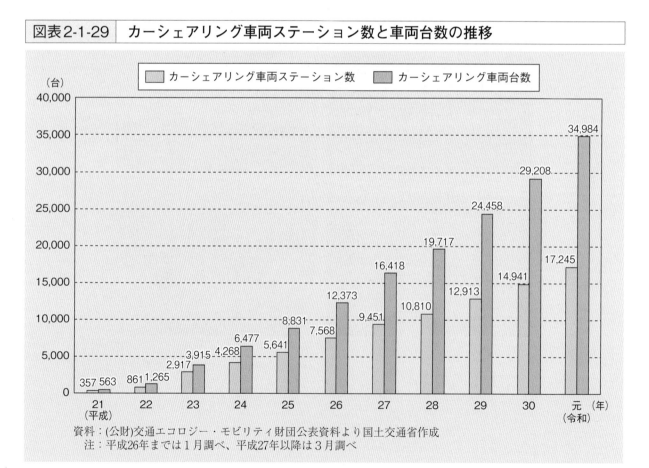

資料：(公財)交通エコロジー・モビリティ財団公表資料より国土交通省作成
注：平成26年までは1月調べ、平成27年以降は3月調べ

その　　ってある「aklppa」は、平成26年に、akippa株式会社が運営を開始した未契約の月極駐車場や個人宅の車庫等空きスペースをインターネットで予約して利用できる駐車場予約サービスであり、駐車場が不足する地域やイベント会場周辺等における一時駐車スペースとして、全国約35,000（令和2年3月末現在）の登録駐車場が利用されている。

また、同社は、遊休公有地活用や駐車場不足・違法駐車等の課題を抱える奈良県生駒市や、全国的に増加する空き家・空き地等の利活用を通じた地方創生に取り組む「一般社団法人全国空き家バンク推進機構」と連携協定を締結し、同サービスの活用により、地方の駐車場不足等の課題解決に取り組んでいる（図表2-1-30,31）。

図表2-1-30	「akippa」サービス概念図

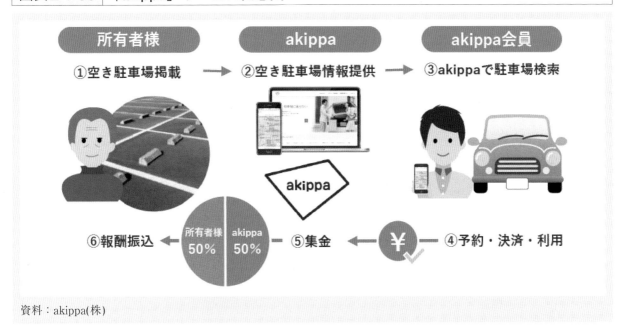

資料：akippa(株)

図表2-1-31	「akippa」提供駐車場事例

資料：akippa(株) 公表資料より国土交通省作成

（フードトラック営業のための遊休土地・空きスペースの活用）

　フードトラックは、調理設備が内装されている移動販売車であり、フードトラックによる営業は年々増加している。フードトラックは、移動販売車の駐車スペースがあれば飲食物を提供することが可能であるため、地域を問わず、遊休土地・空きスペースの活用手法の一つとなっている（図表2-1-32）。

図表2-1-32　東京都における移動販売車の営業許可件数の推移

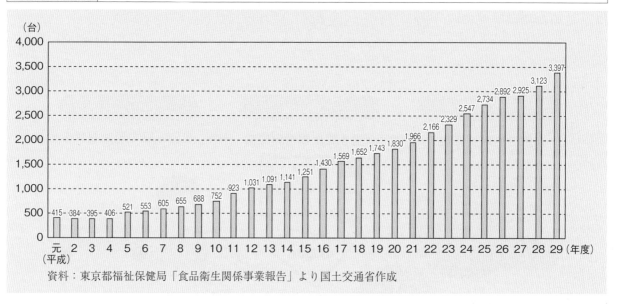

資料：東京都福祉保健局「食品衛生関係事業報告」より国土交通省作成

　フードトラック業界大手の株式会社Mellowは、オフィスビル敷地の空きスペースやその他の遊休土地・スペースの所有者とフードトラックで営業したい者とをインターネットを介してマッチングするサービスを提供しており、サービス開始から約4年で、提携するフードトラックは790店、運営スペースは190箇所（令和2年3月末現在）と拡大を続けている。
　また、同社は、地域活性化の観点から、地方部で催されるスポーツや音楽フェスティバル等の大規模集客イベントにおいて、会場や周辺の遊休土地の活用による来場者への飲食サービスの提供にも取り組んでいる。さらに、令和元年10月には、山口県からの業務（オールやまぐち！県産品売り込み体制構築業務）を受託している株式会社山口フィナンシャルグループ等との間で連携協定を締結し、地方創生の観点から、東京のオフィスビル敷地の空きスペース等を活用したフードトラック営業を通じた同県の情報発信などにも取り組んでいる（図表2-1-33）。

図表2-1-33　ノードトフック営業の出店事例

オフィスビル敷地活用

空き地活用

空きスペース活用

地方イベント（地域活性化）

資料：(株)Mellow

（多様な事業やイベント利用のための軒先スペースの活用）

　店舗前の狭小スペースをはじめ、建物の敷地内の遊休スペースを多様な事業やイベントに利用する取組も展開されている。

　「軒先ビジネス」は、軒先株式会社が店舗前や駐車場横等のいわゆる「軒先スペース」の貸し手と借り手をインターネットを介してマッチングするサービスである。ビル街や商店街等の交通量が多い地域から住宅地や路地裏等の人通りが少ない地域まで、対象となるスペースは広範に渡り、店舗が閉店している間の空き時間に提供することもあるなど、貸し手・借り手の多様なニーズに対応し、平成20年のサービス提供開始以来、地域産物を販売するマルシェや企業による広告・PR活動場所等に、累計2万件超（令和2年3月末現在）の空きスペースが活用されている。

　また、同社は、秋田県湯沢市とシェアリング・エコノミーの推進に係る協定を締結し、地域活性化の観点から、同サービスの活用により同市内の遊休土地の活用などに取り組んでいる（図表2-1-34）。

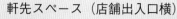

図表2-1-34　「軒先ビジネス」による遊休土地・スペース事例

軒先スペース（店舗前）

軒先スペース（店舗出入口横）

ビル敷地内の空きスペースを
活用したマルシェ

個人宅車庫の空きスペースを
活用したガレージセール

資料：軒先(株)

（多様なライフスタイル・ワークスタイルを支える住宅の提供）

　近年、家賃負担を低減しつつ立地利便性の高い住宅に居住するニーズや入居者同士で交流しながら共同生活するニーズ等に対応し、首都圏を中心にシェアハウス[20]の供給が増加傾向にあり、世代や世帯のニーズやライフスタイルに対応する様々なタイプのシェアハウスが供給されている。

　また、企業の働き方改革の進展等によりコワーキング[21]オフィスの供給が急激に増加している中、多様なワークスタイルにも対応するコワーキング機能を付加したシェアハウスも提供されている（図表2-1-35,36,37）。

---

[20] 親族ではない複数の者がリビング、台所、浴室、トイレ、洗面所等を他の入居者と共用して共同で生活する賃貸住宅。
[21] 事務所スペース、打合せスペース等を共有しながら、独立した仕事を行うワークスタイル。

図表2-1-35	全国におけるシェアハウス物件数の推移

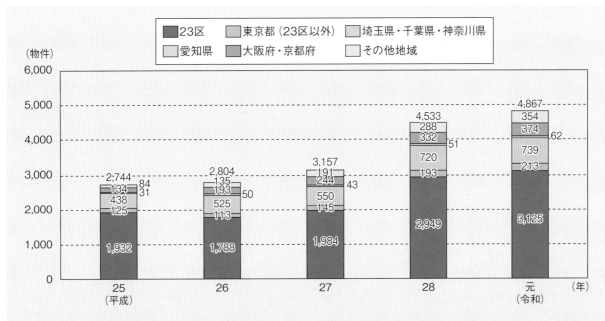

資料：(一社)日本シェアハウス連盟提供資料より国土交通省作成
　　　（平成25年のみ、(一社)日本シェアハウス・ゲストハウス連盟調べ）
注：集計対象の「シェアハウス」は、(一社)日本シェアハウス連盟が定める「最短の契約期間を1ヶ月以上とする、中〜長期型滞在向け賃貸物件」

図表2-1-36	東京都心5区におけるコワーキングオフィスストックの推移

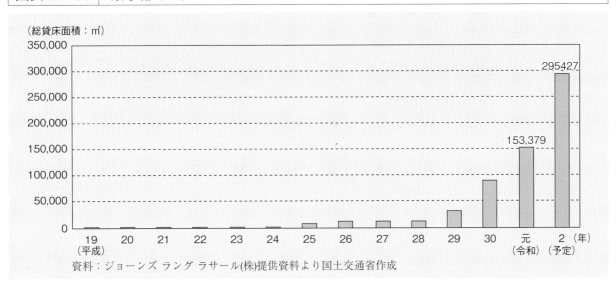

資料：ジョーンズ ラング ラサール(株)提供資料より国土交通省作成

図表2-1-37	シェアハウス事例

資料：東京シェアハウス(同)

千葉県流山市にある「MOM-HOUSE（マムハウス）」は、女性一人親（シングルマザー）専用のシェアハウスであり、各世帯のプライベート空間である個室と、入居者同士の交流を楽しむことができるリビングや水廻り施設等の共用スペースが設けられている。また、入居者の子育てや家事をサポートする洗濯代行クリーニング店と認可保育園・病児保育室が併設されているほか、入居時にはオーナーが仕事や保育の相談に応じるなどのサポートも行っている（図表2-1-38）。

| 図表2-1-38 | シングルマザー専用のシェアハウス（千葉県流山市） |

外観・内観（共用リビング）　　　　　　　　　　シェアハウス併設の
洗濯代行クリーニング店

シェアハウス併設の小規模認可保育園　　シェアハウス併設の小規模認可保育園
（外観）　　　　　　　　　　　　　　　（内観）

資料：東京シェアハウス(同)

　京都府は、平成27年度より、高齢者宅の空き室に低廉な価格で若者が同居し、交流を図る異世代ホームシェア「京都ソリデール」事業に取り組んでいる。

　事業推進にあたっては、学識経験者、関係団体、行政及び地元民間事業者等により構成された「次世代下宿『京都ソリデール』事業推進協議会」が、高齢者と若者をマッチングさせる中心的役割を担い、また、京都府が、同居を誘導する家賃に対する補助金制度を設ける等、定住の促進や交流の活性化に向けた取組が進められ、令和元年9月時点で27組のマッチングが成立している（図表2-1-39）。

図表2-1-39　「京都ソリデール」（京都府）

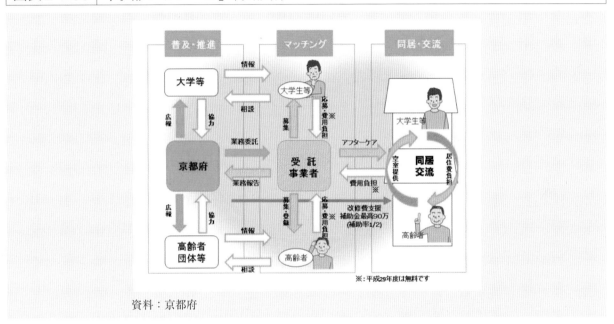

資料：京都府

　また、情報技術・サービスの進展等により働く場や住む場の自由度が向上する中、都市部と地方部の二地域居住をはじめ、個人のライフスタイル・ワークスタイルに応じて、複数の居住地で生活するニーズもみられるようになっている。

　株式会社アドレスが展開する「ADDress」は、インターネットを介して、ADDressに登録されている全国にある物件を定額で複数利用できるサービスであり、令和元年からの3年間で2,000ヶ所の拠点の整備を目指し（令和2年3月末現在、36拠点）、会員に対して、同社がオーナーから物件を賃借・取得し、リノベーションした上で提供している。全国で就業する個人事業主、定年後に故郷での居住を希望する高齢者や週末に自然豊かな地方部で暮らしたい家族等、多様な世代・世帯に利用されている。

　また、滋賀県大津市は、同サービスの活用により、琵琶湖畔の遊休企業保養所の利用促進や市内の空き家物件、コワーキングスペースの情報の提供等、関係人口の増加に繋がる取組を推進している（図表2-1-40,41）。

図表2-1-40	「ADDress」サービス概念図

資料：(株)アドレス公表資料より国土交通省作成

図表2-1-41	「ADDress」登録物件

都市部物件の例

地方部物件の例

資料：(株)アドレス

第2節 管理不全土地等の現状と適正な利用・管理に関する取組

　我が国では、人口減少・少子高齢化に伴う土地利用ニーズの低下や土地の所有意識の希薄化等により空き地・空き家等の低未利用の不動産や所有者による適正な利用・管理が期待できない管理不全土地の問題が顕在化している。

　一方で、地方公共団体においては、空き地等の低未利用の不動産や管理不全土地への対応として、条例等の制定をはじめ各種施策に取り組んでいるほか、地域住民や専門事業者等と連携して、土地の利用・管理に取り組む事例もみられる。

　本節では、これらの管理不全土地等の現状を示すとともに、地方公共団体や地域住民等による土地の適正な利用・管理に関する取組を取り上げる。

1 管理不全土地等の現状

（1）管理不全土地等の実態

　平成25年土地基本調査によると、全国の世帯が所有する空き地の状況については、空き地面積がこの10年間で1.4倍（平成15年：681㎢→平成25年：981㎢）に増加している。今後、更なる空き地の増加が予想される中で、国土交通省では空き地や管理不全土地等の現状を把握するため、「空き地対策に関する実態把握調査」[22] と、「利用されていない土地の所有者に対するwebアンケート調査」[23] を実施した。

（管理不全土地に対する苦情）

　「空き地対策に関する実態把握調査」によると、回答のあった1,029市町村の60.5%（623市町村）は、平成28〜30年度の3年間に管理不全土地に対する住民からの苦情が「あり」と回答し、その623市町村の25.2%が過去5年間で苦情数が「増加している」と回答している。

　また、管理不全土地に対する苦情の内容は、「雑草・樹木の繁茂、落ち葉等の散乱、草木の越境」が最も多く、次いで「害虫の発生」や「ごみ等の投棄」が多い（図表2-2-1,2）。

---

[22] 「空き地対策に関する実態把握調査」
　　調査対象：全国市町村のうち1,029市町村が回答（回収率59%）
　　調査期間：令和元年9月17日〜10月11日
[23] 「利用されていない土地の所有者に対するwebアンケート調査」
　　調査対象：自宅以外の土地（地目「宅地」）の所有者又は当該土地所有者と生計を共にする者5,000人。なお、別荘・セカンドハウス、畑・菜園、物置、トランクルーム、資材置き場、駐車場、貸地、地域イベント等での利用その他の日常的に利用している土地は、適正に利用されている土地として対象外とした。
　　調査期間：令和元年10月29日〜10月31日

図表2-2-1	管理不全土地に対する苦情

過去３年間の管理不全土地に関する
住民からの苦情

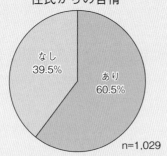

なし
39.5%

あり
60.5%

n=1,029

過去５年間における管理不全土地に
対する苦情数の変化

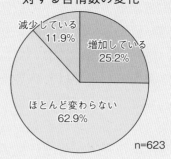

減少している
11.9%

増加している
25.2%

ほとんど変わらない
62.9%

n=623

資料：国土交通省「空き地対策に関する実態把握調査」（令和元年度）

図表2-2-2	管理不全土地に対する苦情の内容

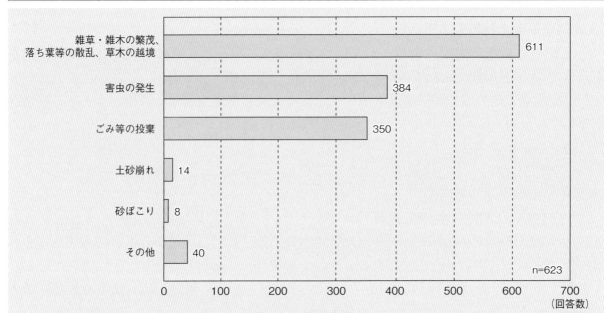

資料：国土交通省「空き地対策に関する実態把握調査」（令和元年度）
　注：住民からの苦情があった土地が所在している地域において、その苦情の内容として多いものを３つまで選択
　　　（複数回答）

（管理不全土地の状態に至った理由）

市町村の担当者が考えている、管理不全土地の状態に至った理由は、「空き地の所有者が遠方居住であること等により管理不全状態であることが認識できないため」が最も多く（43.5%）、次いで、「空き地の所有者の管理不全状態を是正する意識が希薄なため」が多い（33.4%）。

また、市町村の人口規模別にみると、人口規模が小さくなるほど、「空き地の所有者が遠方居住であること等により管理不全状態であることが認識できないため」の割合が大きくなっている（図表2-2-3）。

図表2-2-3　管理不全土地の状態に至った理由

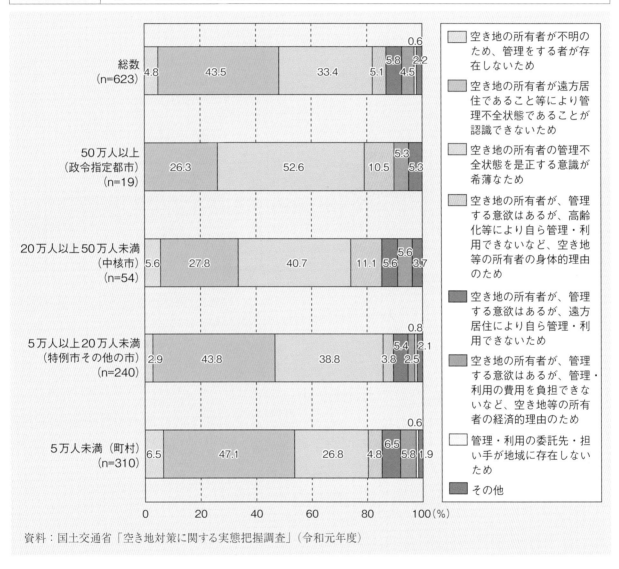

資料：国土交通省「空き地対策に関する実態把握調査」（令和元年度）

（2）管理不全土地等に対する土地所有者の意識

（所有する土地の売却・放棄に関する意向）

　「利用されていない土地の所有者に対するWebアンケート調査」によると、「日常的に利用されていない土地」の所有者における、所有する土地の売却・放棄に関する意向は、「売れる見込みがあるから売却するつもり」（24.8％）と「売れる見込みはないが、手放せるものなら手放したい」（25.0％）を合わせ、約半数（49.8％）の所有者が土地の売却意向を持っている。

　一方、所有意向はあっても利用見込みがないもの（「特段利用する見込みもないが売るつもりもない」）が19.0％となっている（図表2-2-4）。

図表2-2-4	所有する土地の売却・放棄に関する意向

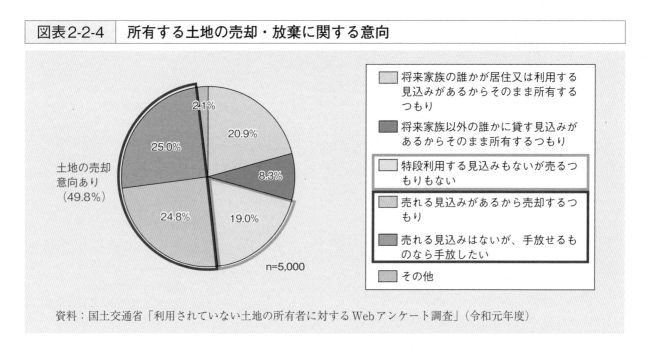

資料：国土交通省「利用されていない土地の所有者に対するWebアンケート調査」（令和元年度）

（「日常的に利用されていない土地」の管理状況）

　「日常的に利用されていない土地」の管理状況は、自主管理又は管理の委託を行ったことがある土地所有者が81.0％いる一方で、「自主管理、管理の委託ともにしたことがない」という土地所有者が13.5％いた。

　なお、自主管理の内容は「草刈り」「見回り」「掃除」が多く、業者等へ委託している管理の内容は「草刈り」が多い（図表2-2-5,6）。

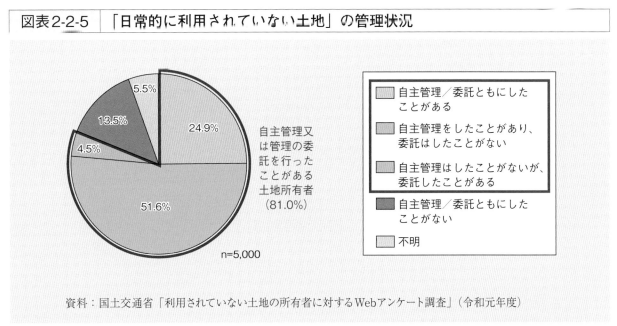

図表2-2-5　「日常的に利用されていない土地」の管理状況

資料：国土交通省「利用されていない土地の所有者に対するWebアンケート調査」（令和元年度）

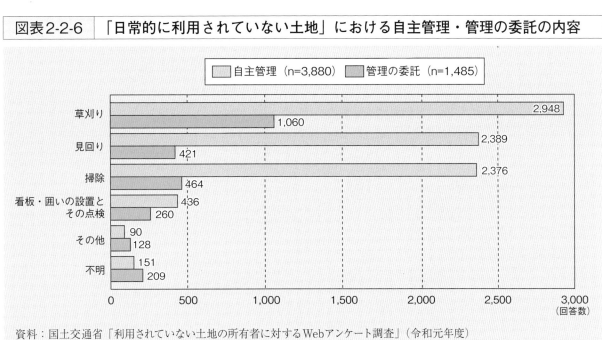

図表2-2-6　「日常的に利用されていない土地」における自主管理・管理の委託の内容

資料：国土交通省「利用されていない土地の所有者に対するWebアンケート調査」（令和元年度）

（「日常的に利用されていない土地」の管理頻度）

　「日常的に利用されていない土地」の管理頻度は、自主管理における「見回り」の「月に1回～数回」を除き、「年に1回～数回」の割合が最も多い。一方で、定期的に行っていない割合（「以前は定期的に行っていたが、現在は行っていない」及び「過去に一度きり」）が約1～2割あり、業者等に管理委託する場合の方が大きい割合となっている（図表2-2-7）。

図表2-2-7　「日常的に利用されていない土地」の管理頻度

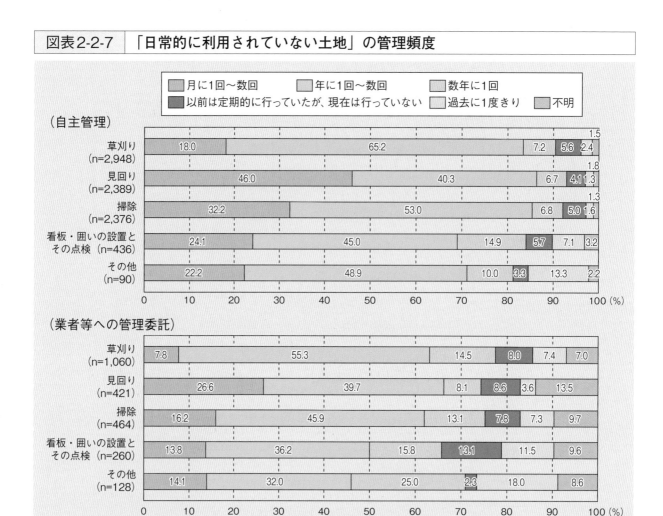

資料：国土交通省「利用されていない土地の所有者に対するWebアンケート調査」（令和元年度）

（土地の管理委託のための条件）

　管理を業者等に委託するための条件としては、「委託にかかる費用が安くなれば」（34.9%）が最も多く、次いで「信頼のできる委託先がみつかれば」（30.9%）、「委託できる先に関する情報があれば」（16.0%）、「自治体が委託先を紹介してくれれば」（13.1%）と委託先の情報等へのニーズが高い。一方、土地の管理を代行してくれる団体や制度の有無については、「ある」が16.0%に対し、「ない」は43.0%となっている（図表2-2-8,9）。

図表2-2-8　土地の管理を委託するための条件

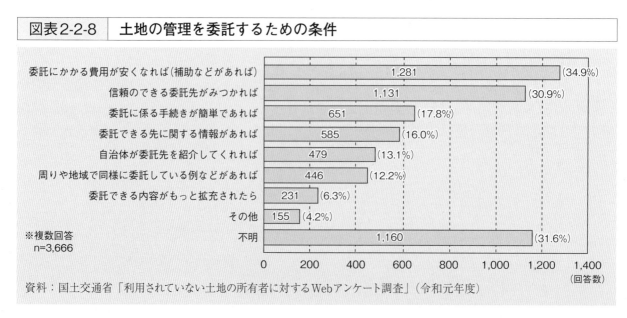

資料：国土交通省「利用されていない土地の所有者に対するWebアンケート調査」（令和元年度）

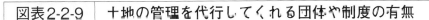

| 図表2-2-9 | 土地の管理を代行してくれる団体や制度の有無 |

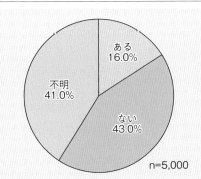

資料：国土交通省「利用されていない土地の所有者に対するWebアンケート調査」（令和元年度）

土地に関する動向

（土地を管理していない理由）

　「日常的に利用されていない土地」の所有者が、土地（「最も管理が行き届いていないと感じている土地」）を管理していない理由は、「遠方にあり、わざわざ行くことに負担を感じるため」（41.7%）が最も多く、その他の負担を感じる理由としては「草刈り等の管理作業に身体的に負担を感じるため」（13.8%）、「税金や管理費用が金銭的に負担になるため」（7.9%）の順に多くなっている（図表2-2-10）。

| 図表2-2-10 | 土地を管理していない理由 |

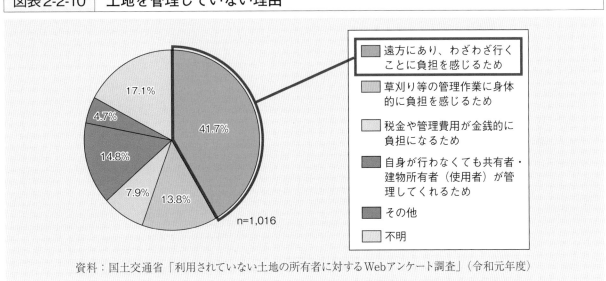

資料：国土交通省「利用されていない土地の所有者に対するWebアンケート調査」（令和元年度）

（空き地の利用・管理に関する施策）

　「空き地対策に関する実態把握調査」によると、空き地の利用・管理に関する施策は、587市町村（回答市町村の57.2%）が「行っている」と回答している。

　そのうち、371市町村は「条例等の制定」（回答市町村の36.1%）、272市町村（回答市町村の26.4%）は「行政指導」に取り組んでいる。また、空き地の管理に関する職員による見回りや意識啓発、除草業者等の斡旋の取組のほか、利用希望者への空き地情報の提供等によるマッチング等の取組などを行っている（図表2-2-11）。

図表2-2-11　空き地の利用・管理に関する施策

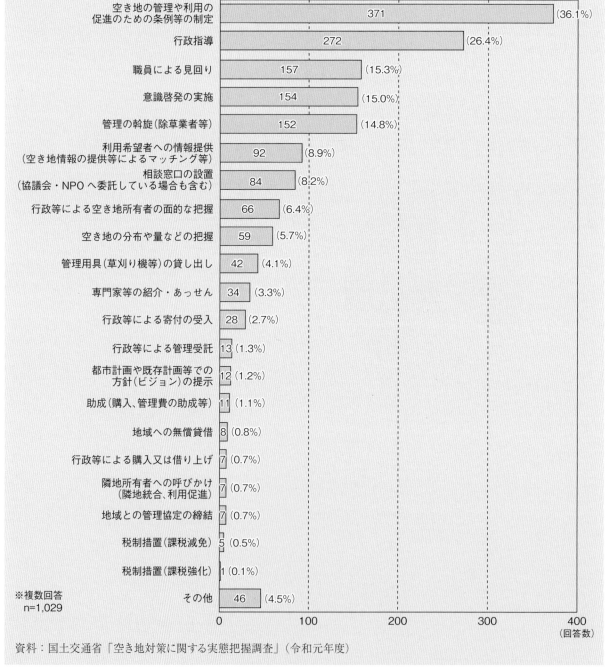

資料：国土交通省「空き地対策に関する実態把握調査」（令和元年度）

土地に関する動向

（空き地の利用・管理に関する条例策定状況）

　空き地の利用・管理に関する条例は、357市町村（回答市町村の34.7%）で整備されており、そのうち、352市町村（34.2%）が規制に関する規定を整備している。規制に関する内容として、「行政指導・助言等」、「勧告」、「措置命令」、「代執行」を規定している市町村が多い。

　また、空き地の利用・管理に関する条例を整備している市町村における管理不全土地に対する行政指導等の実績としては、「行政指導・助言等」を行った市町村が最も多く、次いで「勧告」、「措置命令」、「代執行」となっている（図表2-2-12,13,14）。

図表2-2-12　空き地の利用・管理に関する条例の有無

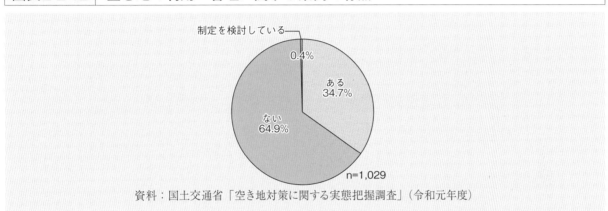

資料：国土交通省「空き地対策に関する実態把握調査」（令和元年度）

図表2-2-13　空き地の規制に関する規定の内容

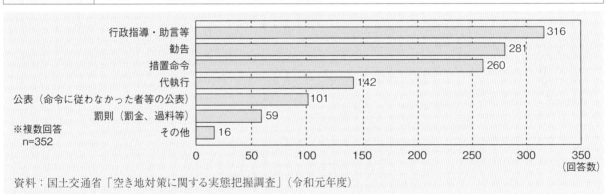

資料：国土交通省「空き地対策に関する実態把握調査」（令和元年度）

図表2-2-14　管理不全土地に対する行政指導等の実績

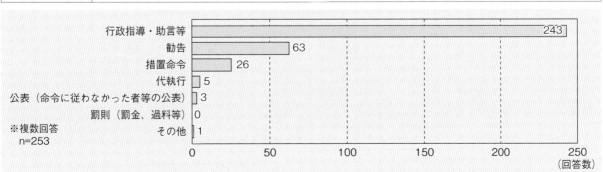

資料：国土交通省「空き地対策に関する実態把握調査」（令和元年度）
　注：n=253は規制に関する条例がある352市町村のうち、条例の適用実績があった市町村数

（空き地の利用・管理に関する対応として今後取り組みたい施策）

空き地の利用・管理に関する対応として今後取り組みたい施策については、空き地の所有者の「意識啓発の実施」（28.2％）が最も多く、次いで「行政指導」（16.8％）、「空き地の分布や量などの把握」（14.3％）、「行政等による空き地所有者の面的な把握」（12.0％）が多くなっている（図表2-2-15）。

| 図表2-2-15 | 空き地の利用・管理に関する対応として今後取り組みたい施策 |

※複数回答
n=1,029

資料：国土交通省「空き地対策に関する実態把握調査」（令和元年度）

3 土地の適正な利用・管理に関する取組事例

　ここでは、土地の適正な利用・管理に関する取組事例として、地域住民等による空き地等の活用の促進や空き地の雑草除去等の土地の適正な管理に関する地方公共団体の取組とともに、空き地等の利用・管理について、総合的に取り組む地方公共団体やNPO法人等を取り上げる。

（1）空き地等の利用に関する取組

○ゆとりある住宅地を形成するため隣地取得を推進する取組（大阪府大東市）

　大阪府大東市は、長屋等狭小住宅が多い住宅地の特性を踏まえ、長期にわたり空き家・空き地となる可能性が高い狭小地の有効活用により、ゆとりある安全で安心な住宅地を形成するため、「隣地取得」を後押しする取組を実施している。

　具体的には、住宅地の所有者等が、現住宅地に隣接している土地を取得しようとする際に、測量費用、登記費用、不動産仲介手数料、不動産取得費用の一部を市が補助する「隣接地等取得費補助事業」を実施しており、平成29年度の制度創設以来、令和元年度末時点で13件活用されている。

　また、本事業と併用可能な制度として、三世代同居・隣居・近居に必要な転入・転居費用、住宅の新築・購入・増改築・リフォーム費用を最大で50万円を補助する「三世代家族推進事業」や、信用金庫と連携し、本事業を活用する者が住宅ローンを併せて活用する場合に金利を引き下げる「金融機関との連携による住宅資金借入支援」など、多面的な補助制度により隣地取得を推進している（図表2-2-16）。

図表2-2-16　隣接地等取得費補助事業

資料：大東市

○空き地を地域の雪寄せ場として活用する取組（青森県青森市）

　青森県青森市は、空き地問題と地域課題の冬季の除雪作業を結びつけた取組として「市民雪寄せ場事業」を実施している。

　本事業は、住宅密集地の空き地を地域コミュニティの雪寄せ場として活用することを促すものであり、土地所有者は、空き地を町内会に無償貸借することで、翌年度の固定資産税の一部減免を受けることができる。

　平成13年度の制度創設以来延べ6,480箇所の雪寄せ場が設置されるとともに、令和元年度では、直近10年間継続的に自治会へ提供されている空き地が70件程度登録され、389カ所の雪寄せ場が設置されている（図表2-2-17）。

図表2-2-17	市民雪寄せ場事業

資料：青森市

○空き地等を地域活動や災害時の避難場所として活用する取組（大阪府大阪市）

　大阪府大阪市は、オープンスペースの不足など面的な災害の危険性の高い市街地において、地域と連携・協働して、日常の地域防災活動やコミュニティ活動の場、災害時の一時的な避難場所として活用できる広場整備を進める「まちかど広場整備事業」を実施している。

　土地所有者は、土地を無償（概ね20年の使用貸借）で提供することで、固定資産税・都市計画税が非課税となる措置の適用や建物解体費への補助制度の利用が可能となるとともに、地域住民等は、「まちかど広場」の計画段階から計画づくりに参画することで、当事者意識を高め、整備後の地域防災活動や地域コミュニティの活性化のための日常イベントなど、「まちかど広場」の自主的な管理運営を実施していくこととなる。

　「まちかど広場」については、令和元年度末までに10件の空き地（民有地1件、市有地9件）の活用による広場の整備が進んでいる（図表2-2-18）。

図表2-2-18 「まちかど広場」の利用イメージと実際の利用状況

日常時の活用イメージ

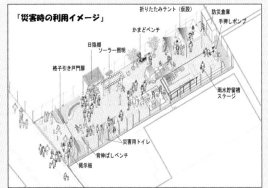

災害時の活用イメージ

広場整備前

広場整備後

広場活用状況（地域活動の様子）

事例：えびえにし防災広場（大阪府福島区）

資料：大阪市

（2）土地の適正な管理に関する取組

○地方公共団体による空き地の雑草除去等の代執行（三重県名張市）

　三重県名張市は、「名張市あき地の雑草等の除去に関する条例」において、「雑草等が繁茂し、かつ、それがそのまま放置されていることにより火災、害虫の発生又は交通障害その他生活環境を害するおそれのある状態」を不良状態とした上で、市長による指導又は勧告、措置命令等を行っても所有者が雑草等の除去を履行しない場合に、代執行により不良状態の空き地の雑草等の除去を可能とし、実際に運用している。

　代執行を行う空き地については、本条例に基づく指導又は勧告等を1年以上行ってもなお長期間にわたって雑草等が除去されていない、雑草等の丈が1メートル以上である等の要件を満たしたもので、火災予防上の危険性や地域住民からの苦情等を勘案して一定の基準に達したものを対象としており、条例上代執行が可能になった平成19年以降、令和元年度末時点で16件の行政代執行を実施している（図表2-2-19）。

図表2-2-19	行政代執行までの対応フロー

資料：名張市資料より国土交通省作成

○地方公共団体による空き地の雑草除去等の委託・実施（東京都足立区）

　東京都足立区は、「足立区生活環境の保全に関する条例」において、土地等が不良な状態にあるときに、区長による「調査」、「指導」等を行うことができるとするとともに、土地所有者等が自ら不良な状態を解消することが困難であると認めるときは、「支援」を行うことができるとし、空き地の雑草除去等に関する支援として、「空き地の草刈委託事業」に取り組んでいる。

　本事業は、周辺住民等からの苦情に早急に対応するため、土地所有者等の申請に基づき、区と事前に委託契約している造園業者が草刈りを実施し、費用は一時的に区が立て替えて、後日土地所有者等が区へ納める仕組みとなっている。

　令和元年度末時点で、「空き地の草刈委託事業」は、利用件数59件となっており、直近5年間の累計で利用件数294件となっている（図表2-2-20）。

図表2-2-20　空き地の草刈委託事業

空き地の草刈委託事業の委託料

参考：令和元年時点

空き地の総面積	草刈単価（税別）
100㎡未満	170円/㎡
100㎡以上300㎡未満	140円/㎡
300㎡以上500㎡未満	110円/㎡
500㎡以上	90円/㎡

○毎年度、競争入札により業者と契約するため、草刈単価は変動。
○草刈単価には、刈草の搬出及び処分料が含まれる。

草刈り実施前

草刈り実施後

資料：足立区

○ふるさと納税制度を活用した「空き地の管理サービス」の提供（兵庫県淡路市ほか）

　ふるさと納税制度は「生まれ育ったふるさとに貢献できる制度」、「自分の意思で応援したい自治体を選ぶことができる制度」として平成20年に創設された。「令和元年度ふるさと納税に関する現況調査（総務省）」によると、平成30年度の全国の受入額と収入件数の総数は、約5,127億円、約2,322万件と対前年度比でそれぞれ約1.4倍、約1.34倍と、年々増加傾向となっている。

　ふるさと納税に対する返礼品については、多くの地方公共団体で、地域の名産品を設定している中、一部の地方公共団体では、「空き地の管理サービス」をふるさと納税の返礼品として設定し、遠隔地居住者が所有する土地の管理促進の手段として活用している。

　国土交通省が実施した調査によると、令和元年12月末時点で、兵庫県淡路市、徳島県鳴門市など50の地方公共団体が実施しており、例えば、兵庫県淡路市は、寄付額に応じて、管理者看板の設置、1年間の定期管理（2か月に1回の定期巡回）、災害後の点検（臨時巡回）、点検・管理の結果等の報告（写真による報告）などのサービスを提供している（図表2-2-21）。

図表2-2-21	ふるさと納税制度を活用した空き地管理

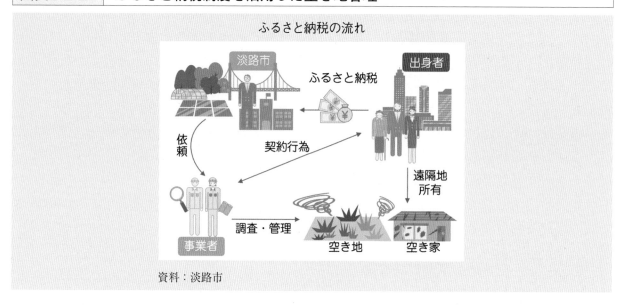

ふるさと納税の流れ

資料：淡路市

（3）総合的な空き地等対策

○地方公共団体による空き地等対策（兵庫県神戸市）

　兵庫県神戸市は、平成28年に「神戸市空家空地対策の推進に関する条例」を制定し、空き家だけでなく空き地の適切管理についても所有者等に義務づけ、特に周辺の生活環境に悪影響を及ぼしている空き家、空き地の所有者等に対して、必要な措置をとるように「助言」、「指導」を行い、それでも状態が改善されない場合には相当の猶予期限を付けて「勧告」を行っている。

　さらに、勧告を受けた者が正当な理由なく、その勧告に係る措置をとらなかった時には、氏名、住所、当該物件の所在地、必要な措置の内容を「公表」しており、空き地について、令和元年度末時点で公表までに至った件数は1件となっている。また、周辺の生活環境に影響を及ぼしている案件の把握数1,101件のうち、所有者調査中が327件、改善指導中が257件、改善までに至ったケースは517件となっている。

　その他、同市では、空き家・空き地相談窓口の設置や専門家派遣、草刈り協力事業者の情報提供を行う「草刈り協力事業者登録制度」、ふるさと納税制度を活用した草刈り等の土地管理業務支援、空き家・空き地等の所有者と地域活動の場を探す団体とのマッチングを行う「空き家・空き地地域利用バンク」、住環境改善を目的とした隣地統合の際の費用補助などを整備し、総合的な空き家、空き地対策に取り組んでいる（図表2-2-22,23）。

図表2-2-22 空き家・空き地地域利用バンク

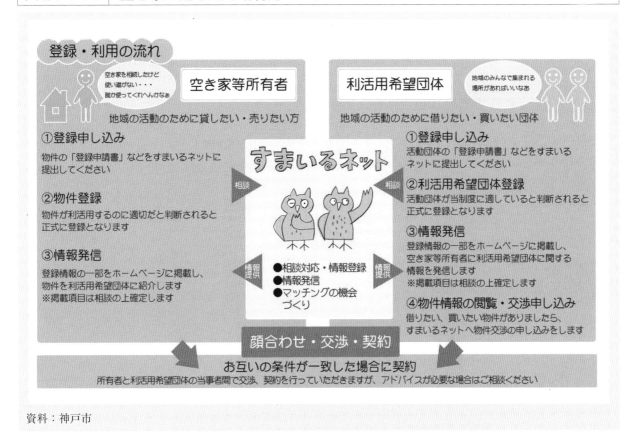

資料：神戸市

図表2-2-23 ふるさと納税制度を活用した草刈り等の土地管理業務支援

資料：神戸市

　また、同市では、平成30年の「所有者不明土地の利用の円滑化等に関する特別措置法」（平成30年法律第49号、以下「所有者不明土地法」という。）の制定に伴い、地方公共団体の長からの財産管理人選任の申立が可能となったことから、所有者が判明しない場合や相続人が存在しない等の場合に、改善のための助言・指導ができないという課題に対応するため、民法の財産管理制度を活用した取組を実施している。平成30年度に周辺の生活環境に悪影響を及ぼしている2件の土地について、各々、不在者財産管理人と相続財産管理人の選任申立を家庭裁判所へ行い、選任された財産管理人により、所有者の確知や当該地の売却が

行われ、当該地の適正な管理につながった。令和元年度には、これらの取組から得られたノウハウをもとに、財産管理人選任申立に係るスキームを標準化するためのマニュアルを作成し、今後は財産管理制度を空き家、空き地問題の解決の手段の一つに加え、必要に応じて活用していくこととしている（図表2-2-24）。

図表2-2-24　財産管理制度を活用した事例

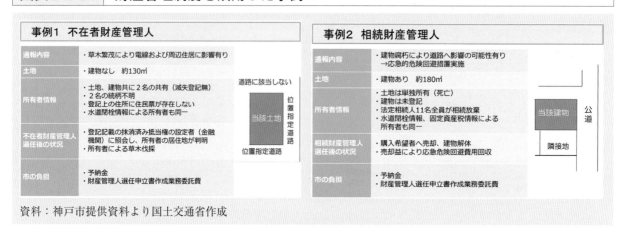

資料：神戸市提供資料より国土交通省作成

さらに同市は、平成30年度から空き地の適正管理や地域の活性化等を促すため、地域団体等が空き地をコミュニティ農園や防災倉庫などに利用する場合に、花壇、水栓等の整備費用や備品費用の一部を補助する「空き地地域利用事業」を実施しており、令和元年末時点で5件の空き地で活用されている。

このうち、「森のようちえんすまっこのもり」は、任意団体が主体となり、農作業を通じた親子の食育の機会、保護者等の子育ての情報交換・交流や自然と親しむリフレッシュの機会を広げる活動の場として活用されている。

また、「多文化共生ガーデン」は、地域のまちづくりに携わる専門家と地域のまちづくり協議会が連携し、候補となる空き地の選定、所有者等との調整を行い、野菜の栽培等により近隣に住む定住外国人をはじめ地域住民が交流できる多文化共生ガーデンを整備している（図表2-2-25）。

図表2-2-25　空き地地域利用事業を活用した取組事例

森のようちえんすまっこのもり
（農作業イベントの様子）

多文化共生ガーデン
（ガーデン整備の様子）

資料：神戸市

○官民協働による空き地等対策（ＮＰＯ法人かみのやまランドバンク（山形県上山市））

　山形県上山市の中心市街地では、高齢化の進行とともに、空き家・空き地等が多く発生している状況の中、ＮＰＯ法人かみのやまランドバンクは、空き家・空き地の有効活用をはじめ、道路の拡幅や敷地の再編など居住環境を再整備し、若者や子育て世帯等の移住・定住促進など地域の活性化を図るため、同県内のＮＰＯ法人つるおかランドバンクの取組を参考に、令和元年6月に、上山市、県宅地建物取引業協会山形、県司法書士会、県土地家屋調査士会など官民10団体により設立された組織である（図表2-2-26）。

| 図表2-2-26 | ＮＰＯ法人かみのやまランドバンク事業スキーム |

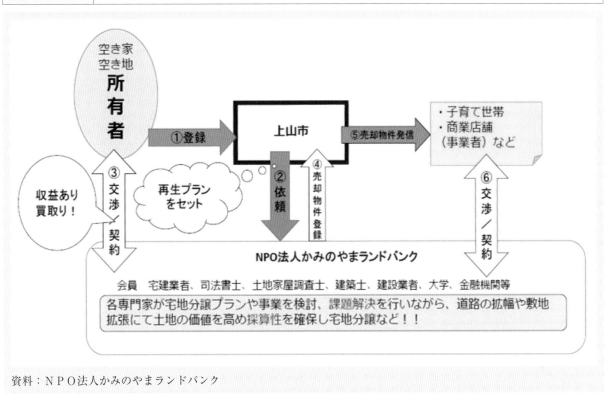

資料：ＮＰＯ法人かみのやまランドバンク

　上山市は、中心市街地の上山城周辺を「ランドバンクエリア」として設定し、当該区域の空き家・空き地所有者に対して物件登録を呼びかけ、登録のあった物件について、ＮＰＯ法人かみのやまランドバンクが、組織に属する様々な専門家の知見を元に、事業の実現可能性を検討した上で、所有者との売買交渉・宅地造成・販売等の事業を実施することとしている。

　また、ＮＰＯ法人かみのやまランドバンクは、これらの事業に先駆けて、当該エリアの一部の空き地を借り上げ、広場整備を行い、週末のマルシェの実施など、地域の活性化に向けた活動の普及に取り組んでいる（図表2-2-27）。

整備前　　　　　　　　　　　　　　　　　整備後

資料：ＮＰＯ法人かみのやまランドバンク

| コラム | ＮＰＯ法人つるおかランドバンク（山形県鶴岡市） |

　ＮＰＯ法人つるおかランドバンクは、平成25年に宅地建物取引業協会、土地家屋調査士会等の専門組織、学術研究機関、鶴岡市等の参加・協力により設立され、密集住宅地の空き家・空き地の寄付や低廉売却を受け、解体・整地・転売等により空き家・空き地・狭あい道路の一体整備を行い、有効活用を図る「ランドバンク事業」など、地域の住環境の整備に取り組んでいる。

【空き地所有者、隣接居住者と協力した敷地再編整備事例】
　クランク状となっていた私道があるのみの車利用が困難な地域で、空き家相談会をきっかけに同ランドバンクに売却相談のあった2件の空き家を、隣接居住者に働きかけて購入・解体してもらい、直線上の私道への付け替え・拡幅と接道の実現による土地の有効活用を図る事業を隣接居住者と協力して実施した。事業の実施により、土地の利便性が向上し、さらなる空き地の購入、空き家の除却が進み、駐車スペースの確保や空き地等の隣接居住者の子世帯の近居などにつながっている。

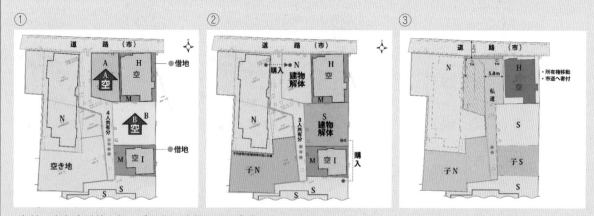

資料：空き家対策の担い手強化・連携モデル事業
　　　ランドバンク手法によるプロジェクトチーム型利活用検討事業事例解説集

第3節　土地基本法等の改正と土地基本方針に基づく総合的土地政策の推進

　人口減少等の進展に伴う土地利用ニーズの低下等を背景に所有者不明土地や管理不全の土地への対応が喫緊の課題となる中、所有者不明土地対策等の観点から、人口減少社会に対応して土地政策を再構築するため、令和2年3月に平成元年の制定以来の土地基本法（平成元年法律第84号）等の抜本改正が行われた。また、同年5月には、改正された土地基本法に基づき、土地政策全般の政府方針を定める「土地基本方針」が策定された（令和2年5月26日閣議決定）。

　本節では、土地基本法等の改正の内容とともに、人口減少社会に対応した、土地基本方針に基づく、新たな総合的土地政策の内容について紹介する。

1　土地基本法等の改正

（1）背景と経緯

　土地基本法は、バブル期の地価高騰による住宅取得の困難化、社会資本整備への支障等の社会的問題に対応するため、地価対策を主眼に、土地についての公共の福祉優先、適正かつ合理的な土地利用を図るための計画に従った利用、投機的取引の抑制等の基本理念、国、地方公共団体、事業者等の責務、基本的施策など、土地対策の方向性を示すものとして平成元年に制定された。

　その後、バブル崩壊と長期にわたる地価の下落、土地神話の崩壊、グローバル化の進展など経済社会の構造変化等を経て、今日、人口減少の本格化に伴って資産としての「土地」に対する国民の意識の変化等により、所有者不明土地を始めとする課題が顕在化し、土地の適正な利用・管理の推進が求められている。

　このような中で、平成30年6月には、「所有者不明土地法」が制定された。また、同年6月には、「所有者不明土地等対策の推進のための関係閣僚会議」において、「所有者不明土地等対策の推進に関する基本方針」が決定され、所有者不明土地法等の円滑な施行を図るための対策とともに、土地所有に関する基本制度や民事基本法制の見直しなどの重要課題について、令和2年までに必要な制度改正を実現すること、また、土地の適切な利用の基礎データとなる地籍調査について、令和2年度から始まる第7次国土調査事業十箇年計画の策定とあわせ、調査の円滑化・迅速化を図るため、国土調査法（昭和26年法律第180号）等を見直すことが位置付けられた。

　その後、土地所有に関する基本制度の見直しについては、国土審議会土地政策分科会特別部会において検討が進められ、平成31年2月に土地基本法の見直しの方向性として、土地については公共の福祉が優先されることを再確認した上で、法全体に管理の観点を追加し、これを規律するとともに土地所有者等（土地の所有者又は土地を使用収益する権原を有する者）を始めとする関係者の責務や役割分担を明確化し、基本的施策として利用・取引の規制より、利用・管理の促進と取引の円滑化をより重視すべきなどとするとりまとめが行われた。

　さらに、国土審議会土地政策分科会企画部会において、土地基本法等の見直しに併せた、

人口減少社会に対応した「新たな総合的土地政策」の策定に向けた検討が進められ、令和元年12月に中間とりまとめが行われた。

中間とりまとめにおいては、土地・不動産の有効活用や防災・減災、地域への外部不経済の発生防止を今後の土地政策の課題と認識し、これら課題の解決に向けて、
・経済成長や地域の活性化、持続可能性の確保につながる地域づくり・まちづくりを進める中で、土地需要の創出や喚起、顕在化に取り組むこと
・所有者等による適正な土地の管理を促すとともに、これが困難な場合には、土地を適正に利用・管理する意思があり、それができる担い手に土地に関する権利を円滑に移転していけるように取り組むこと
をこれからの土地政策における重要な方向性と捉え、これを踏まえて、土地基本法を見直すべきことが示された。

地籍調査については、国土調査法に基づき実施しており、昭和38年以降は、国土調査促進特別措置法（昭和37年法律第143号）に基づき国土調査事業十箇年計画を策定して事業を実施している。平成22年度からは、第6次国土調査事業十箇年計画（平成22～令和元年度）（平成22年5月25日閣議決定）に基づいて事業を実施しており、調査の進捗率は、令和元年度末時点で52％となっている。

平成30年10月からは、令和2年度からの第7次国土調査事業十箇年計画を見据え、国土審議会土地政策分科会企画部会国土調査のあり方に関する検討小委員会において、人口減少や高齢化の進展、所有者不明土地問題の顕在化、近年の風水害の激甚化や巨大地震災害の発生の懸念等を背景として調査の円滑化・迅速化が課題となっていることを踏まえ、効率的な調査手法や計画目標設定の考え方等について検討が進められ、令和元年6月にとりまとめが行われた。

とりまとめにおいては、社会・経済状況の変化に対応しつつ地籍調査を早期に実施し、その効果を最大限発現させるためには、土地所有者等の探索や筆界の確認を得ることに時間を要しているという課題への対応が必要となることから、一部の所有者が不明な場合を含めて調査を円滑かつ迅速に進めるための措置等について、その方向性が示された。

これらを受け、喫緊の課題である所有者不明土地等問題に対応し、適正な土地の利用及び管理を確保する施策を推進するとともに、地籍調査の円滑化・迅速化等を一体的に措置するため、政府は第201回国会に「土地基本法等の一部を改正する法律案」を提出し、令和2年3月31日に公布された。

（2）土地基本法等の改正の内容

所有者不明土地や管理不全の土地は、適正に利用されないことで、生活環境の悪化の原因、インフラ整備や防災上の支障となるなど重大な問題となっており、これらの問題に対応するためには、土地の適正な「管理」が重要となる。そのため、改正土地基本法では、それまでの土地の適正な「利用」「取引」の確保に加え、法全般で土地の適正な「管理」の確保の重要性を明らかにしている。

また、所有者不明土地の発生抑制・解消に資する適正な土地の管理等の確保のためには、広く土地所有者等の適正な土地の利用・管理の確保に関する意識を高め、土地所有者等自身

による取組を促すことが最も効果的である。そのため、改正土地基本法では、土地所有者等の土地の適正な「利用」「管理」に関する責務とともに、その責務を遂行するに当たり、登記等権利関係の明確化や境界の明確化に努めなければならないことも明らかにしている。

さらに、改正土地基本法では、適正な土地の利用・管理の確保を図るため、国及び地方公共団体が講ずべき「基本的施策」として、低未利用地の適正な利用・管理を促進する施策や、所有者不明土地の発生抑制・解消、円滑な利用・管理等の施策を追加するとともに、「基本的施策」の考え方を具体化し、閣議決定により政府全体としての土地政策の一体性を確保することを通じて施策の実効性を確保する「土地基本方針」を創設している（図表2-3-1）。

図表2-3-1　土地の適正な利用・管理の確保（土地基本法の改正）

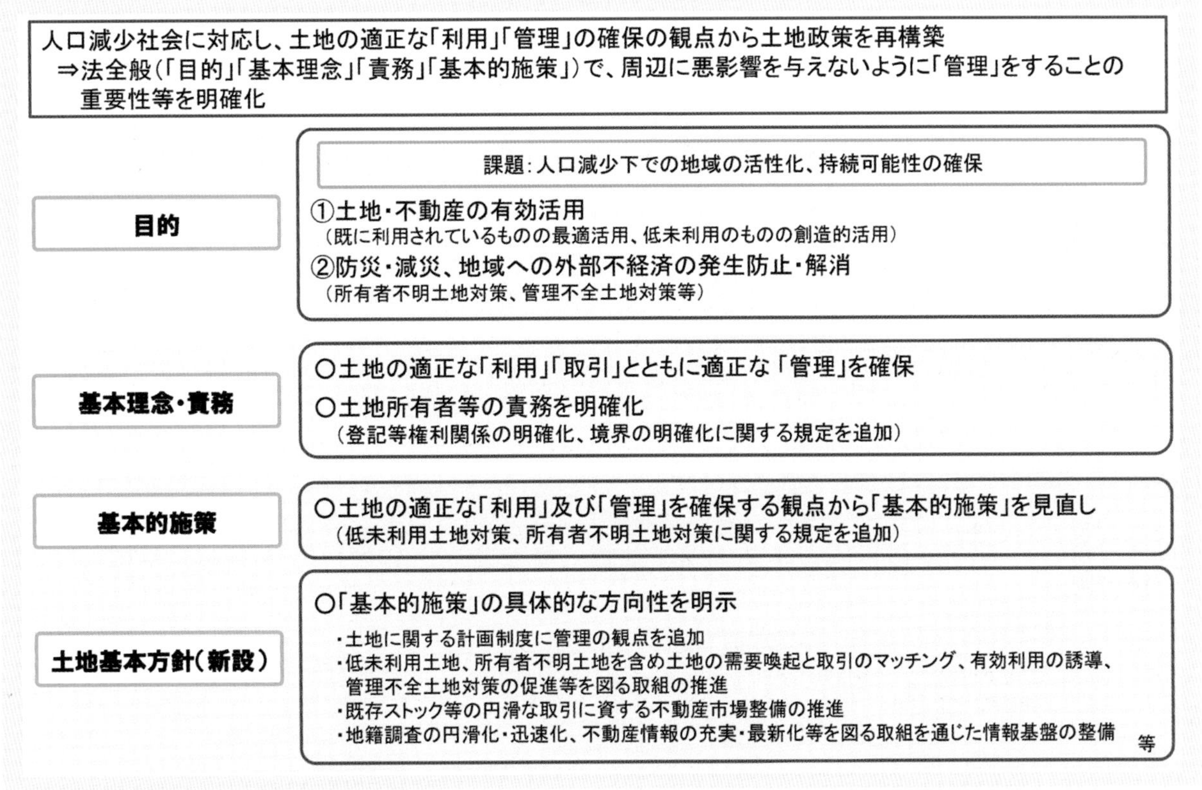

人口減少社会に対応し、土地の適正な「利用」「管理」の確保の観点から土地政策を再構築
⇒法全般（「目的」「基本理念」「責務」「基本的施策」）で、周辺に悪影響を与えないように「管理」をすることの重要性等を明確化

目的
課題：人口減少下での地域の活性化、持続可能性の確保
①土地・不動産の有効活用
（既に利用されているものの最適活用、低未利用のものの創造的活用）
②防災・減災、地域への外部不経済の発生防止・解消
（所有者不明土地対策、管理不全土地対策等）

基本理念・責務
〇土地の適正な「利用」「取引」とともに適正な「管理」を確保
〇土地所有者等の責務を明確化
（登記等権利関係の明確化、境界の明確化に関する規定を追加）

基本的施策
〇土地の適正な「利用」及び「管理」を確保する観点から「基本的施策」を見直し
（低未利用土地対策、所有者不明土地対策に関する規定を追加）

土地基本方針（新設）
〇「基本的施策」の具体的な方向性を明示
・土地に関する計画制度に管理の観点を追加
・低未利用土地、所有者不明土地を含め土地の需要喚起と取引のマッチング、有効利用の誘導、管理不全土地対策の促進を図る取組の推進
・既存ストック等の円滑な取引に資する不動産市場整備の推進
・地籍調査の円滑化・迅速化、不動産情報の充実・最新化等を図る取組を通じた情報基盤の整備
等

一方、地籍調査は、土地の境界等を明らかにする調査であるため、土地の適正な管理等を促進する施策の実効性を確保するために不可欠なものであるとともに、所有者不明土地等対策の観点からも大きな役割を担うものであることから、その円滑化・迅速化を図るため、土地基本法の改正とあわせ、国土調査法等が改正された。

改正国土調査法等では、所有者の探索や境界の確認に多くの時間を要するという地籍調査の課題に対応するため、所有者探索のための固定資産課税台帳等の利用や、所有者の現地立会いが得られない場合でも調査を進めることを可能とする等の調査手続の見直し、都市部における道路等と民地との境界（官民境界）の先行的な調査や、山村部におけるリモートセンシングデータを活用した調査手法の導入といった、地域特性に応じた効率的調査手法の導入等を措置している（図表2-3-2）。

地籍調査の円滑化・迅速化（国土調査法等の改正）

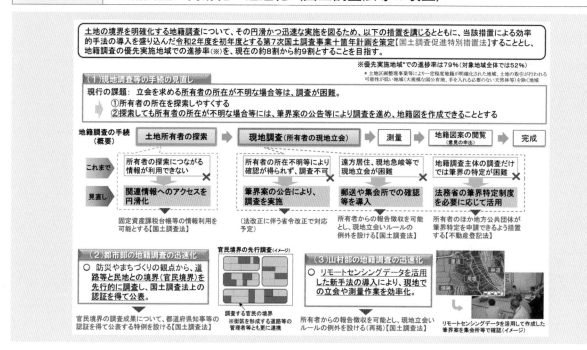

令和2年度からは、第7次国土調査事業十箇年計画（令和2年5月26日閣議決定）に基づき、新たに措置された効率的な調査手法の導入等により円滑かつ迅速に調査を推進していくこととしている。

当該計画においては、10年間で実施すべき事業量を15,000km²とするとともに、優先実施地域[24]での進捗率を79%（令和元年度末時点）から87%（令和11年度末時点）とし、地籍調査対象地域全体での進捗率を52%から57%とすることを目標としている（図表2-3-3）。

図表2-3-3　第7次国土調査事業十箇年計画（令和2～11年度）の概要

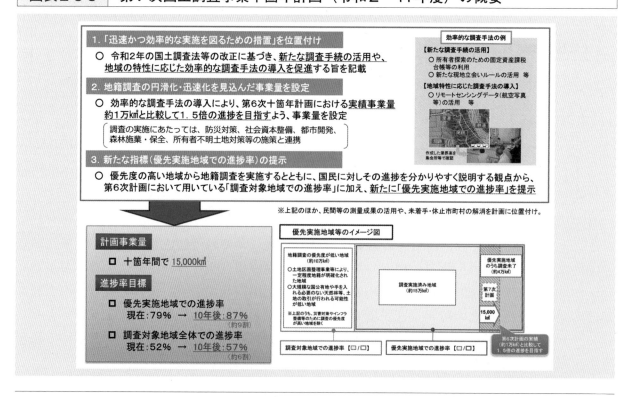

---

[24]「優先実施地域」とは、土地区画整理事業等の実施により地籍が一定程度明らかになっている地域及び大規模な国・公有地等の土地取引が行われる可能性が低い地域（防災対策、社会資本整備等のために調査の優先度が高い地域を除く。）を、地籍調査対象地域から除いた地域である。

2 土地基本方針に基づく総合的土地政策の推進

　土地基本法の改正を受けて、令和2年5月26日に土地政策全般の政府方針として土地基本方針が閣議決定された。今後、土地基本方針に基づき、人口減少社会に対応した新たな総合的土地政策を推進していくこととなる。

　土地基本方針は、改正土地基本法に基づき、5項目の基本的事項で構成されており、法の改正趣旨に沿って、従来の土地の「利用」「取引」の観点に加えて、「管理」の観点が各計画や各施策に追加されるとともに、土地に関する施策の総合的かつ効率的な実施を図るために必要となる調査や情報提供等に関する基本的事項や、国・地方公共団体をはじめとする関係主体が一体となった施策の総合的な推進に関する基本的事項が定められている。

　ここでは、土地基本方針の概要と主な施策を取り上げる（図表2-3-4）。

図表2-3-4 　土地基本方針の概要

第一　土地の利用及び管理に関する計画の策定等に関する基本的事項

○人口減少下における土地の管理について地域住民の取組の指針となる構想等の検討
○防災対策等とも連携した地域の持続可能性を高める立地適正化計画の策定
○農地・森林の適正な利用・管理を図る計画作成の促進　　等

第二　適正な土地の利用及び管理の確保を図るための措置に関する基本的事項

○税制特例措置やランドバンクの取組による低未利用土地の利用・管理の促進
○周辺に悪影響を与える管理不全の土地の適正な管理に向けた対策の推進
○所有者不明土地法の円滑な施行や民事基本法制の見直し等による所有者不明土地問題への対応
○所有者不明のものを含む農地・森林の適正な利用・管理の促進　　　　等

第三　土地の取引に関する措置に関する基本的事項

○新たな動向に対応した投資環境整備等による不動産投資市場の活性化
○不動産取引に係る税制特例措置や既存住宅流通の促進による不動産流通の活性化　　　等

第四　土地に関する調査の実施及び情報の提供等に関する基本的事項

○地籍調査の円滑化・迅速化及び不動産登記情報の最新化による土地の境界及び所有者情報の明確化
○地価公示、不動産取引価格情報等の不動産市場の的確な把握に資する情報の整備、災害リスク等の情報提供
○オンライン化の取組も含めた各種台帳連携等による土地・不動産に関する情報基盤の整備・充実　　　等

第五　土地に関する施策の総合的な推進を図るために必要な事項

○国・地方公共団体の連携協力
○関連分野の専門家等との連携協力
○PDCAサイクルの実行による適時の見直し　　　等

（1）土地の利用及び管理に関する計画の策定等に関する基本的事項

　土地の利用及び管理に関する計画の策定等に関する基本的事項として、国及び地方公共団体は、適正かつ合理的な土地の利用及び管理を図るため、適切な役割分担の下、個々の土地の条件と当該土地の存する地域の特性を含め、自然的、社会的、経済的及び文化的諸条件を勘案し、住民等関係者の意見反映など適切な合意形成手続を経て、必要な土地の利用及び管理に関する計画を策定するものとし、この際、地域における社会経済活動の広域的な展開や、人口及び産業の将来の見通しなど、広域的・長期的な見地にも配慮することが重要であ

るとされている。また、計画は、適正な土地の利用及び管理の確保を図るため、景観や歴史的風致を含む周辺地域の良好な環境の形成を図るとともに、災害予防等の周辺地域への悪影響の防止の観点に十分配慮して総合的に策定される必要があるとされている。

　また、このような趣旨にのっとった、土地の利用及び管理に関する計画の策定等を促進するため、以下の取組が掲げられている。

○　将来的に放置されていくことが予想される土地も含めた土地の管理のあり方について、地域における土地に関する現状把握や将来予測、悪影響を抑制等するための対策など、地域の取組の指針となる構想等の検討を進める。

○　多様な主体の参画のもと、立地適正化計画の策定と計画に係る事業の実施により、これ以上の市街地の拡散を抑制しつつ、一定のエリアへの居住や都市機能の立地を誘導し、コンパクトシティを推進するとともに、災害ハザードエリアにおける新規立地の抑制、災害ハザードエリアからの移転の促進のほか、立地適正化計画に基づき、居住誘導区域内での防災対策の促進を図ることにより、防災対策等とも連携した適正な土地利用を進める。

○　優良農地の確保と有効利用の取組を推進するため、農業振興地域の指定及び農業振興地域整備計画の策定等を通じ、農業振興に関する施策を計画的に推進するとともに、農業経営基盤強化促進法（昭和55年法律第65号）、農地中間管理事業の推進に関する法律（平成25年法律第101号）等に基づき、人・農地プラン等を通じた農地の集積・集約化の促進及び農地の農業上の適正かつ効率的な利用を図る。また、森林の適正な利用及び管理については、森林法（昭和26年法律第249号）に基づく森林計画制度等の運用を通じ、森林の有する多面的機能の十分な発揮を確保するための造林・間伐等の適切な推進を図るとともに、森林経営管理法（平成30年法律第35号）に基づく森林の経営管理の集積・集約化を進める。

（2）適正な土地の利用及び管理の確保を図るための措置に関する基本的事項

　適正な土地の利用及び管理の確保を図るための措置に関する基本的事項として、適正な土地の利用及び管理を確保するため、国及び地方公共団体は、土地の利用又は管理の規制・誘導に関する施策や計画に従った施策を講ずるものとし、これに当たっては、近年、土地の管理不全により、災害も含めた周辺地域への悪影響が生じていることが深刻な問題となっていることから、良好な環境の形成・保全や災害の防止といった観点から土地の適正な管理の確保に取り組むことが重要であるとされている。また、外国人等が所有する土地の利用及び管理に関する意見も考慮しながら、土地の適正な利用等を確保する観点から、土地の利用等のあり方について検討する必要があるとされている。さらに、広域的・長期的な見地にも配慮の上、現在低未利用の土地も含めてその土地の有するポテンシャルを十分に発揮させる観点から土地需要の創出・喚起に取り組むことも重要であるとされている。それらの観点からは、特に、低未利用土地や、管理不全の土地、所有者不明土地に関する課題に対応することが喫緊の課題であり、具体的には、低未利用土地の適正な利用及び管理を促進するための需要創出・喚起及び取得支援のための措置や、周辺に悪影響を与える管理不全の土地の適正な管理を土地所有者等自身に促すとともに、必要に応じて地方公共団体や地域住民など土地所有者等以外の者が適正な管理を確保できるようにするための措置、所有者不明土地の円滑な

利用及び管理、発生抑制・解消のための措置等を講ずる必要があるとされている。

　また、このような趣旨にのっとった、適正な土地の利用及び管理の確保を図るための措置を推進するため、以下の取組等が掲げられている。

○　低未利用の土地等を譲渡した場合の個人の譲渡所得に係る税制特例措置により、新たな利用意向を示す者による適正な利用・管理を促進するとともに、土地・不動産の適正な利用・管理に向けたマッチング・コーディネート、土地所有者等に代わる管理等の機能を担うランドバンクの取組等による適正な土地の利用を推進する。

○　周辺に悪影響を与える管理不全の土地等に関して、公共事業によるハード整備等の対策や、空き地等に関する条例、空家等対策の推進に関する特別措置法等に基づく取組など、地方公共団体等の取組を引き続き支援するとともに、管理不全の土地等に関連する制度のあり方について検討を進める。

○　地域福利増進事業の実施に係る先進的な取組（モデル事業）への支援、地方公共団体に対する所有者探索や土地収用に関する特例制度に係るノウハウの提供、先進事例の情報共有など、所有者不明土地法の円滑な施行により、所有者不明土地の公共的利用を促進するとともに、共有者の一部が不明である土地を円滑・適正に利用するための仕組みなどの検討を行い、民事基本法制の見直しを行う。

○　所有者が不明である農地について農地中間管理機構が利用権を取得できる制度や、所有者の全部又は一部が不明であり、手入れが行き届いていない森林について市町村に経営管理を行う権利の設定等を行う森林経営管理法（平成30年法律第35号）の特例措置により、農地・森林の適正な利用・管理の推進を図る。

（3）土地の取引に関する措置に関する基本的事項

　土地の取引に関する措置に関する基本的事項として、国及び地方公共団体は、土地の取引に係る市場環境整備を行うものとし、特に「円滑な取引」が適正な土地の利用又は管理を促進するための必要な手段であるとの観点から、土地の取引の円滑化に資する不動産市場の整備に関する措置等を講ずるものとするとされている。また、国民生活に著しい弊害を及ぼすこととなる投機的取引を抑止する観点から、土地取引の規制等に関する措置を講ずるものとするとされている。

　また、このような趣旨にのっとった、土地の取引に関する措置を推進するため、以下の取組等が掲げられている。

○　リート、不動産特定共同事業等の市場の拡大やクラウドファンディング等に対応した投資環境の整備、地方創生に資する不動産特定共同事業の取組の拡大の促進、SDGsやESGの観点等の投資家の選好に関する新たな動向に対応した適正な情報開示に関する投資環境の整備を実施する。

○　宅地評価土地及び住宅・土地の取得に係る登録免許税・不動産取得税の特例措置等の流通税の特例措置や事業用資産を買い替えた場合の譲渡した事業用資産の譲渡益についての税制特例措置等により、より有効に土地を活用する担い手への移転を促進するとともに、インスペクション（建物状況調査等）の活用促進や、インスペクションが行われた既存住宅であること等を示す「安心R住宅」制度等を通じ、既存住宅の流通を促進する。

（4）土地に関する調査の実施及び情報の提供等に関する基本的事項

　土地に関する調査の実施及び情報の提供等に関する基本的事項として、国及び地方公共団体は、適切な役割分担の下、連携して土地の適正な利用及び管理等のために講じられる土地に関する施策の実施に際して重要である地籍、地価を含む不動産市場の動向等の調査を実施するものとするとされている。また、土地に関する施策の円滑な実施に資するため、国民に対し、収集した土地に関する情報をわかりやすく提供するものとし、提供に際しては、個人情報保護を含め個人の権利利益の保護に配慮するものとされている。さらに、これらを確保するため必要となる情報基盤の整備・充実を図るものとするとされている。

　また、このような趣旨にのっとった、土地に関する調査の実施及び情報の提供等を促進するため、以下の取組等が掲げられている。

○　地籍調査について、新たな国土調査事業十箇年計画に基づき、所有者不明等の場合でも調査を進められるような新たな調査手続の活用や、地域の特性に応じた効率的な調査手法の導入を促進し、調査の円滑化・迅速化を図るとともに、相続登記の申請の義務化や登記手続の負担軽減による不動産登記情報の最新化を図る方策についての検討を行い、民事基本法制の見直しを行う。

○　既存住宅販売量に関する指数・官民連携した面的な市場情報の整備など、不動産市場の動向を的確に把握する統計の整備とデータの提供を充実化するとともに、地価の個別化・多極化に対応した地価公示等の調査方法の見直しなどを進める。

○　登記簿と他の公的機関の台帳等との連携により、関係行政機関が土地所有者に関する情報を円滑に把握できる仕組みを構築することを目指し、検討を進めるとともに、これを容易にするオンライン化の取組も含めた情報連携の仕組みの構築に向けた検討を進める。

（5）土地に関する施策の総合的な推進を図るために必要な事項

　土地に関する施策の総合的な推進を図るために必要な事項として、以下の取組等が掲げられている。

○　国は、地方公共団体の自主的かつ主体的な土地政策に配慮しつつ、優良事例についての情報提供、ガイドラインの整備、専門家や国の職員の地方公共団体への派遣などによる、必要な情報の提供、技術的な支援等を通じて、地方公共団体との連携体制の構築を図る。

○　関連分野の専門家等と地方公共団体、地域コミュニティ、ＮＰＯ等と関係行政機関との一層の連携体制を構築しつつ、これらの意見等を十分踏まえながら官民一体となって対応するとともに、大都市から地方まで、十分な専門家等の確保を推進する。

○　施策の実効性を担保するため、各施策の実施状況について適切なフォローアップを行い、施策の効果について定期的な分析・評価を行うなど、ＰＤＣＡサイクルの実行を徹底することにより、本方針について社会経済情勢の変化等を踏まえた所要の見直しを適時に行う。

第2部

令和元年度
土地に関して講じた
基本的施策

第1章 土地に関する基本理念の普及等

(1) いわゆるバブル経済を背景とした地価高騰を契機として、平成元年に土地基本法が制定され、「土地についての公共の福祉優先」、「適正な利用及び計画に従った利用」、「投機的取引の抑制」及び「価値の増加に伴う利益に応じた適切な負担」といった土地についての基本理念や、その基本理念に係る国、地方公共団体、事業者及び国民の責務が明確化されるとともに、土地政策の基本方向が定められた。平成3年には、土地神話の打破等を土地政策の目標とし、その実現に向けて総合的な施策を取りまとめた「総合土地政策推進要綱」が閣議決定され、これらに即した諸施策が推進された。

(2) その後、平成9年に「新総合土地政策推進要綱」を閣議決定し、土地政策の目標を地価の抑制から土地の有効利用へと転換するとともに、今後政府として推進していくべき土地政策の基本的な指針を示した。

(3) また、平成17年には、国土審議会土地政策分科会企画部会報告「土地政策の再構築について」が取りまとめられ、土地が持つ多面的な効用を最大限に発揮できるような適正な土地利用を実現し、透明で効率的な土地市場を形成すべきとされた。

(4) さらに、平成21年には、同部会報告「土地政策の中長期ビジョン」が取りまとめられた。ここでは、収益性や利便性等の利用価値を中心とする不動産市場の形成や人口減少・少子高齢化等といった土地をめぐる状況の変化を踏まえ、多様化する国民のニーズに対応する質の高い不動産の形成が求められており、豊かな国民生活の実現に向けて不動産の利用価値を高めるため、関係各者が連携し、様々な取組を推進していくことが必要とされた。

(5) 平成28年には、国土審議会土地政策分科会企画部会において「土地政策の新たな方向性2016」が取りまとめられ、当面の土地政策の新たな方向性として、①国土利用や社会資本整備の戦略に沿って、成長分野の土地需要を確実にとらえ、経済成長を支える土地利用を実現すること、②これまでに蓄積された宅地ストックをうまく使い、国民生活の質の向上に資するような豊かな土地利用を実現すること、③個々の土地に着目した最適な活用・管理（宅地ストックマネジメント）を実現すること、の3つが示された。

(6) 平成31年2月には、国土審議会土地政策分科会特別部会において、人口減少社会における土地に関する基本制度の見直しについて取りまとめが行われた。ここでは、「利用意向がない場合を含め、土地の利用・管理に関して所有者が負うべき責務や、その責務の担保方策について検討することが必要」とされ、その方向性として、①土地についての基本理念と責務、②土地の適切な利用・管理のために必要な措置などの内容が掲げられた。

(7) 土地基本法、国土調査法等を改正する「土地基本法等の一部を改正する法律（令和2年法律第12号）」が令和2年3月27日に成立した。

同法では、土地基本法について、適正な土地の利用及び管理について基本理念を明らかにするとともに、登記等の権利関係、境界の明確化などを内容とする土地所有者等の責務を定めることとしたほか、今後の土地政策の方向性を明示するため、政府が策定する「土地基本方針」を創設することとした。

(8) 10月の「土地月間」（10月1日は「土地の日」）において、関係団体と連携しつつ、土地に関する基本理念の普及等を図るとともに、土地に関する各種施策・制度等の紹介を積極的に行った。具体的には、土地月間実行委員会の構成機関（国及び関係団体）による全国各地での講演会及び地価に関する無料相談会の開催、ポスターの掲示、「わかりやすい土地読本」その他のパンフレットの配布等の広報活動を実施した。

第2章 土地に関する情報の整備

第1節 土地情報の体系的整備

土地の所有・利用・取引、地価等に関する情報を体系的に整備するため、以下の施策を講じた。

(1) 地価公示の実施、地籍整備の促進、国土利用計画法に基づく取引情報の把握を行った。

(2) 不動産の取引当事者の協力による取引価格等の調査並びに不動産取引の際必要となる取引価格情報及び不動産価格の動向を示す不動産価格指数等の提供を行った。

(3) 5年に一度行う「法人土地・建物基本調査」をはじめとする我が国の土地の所有・利用状況や取引の実態等を明らかにするための統計資料の作成・整備及び行政資料等の収集・分析を行った。

第2節 国土調査の推進

1 地籍整備の推進

(1) 市町村等が行う地籍調査について、インフラ整備の円滑化、防災対策の推進、都市開発の推進、森林施業の円滑化、所有者不明土地対策に資するものを重点的に支援した。

(2) 山村部において、空中写真、航空レーザ測量データ等のリモートセンシングデータから得られる土地境界に関する基礎的情報を広域的に国が整備するとともに、都市部において、地籍調査に先行して必要な境界等の基礎的情報を国が整備した。

(3) 地籍調査以外の民間事業者や地方公共団体の公共事業部局等が作成する測量成果を地籍整備に活用することを促進するための支援を行った。

(4) 近年進展しているICT等の新たな技術も踏まえつつ、官民境界の先行調査や地籍調査以外の民間測量成果等を活用した効率的な地籍調査を実施するための検討及び実証実験を行った。

(5) 令和2年度以降の第7次国土調査事業十箇年計画策定に向け、所有者不明土地問題等の社会・経済状況の変化に対応しつつ地籍整備を更に進めるため、効率的な手法や計画目標の設定の考え方等について検討を行い、地籍調査の円滑化・迅速化を図る国土調査法等の改正を行った。

2 土地分類基本調査の推進

土地分類基本調査として、「第6次国土調査事業十箇年計画」に基づき、土地本来の自然条件や改変状況、災害履歴等の情報を整備・提供する土地履歴調査を実施した。また、次期国土調査事業十箇年計画策定に向けた計画目標の設定の考え方等に関する検討を行った。

3 水基本調査の推進

水基本調査（地下水調査）として、地下水資料の収集・整理を実施するとともに、地下水の実態把握及び図面化手法の構築に向けた調査・検討を行った。

第3節　国土に関する情報の整備等の推進

1 国土情報整備の推進等

　国土数値情報については、地価公示、都道府県地価調査等の更新を行うとともに、衛星画像を用いた土地利用情報等、国土政策に必要な情報を整備した。

　また、これらの国土情報をウェブ上でダウンロード、閲覧できるよう「国土数値情報ダウンロードサービス」（http://nlftp.mlit.go.jp/ksj/）、「国土情報ウェブマッピングシステム」（http://nrb-www.mlit.go.jp/webmapc/mapmain.html）の運用、拡充を行った。

2 地理空間情報の高度な活用の推進

　基盤地図情報、主題図、台帳情報、統計情報、空中写真等の地理空間情報を高度に活用し、現在及び将来の国民が安心して豊かな生活を営むことができる経済社会を実現するため、「地理空間情報活用推進基本計画」（平成29年3月閣議決定）に基づく各種施策を推進した。

　具体的には、電子地図上における地理空間情報の位置を定めるための基準となる「基盤地図情報」をはじめとした社会の基盤となる地理空間情報の整備・更新や、G空間情報センターを中核とした地理空間情報の流通・利活用の推進、地理空間情報を活用した技術を社会実装するためのG空間プロジェクトの推進、知識の普及、人材の育成等を行った。また、産学官の連携によりG空間ＥＸＰＯ2019を令和元年11月に開催した。

3 測量行政の推進

　基本測量に関する長期計画に基づき、地理空間情報の活用による新しい社会の実現に向け、基盤的な情報インフラとなる地理空間情報を提供するため、ＧＮＳＳを用いた電子基準点測量等の高精度な基準点測量、電子国土基本図の整備及び防災地理情報等の地理的情報に関するデータベースの整備等を実施した。さらに、地理空間情報活用推進基本法に基づく基盤地図情報の整備・更新・提供を推進した。

　また、高度化する測量技術への対応や測量成果の共用の促進を図るため、公共測量の規範となる作業規程の準則の改正に必要な検討を行った。

　さらに、地理空間情報の活用を推進するため、測量成果等を統合的に検索・閲覧・入手することが可能となる地理空間情報ライブラリー（http://geolib.gsi.go.jp/）を運用するとともに、公共測量成果検査支援ツール（ＰＳＥＡ）などをインターネットにより提供を行い、地方公共団体等への周知を行った。

第4節　土地に関する登記制度の整備

(1)　全国の都市部における地図混乱地域のほか、大都市や地方の拠点都市の枢要部等、地図整備の緊急性及び必要性が高い地域について、登記所備付地図作成作業を重点的かつ集中的に行った。

(2)　筆界特定制度により、紛争が生じている土地の筆界の特定を行った。

(3)　所有者不明土地の利用の円滑化等に関する特別措置法（平成30年法律第49号）に基づき、長期間にわたり相続登記等が未了となっている土地について、登記官が当該土地の相続人を探索し、相続登記を促すなどすることにより、相続登記の促進の取組を行った。

(4)　所有者不明土地問題への対策の一環として、歴史的経緯により不動産登記等の表題部所有者欄の氏名又は名称及び住所の全部又は一部が正常に記録されていない表題部所有者不明土地について、その登記及び管理の適正化を図るために必要となる措置を講ずる「表題部所有者不明土地の登記及び管理の適正化に関する法律」（令和元年法律第15号）が令和元年5月17日に成立、同年11月22日に一部施行され、同法に基づき表題部所有者不明土地の解消作業を開始した。

令和元年度土地に関して講じた基本的施策

第3章　地価動向等の的確な把握等

第1節　地価公示等の推進

　地価公示は、一般の土地取引の指標、不動産鑑定評価の規準、公共事業用地取得価格の算定の規準となることが地価公示法で定められており、土地基本法第17条により、相続税評価額や固定資産税評価額の基準となっている。令和2年地価公示については、全国26,000地点（うち、福島第一原子力発電所の事故の影響により7地点については調査を休止）の標準地で実施した結果に基づき、地価動向の分析結果を公表した。令和元年都道府県地価調査については21,540地点（うち、福島第一原子力発電所の事故の影響による12地点については調査を休止）の基準地で実施した結果に基づき、地価動向の分析結果を公表した。さらに、地価動向を先行的に表しやすい三大都市圏等の主要都市の高度利用地100地区について、四半期毎の地価動向を公表した。

第2節　不動産取引価格情報の提供

　不動産の取引当事者の協力により取引価格等の調査を行い、物件が容易に特定できないように配慮した上で、不動産取引の際に必要となる取引価格情報等の提供を行った。平成18年4月の公表開始から令和2年3月末までの提供件数は約391万件であった。

第3節　不動産価格指数等の整備

　不動産価格の動向を適時・的確に把握するとともに不動産市場の透明性の向上を図るため、IMF等の国際機関が作成した基準に基づき、不動産価格指数（住宅）を毎月、不動産価格指数（商業用不動産・試験運用段階）を四半期毎に公表した。また、既存住宅販売量指数の作成に向けた検討を行った。

第4節　不動産鑑定評価の充実

　不動産鑑定評価の信頼性を更に向上させるため、不動産鑑定業者に対する立入検査などを内容とする鑑定評価モニタリングを実施した。また、不動産鑑定評価基準等について、社会ニーズや環境の変化に的確に対応していくための検討を実施した。

第5節　公的土地評価の均衡化・適正化

　適正な地価の形成及び課税の適正化を図るため、以下の措置を実施した。
⑴　固定資産税における土地の評価については、地価公示価格等の7割を目途としてその均衡化・適正化を図るとともに、地価動向等を適切に反映した評価に努めた。
⑵　土地の相続税評価については、引き続き、評価時点を1月1日、評価割合を地価公示価格水準の原則8割としてその均衡化・適正化を図るとともに、地価動向等を適切に反映した評価に努めた。

第4章 不動産市場の整備等

第1節 不動産取引市場の整備等

1 宅地建物取引業法の適正な運用

　宅地建物取引における消費者利益の保護と宅地建物取引業の健全な発展を図るため、宅地建物取引業法の適正な運用に努めた。

　関係機関と連携しながら苦情・紛争の未然防止に努めるとともに、平成30年度は同法に違反した業者に対し計182件の処分（国及び都道府県の合計）を行った。

2 不動産流通市場の整備・活性化

　不動産流通市場の整備・活性化に向け、以下の施策を行った。
⑴　不動産業の持続的な発展を確保するための官民共通の指針として、平成31年4月に「不動産業ビジョン2030〜令和時代の『不動産最適活用』に向けて〜」を策定し、官民共通の目標として、「ストック型社会」の実現や安全・安心な不動産取引の実現等を掲げた。
⑵　賃貸住宅管理業の適正化及びサブリース契約に係る家賃保証を巡るトラブルの防止等を図るため、令和元年12月に賃貸住宅管理業者、家主、入居者を対象としたアンケート調査を実施するとともに、「賃貸住宅の管理業務等の適正化に関する法律案」を令和2年3月に国会に提出した。
⑶　全国の空き家等の情報を簡単に検索できる「全国版空き家・空き地バンク」に公的不動産が検索できる機能等を追加するとともに、不動産団体等による空き家等の利活用に向けた先進的な取組みに対する支援を実施する等、空き家等に係るマッチング機能の強化を図った。
⑷　個人を含む売買取引におけるITを活用した重要事項説明（IT重説）及び賃貸取引における重要事項説明書等の書面の電磁的交付に係る社会実験を令和元年10月より開始するなど、不動産取引における新技術の活用を推進した。

3 土地取引規制制度の適切な運用

　土地の投機的取引及び地価の高騰が国民生活に及ぼす弊害を除去し、適正かつ合理的な土地利用を確保するため、都道府県等において、国土利用計画法に基づく土地取引規制制度を引き続き運用しており、地域の実情を踏まえた運用（令和2年3月末現在、東京都小笠原村のみ監視区域を指定）を行った。

　また、これら土地取引規制制度の適切な運用を図るため、土地取引状況等を把握する土地取引規制基礎調査等を実施した。

令和元年度土地に関して講じた基本的施策

117

第2節　不動産投資市場の整備

1　不動産投資市場の整備に関わる施策の推進

　人口減少や少子高齢化といった構造的な課題に直面している中で、一層の経済成長、国民生活の豊かさを実現するため、不動産の効率的な活用等に向けて、以下の施策を実施した。

(1)　リート市場の更なる拡大に資するため、関係省庁等と連携し、介護・医療施設関連事業者を対象としたヘルスケアリートに関するセミナーを実施した。また、証券化された不動産の実績を把握する不動産証券化の実態調査を実施した。

(2)　環境不動産等の良質な不動産の形成を促進するため、耐震・環境不動産形成促進（Re-Seed）事業の適切な監督等に努め、耐震・環境性能に優れた良質な不動産の形成を促進し、地域の再生・活性化に資するまちづくり及び地球温暖化対策を推進した。また、建築物の耐震化を促進するため、耐震診断義務付け対象建築物の建替え事業に係る出資等の新要件を創設した。

(3)　公的不動産（ＰＲＥ）の活用促進に向け、ＰＲＥに係る証券化手法等の活用についての地方公共団体職員向けの手引書の普及啓発を実施した。

(4)　不動産価格の動向を適時・的確に把握するとともに不動産市場の透明性の向上を図る観点から、不動産価格指数等に関する取組を推進した。※第2部第3章第3節「不動産価格指数等の整備」を参照。

2　不動産特定共同事業の推進

(1)　不動産特定共同事業法の適正な運用により、投資家の保護に資する市場環境の整備を図りつつ、投資家のニーズに対応した商品が提供され、投資家の資金が優良な都市ストック形成に活用されるよう、不動産特定共同事業を推進した。

(2)　不動産特定共同事業法の制度や公的不動産（ＰＲＥ）等を活用した優良事例について周知するとともに、小規模不動産特定共同事業等の不動産証券化を活用したモデル事業の実施や、優良事業の横展開、小規模不動産特定共同事業の実務に関する講習等を通じて、不動産証券化事業の地域等の担い手の育成に努めた。また、不動産特定共同事業者等に対して関係省庁や自治体と連携してヒアリングを行うなど、適切な監督に努めた。

(3)　不動産特定共同事業において、クラウドファンディングの活用により、個人投資家による一層の投資が期待される中、個人投資家が安心して不動産投資を行うことができる環境を整備するため、より投資家保護の図られたスキームの促進並びにブロックチェーン等の新技術及びＥＳＧ等の新たなグローバルスタンダードといった不動産投資市場の新たな潮流への対応等について、今後の制度改正の方向性を検討し、中間とりまとめを行った。

第3節　土地税制における対応

　土地取引の活性化や土地の有効利用の促進などの観点から、土地の取得、保有、譲渡それぞれの段階において、引き続き税制上の措置を講じた。

　令和元年度税制改正において講じた主な措置は、下記のとおりである。

(1)　土地の売買による所有権の移転登記等に対する登録免許税の特例措置の適用期限を2年延長した。

(2)　所有者不明土地の利用の円滑化等に関する特別措置法に規定される地域福利増進事業を実施する者が当該事業により整備する施設の用に供する一定の土地及び償却資産に係る固定資産税の特例措置（令和3年3月31日まで）を創設した。

(3)　優良住宅地の造成等のために土地等を譲渡した場合の長期譲渡所得の課税の特例の適用対象に、所

有者不明土地の利用の円滑化等に関する特別措置法に規定される地域福利増進事業のために土地等を譲渡した場合を追加した。

⑷　Ｊリート及びＳＰＣが取得する不動産に係る登録免許税及び不動産取得税の特例措置の適用期限を２年延長した。

⑸　不動産特定共同事業において取得される不動産に係る登録免許税及び不動産取得税の特例措置について、要件及び適用対象を一部見直しの上、その適用期限を２年延長した。

　　また、令和２年度税制改正において、優良住宅地の造成等のために土地等を譲渡した場合の長期譲渡所得の課税の特例について、対象事業を一部見直した上で、適用期限を３年延長した。（令和２年１月１日から）

第4節　不動産市場における国際展開支援

我が国の不動産企業の国際展開の促進を図るため、以下の施策を講じた。

⑴　海外における不動産分野のビジネス環境整備

　　ＡＳＥＡＮ諸国等の政府職員に対し、我が国の土地・不動産関連法制度（公共用地取得補償制度等）に関する研修等を行い、制度の整備・普及を支援するとともに、国際交渉等を活用し、我が国不動産企業の進出先におけるビジネス環境の改善を図った。また、ベトナムにおいては、平成29年度に締結した協力覚書に基づき、我が国の土地評価制度の導入に向けたパイロット事業を実施した。

⑵　我が国不動産企業によるビジネス展開支援

　　我が国不動産企業の進出意欲が高いインドネシアにおいて、相手国政府と連携した不動産開発投資セミナーの開催やミッション団派遣を通じて、海外における我が国不動産企業のビジネス展開を支援した。さらに、ビジネス交流の促進等を目的として、国内外の不動産関係者が集う国際会議を開催した。

令和元年度土地に関して講じた基本的施策

第5章 土地利用計画の整備・充実等

第1節 土地利用計画の推進

1 国土利用計画

　国土利用計画は、健康で文化的な生活環境の確保を図ることなどの基本理念に基づき、総合的かつ計画的な国土の利用に関する基本構想等を示すものであり、全国計画、都道府県計画、市町村計画により構成される。

　平成27年8月に閣議決定した第五次国土利用計画（全国計画）について、計画の推進に向け必要な調査・検討を行った。

　また、第五次全国計画を基本とした都道府県計画・市町村計画の策定・変更に向けて必要な支援や手続等を行った（令和元年度変更（廃止を除く）：3県の都道府県計画）。また、市町村計画の策定・変更への支援として平成31年3月に作成した「これからの国土利用・管理に対応した国土利用計画（市町村計画）策定の手引き」の更なる普及啓発等を行った。

2 土地利用基本計画等

　地域の特性を踏まえた適正かつ合理的な土地利用の実現を図るため、各都道府県において、土地取引や各種土地利用転換の動向、個別規制法等に基づく諸計画の地域・区域の指定状況等の土地利用現況を把握し、関係方面との調整を経て、土地利用基本計画の変更を行った（令和元年度変更：40府県、計画書の変更380件、計画図の変更4件）。

　土地利用規制に係る地図情報について、整備状況の整理、収集を行い、加工した上で、土地利用調整総合支援ネットワークシステム（ＬＵＣＫＹ：Land Use Control bacK-up sYstem）において国民へ情報提供を行った。

第2節 都市計画における適正な土地利用の推進

(1)　都市計画における土地利用計画の総合性の確保

　　都市計画区域ごとに定められている「都市計画区域の整備、開発及び保全の方針」（都市計画区域マスタープラン）について、社会情勢の変化等に対応した適切な運用を推進した。また、それぞれ独立した都市計画として位置付けられた「都市再開発の方針」、「住宅市街地の開発整備の方針」及び「防災街区整備方針」の策定を推進した。さらに、市町村が定める「市町村の都市計画に関する基本的な方針」（市町村マスタープラン）の策定を推進した。

(2)　土地利用制度等の活用促進

　　市街化区域、市街化調整区域の区域区分制度や、用途地域、特別用途地区、特定用途制限地域等の地域地区制度、地区計画制度等の土地利用制度の適切な活用を推進した。また、人口減少・高齢社会の進展の中で、居住者の健康・快適な暮らしや持続可能な都市経営を実現するため、市町村による都市再生特別措置法に基づく立地適正化計画の作成を支援（令和元年12月末時点で立地適正化計画を作成・公表したのは、278都市）し、コンパクトシティの形成を促進した。

(3)　市街地開発事業等の推進

① 防災対策の強化、中心市街地の活性化、土地の有効・高度利用の推進等の課題に対応して、土地区画整理事業を実施した。特に集約型都市構造の実現に向けて、拠点的市街地等に重点を置いて事業を推進した。

② 市街地再開発事業等については、土地の合理的かつ健全な高度利用と都市機能の更新を誘導しつつ、特に「コンパクト＋ネットワーク」の推進や地震時等に著しく危険な密集市街地の解消等に重点をおいて事業を推進した。

③ 住宅市街地総合整備事業により、既成市街地において、職住近接型の良質な市街地住宅の供給、美しい市街地景観の形成、公共施設の整備等を総合的に行い、良好な住環境の創出を図った。

④ 「密集市街地における防災街区の整備の促進に関する法律」に基づき施策を推進するとともに、総合的な環境整備を推進する密集市街地総合防災事業等により、道路等の基盤整備を推進しつつ、老朽化した建築物の建て替え等を促進し、防災上危険な密集市街地における安全な市街地の形成を図った。

第3節 国土政策との連携

1 国土形成計画の推進

国土形成計画（全国計画）の基本構想である「対流促進型国土」の形成に向け、国土審議会計画推進部会に設置した専門委員会等において、本計画の有効な推進方策の検討を行った。また、2050（令和32）年までの国土の姿を描き出し、将来の課題整理・解決方策を検討する「国土の長期展望」の検討を開始した。

また、広域地方計画（平成28年3月国土交通大臣決定）に定められた、各ブロックの特性、資源を活かしたプロジェクトを推進するとともに、先行的な事例形成への支援を行った。

2 地域の拠点形成の推進

(1) 業務核都市の整備の推進

「多極分散型国土形成促進法」に基づく業務核都市において、業務機能の立地や諸機能の集積が進展しているところであり、引き続き整備を推進した。令和2年3月末現在で、業務核都市基本構想が承認・同意された地域は14地域である。

(2) 小さな拠点の形成の推進

人口減少や高齢化が著しい中山間地域等において、将来にわたって地域住民が暮らし続けることができるようにするため、各種生活サービス機能が一定のエリアに集約され、集落生活圏内外をつなぐ交通ネットワークが確保された拠点である「小さな拠点」の形成に向けた取組を推進した。

(3) 研究学園都市等の建設

① 筑波研究学園都市建設法に基づき、科学技術の集積等を活かした都市の活性化等を目指し、筑波研究学園都市の建設を推進した。

② 関西文化学術研究都市建設促進法に基づき、文化・学術・研究の新たな展開の拠点づくりを目指すため、平成19年度に変更した「関西文化学術研究都市の建設に関する基本方針」を踏まえ、関西文化学術研究都市の建設を推進した。

3 産業立地施策の推進

「地域未来投資促進法」に基づき地方公共団体が策定する基本計画について、令和元年12月までに236計画を同意した。これらの基本計画に基づき都道府県が承認する地域経済牽引事業計画について、令和元年12月までに1,982計画が承認された。産業用地の確保に関連し、同法に基づき、市町村と都道府県との

間で8件の土地利用調整が行われた。

　令和元年度税制改正において、地域未来投資促進税制を2年延長するとともに、特に高い付加価値を創出し、地域への大きな波及効果が期待される事業について、特別償却率・税額控除率を拡充した。

　また、地方税を課税免除または不均一課税した自治体に対する減収補てん措置についても、適用期限を2年延長した。

4　交通ネットワークの整備

　広域ブロック相互を結ぶ道路・鉄道・港湾・空港等の国内交通基盤を総合的に整備・活用し、基幹的なネットワークや拠点の機能確保を推進した。

5　情報通信インフラの整備

(1)　河川、道路、港湾、下水道の公共施設管理用光ファイバ及びその収容空間等を整備・開放した。

(2)　新交通管理システム（UTMS）の推進等を図るため、プローブ情報を収集できる高度化光ビーコンを始めとする交通安全施設等の整備を行った。

6　国会等の移転等

(1)　国会等の移転の検討

　　国会等の移転については、国会等移転審議会の答申を踏まえ、国会において検討がなされているところである。政府としては、「国会等の移転に関する法律」に基づき、関連する調査や国民への情報提供等、国会における検討に必要な協力を行った。

(2)　国の行政機関等の移転の推進

　　「国の機関等の移転について」（昭和63年閣議決定）及び多極分散型国土形成促進法等に基づき、国の行政機関の官署及び特殊法人等の主たる事務所の東京都区部からの円滑な移転を推進した。閣議決定において移転対象とされた79機関11部隊等（現在は、69機関11部隊等）のうち、令和2年3月までに67機関11部隊等が移転した。

第6章 住宅対策等の推進

第1節 住宅対策の推進

1 住生活基本計画の推進

「住生活基本計画（全国計画）」（平成28年3月閣議決定）において、「居住者」「住宅ストック」「産業・地域」の3つの視点から設定した8つの目標（①結婚・出産を希望する若年世帯・子育て世帯が安心して暮らせる住生活の実現、②高齢者が自立して暮らすことができる住生活の実現、③住宅の確保に特に配慮を要する者の居住の安定の確保、④住宅すごろくを超える新たな住宅循環システムの構築、⑤建替えやリフォームによる安全で質の高い住宅ストックへの更新、⑥急増する空き家の活用・除却の推進、⑦強い経済の実現に貢献する住宅関連産業の成長、⑧住宅地の魅力の維持・向上）に基づき、必要な施策を推進した。

2 公的賃貸住宅等の供給の促進

高齢者世帯、障害者世帯、子育て世帯等各地域における居住の安定に特に配慮が必要な世帯に対して、公営住宅、地域優良賃貸住宅、都市再生機構賃貸住宅、サービス付き高齢者向け住宅等の良質な賃貸住宅の供給促進を図った。特に既存ストック・民間活力の重視による効率的な供給を推進し、民間賃貸住宅や空き家を活用した新たな住宅セーフティネット制度（平成29年10月25日施行）において、セーフティネット住宅の登録推進を図るとともに、住宅の改修や入居者負担等への支援を行った。令和元年度末時点でのセーフティネット住宅の登録戸数は、28,908戸（令和2年3月31日）である。

3 大都市を中心とした市街地住宅供給の積極的推進

(1) 住宅建設に関連して必要となる道路、公園、下水道、河川等の関連公共施設及び生活道路、多目的広場等の居住環境基盤施設の整備等を住宅市街地基盤整備事業により重点的、総合的に推進した。また、防災性の向上、市街地環境の整備、土地の合理的利用等を図りつつ、市街地住宅の供給を促進するため住宅市街地総合整備事業等を推進した。

(2) 独立行政法人都市再生機構（以下「都市再生機構」という。）において、都市再生機構の有するノウハウや技術を活かし、まちづくり事業に関する構想・計画策定に対する技術支援等を行った。

4 既成市街地の再整備による良好な居住空間の形成

既成市街地において、快適な居住環境の創出、都市機能の更新、密集市街地の整備改善、街なか居住の推進等を図るため、住宅市街地総合整備事業、優良建築物等整備事業等を推進した。

また、地域において福祉施設や医療施設、子育て支援施設等の整備を進めるため、地方公共団体や都市再生機構、地方住宅供給公社、民間事業者等の多様な主体が連携して、既存住宅団地の地域居住機能を再生するとともに、スマートウェルネス住宅の実現に資する取組に対して支援した。さらに、平成30年度から、既存の公営住宅や改良住宅の大規模な改修と併せて、子育て支援施設や高齢者福祉施設等の生活支援施設の導入を図る取組に対しても支援を行った。

5 良質な住宅ストック等の形成及び住宅ストック等の有効活用

(1) 長期にわたって使用可能な質の高い住宅ストックの形成をするため、平成21年に施行された「長

期優良住宅の普及の促進に関する法律」に基づき、長期優良住宅の普及を促進した。また、住宅履歴情報の整備等を実施した。

(2) 住宅・建築物の省エネ性能の向上を図るため、注文戸建住宅及び賃貸アパートの住宅トップランナー制度の対象への追加等の措置を盛り込んだ「建築物のエネルギー消費性能の向上に関する法律の一部を改正する法律（令和元年法律第4号）」が令和元年5月17日に公布され、その一部が同年11月16日に施行された。

(3) 住宅ストックの質の向上を図るため、劣化対策・省エネ改修等を総合的に行い住宅の長寿命化を図る長期優良住宅化リフォームに対する支援を実施した。

(4) 耐震改修促進法に基づく、不特定多数の者が利用する大規模建築物、災害時の機能確保が必要な避難路の沿道建築物等に対する耐震診断の義務付け等により耐震化を促進するとともに、耐震診断義務付け対象建築物について、重点的かつ緊急的な支援を行った。

(5) マンションの老朽化等に対応し、マンションの管理の適正化の一層の推進及びマンションの建替え等の一層の円滑化を図るため、都道府県によるマンション管理適正化推進計画の作成、マンションの除却の必要性に係る認定の対象の拡充、団地内の要除却認定マンションの敷地の分割を多数決により行うことを可能とする制度等の措置を講ずる「マンションの管理の適正化の推進に関する法律及びマンションの建替え等の円滑化に関する法律の一部を改正する法律案」を令和2年通常国会に提出した。

(6) 新築住宅に瑕疵が発生した場合も確実に瑕疵担保責任が履行されるよう、「特定住宅瑕疵担保責任の履行の確保等に関する法律（住宅瑕疵担保履行法）」に基づき、保険引受体制の整備や消費者への普及啓発等を行った。また、制度の見直しについての検討を継続するため、有識者との意見交換等を行う場として「制度施行10年経過を見据えた住宅瑕疵担保履行制度のあり方に関する検討会」を設け、議論を行った。

(7) 検査と保証がセットになった既存住宅売買瑕疵保険制度の普及を図ることにより、消費者が安心して既存住宅を取得できる市場環境の整備に取り組んだ。

(8) 消費者が安心してリフォームを行えるよう、リフォームの無料見積チェックサービスや、全国の弁護士会における弁護士・建築士による専門家相談を実施するとともに、検査と保証がセットになったリフォーム瑕疵保険制度の普及を図ることにより、消費者が安心してリフォームに取り組める市場環境の整備に取り組んだ。

(9) 客観的に住宅の検査・調査を行うインスペクションの普及を図ることにより、消費者ニーズに対応した既存住宅流通・リフォーム市場の環境整備に取り組んだ。

(10) 住宅リフォーム事業の健全な発達及び消費者が安心してリフォームを行うことができる環境の整備を図るために、「住宅リフォーム事業者団体登録制度」の普及に取り組んだ。

(11) 維持管理やリフォームの実施などによって住宅の質の維持・向上が適正に評価されるような、住宅ストックの維持向上・評価・流通・金融等の一体的な仕組みの開発等を支援した。

(12) 居住環境の整備改善等を図るため、空き家住宅等の活用・除却について引き続き支援を行うほか、「空家等対策の推進に関する特別措置法」に基づく市町村の取組を一層促進するため、「空家等対策計画（令和元年10月1日時点で、1,091市区町村が策定済）」に基づき民間事業者等と連携を行う総合的な空き家対策への支援を行った。また、空き家に関する多様な相談に対応する人材育成や相談体制の構築等の取組への支援を行った。

6 住宅取得対策の充実等

(1) 独立行政法人住宅金融支援機構（以下「住宅金融支援機構」という。）の証券化支援事業（買取型及び保証型）を着実に推進し、民間金融機関による相対的に低利な長期・固定金利住宅ローンの供給を支援・補完するとともに、同事業の枠組みを活用してフラット35Sによる金利引下げ等を実施した。

(2) 住宅ローン返済困難者対策を実施し、離職や疾病等のやむを得ない事由により住宅ローンの支払い能力が低下している利用者が返済を継続できるよう支援した。

(3) 勤労者財産形成貯蓄の残高保有者に対して低利・長期の住宅資金融資を行う勤労者財産形成持家融資制度を実施した。

(4) 消費税率の引上げによる負担増の緩和のため、住宅取得者の収入に応じ消費税率8％時に最大30万円、消費税率10％時に最大50万円を給付するすまい給付金制度を実施した。

(5) 令和元年度税制改正においては、以下の措置を講じた。

① 消費税率の引上げに際し、需要変動の平準化の観点から、住宅ローン減税を拡充した。具体的には、消費税率10％が適用される住宅の取得等をして、令和元年10月1日から令和2年12月31日までの間に居住の用に供した場合について、住宅ローン減税の控除期間（現行10年間）を3年延長した。

適用年の11年目から13年目までの各年の控除限度額は以下のいずれか小さい額とした。

1) 住宅ローン年末残高の1％

2) 建物購入価格（税抜）の2/3％（2％÷3年）

※建物購入価格、住宅ローン年末残高の控除対象限度額は一般住宅の場合4,000万円、認定住宅の場合5,000万円（改正前の制度と同水準）

また、すまい給付金の拡充（対象となる所得階層の拡充、給付額を最大30万円から50万円に引上げ）等、税制・予算による総合的な対策を講じた。

② 空き家に係る譲渡所得の特例（相続人が、相続により生じた古い空き家又は当該空き家の敷地について、相続以後3年を経過する日の属する年の12月31日までに譲渡した場合、譲渡所得から3,000万円を特別控除する特例措置）について、以下の通り延長・拡充した。

1) 適用期限を令和5年12月31日まで4年延長

2) 被相続人が相続の直前に老人ホーム等に入所していた場合を、被相続人が要介護認定を受けていたこと等の一定の要件を満たす場合に限り、対象に追加

③ 買取再販事業者が既存住宅を取得し、住宅性能の一定の向上のための改修を行った後に住宅を再販売する場合の不動産取得税の特例措置について、以下の通り延長・拡充した。

1) 買取再販で扱われる住宅に係る不動産取得税について、以下の特例措置の適用期限を令和3年3月31日まで2年延長

・住宅部分の不動産取得税について築年月日に応じて一定額を減額

・敷地部分の不動産取得税について一定の場合に税額から一定額を減額

2) 省エネ改修について、現行の必須要件（全ての居室の全ての窓の断熱改修（全窓要件））に、住宅全体の一定の省エネ性能を改修により確保した場合を追加

④ サービス付き高齢者向け住宅供給促進税制について、適用期限を令和3年3月31日まで2年延長した。

1) 不動産取得税：課税標準から1,200万円控除等

2) 固定資産税：税額について5年間市町村が条例で定める割合（2/3を参酌）を減額

⑤ 防災街区整備事業の施行に伴う新築の防災施設建築物に係る税額の減額措置について、適用期限を令和3年3月31日まで2年延長した。

⑥ 被災居住用財産の敷地に係る譲渡期限の延長等の特例の譲渡期限を令和3年12月31日まで3年延長した。

⑦ 既存住宅に係る特定の改修工事をした場合等の所得税額の特別控除に関する標準的な費用の額について、工事の実績を踏まえた見直しを行った。

⑧ 熊本地震の被災住宅用地等に係る課税標準の特例措置について2年延長した（平成30年度分まで→令和2年度分まで）。

第2節　良好な宅地供給・管理の推進等による良質な居住環境の形成等

1　良好な宅地供給等の推進

(1) 良好な宅地供給の推進

　　土地区画整理組合等に対する無利子貸付金の貸付け等により、土地区画整理事業を支援した。

(2) 宅地開発関連公共施設の整備等

　　宅地開発関連公共施設の整備等宅地開発に関連して必要となる道路、公園、下水道、河川等の関連公共施設の整備等を総合的に支援した。

(3) 定期借地権制度の円滑な普及・活用の促進

　　定期借地権制度の円滑な普及・活用を促進するため、「公的主体における定期借地権の活用実態調査」を実施した（公的主体による令和元年の定期借地権の活用実績は、定期借地権付住宅の供給が206戸、定期借地権付の施設の供給が110施設）。

(4) 郊外型住宅等の建設の促進

　① 「優良田園住宅の建設の促進に関する法律」により、農山村地域、都市の近郊等における優良な住宅の建設を促進した。

　② 集落地域整備法の円滑な運用を推進し、市街地の周辺地域における良好な居住環境の確保を図った。

(5) 宅地開発と交通アクセス整備の一体的推進

　　「大都市地域における宅地開発及び鉄道整備の一体的推進に関する特別措置法」等に基づき、つくばエクスプレス（常磐新線）沿線地域の宅地開発事業等を推進した。

(6) 農住組合制度等による住宅地等の供給の促進

　　農住組合制度等により、農地を活用した良好な居住環境を備えた住宅地等の供給を促進した。

2　ニュータウン再生等の推進

　居住者の高齢化、住宅・施設の老朽化等の問題を抱えるニュータウンにおいて、バリアフリー化等の住宅・住環境の再整備など、安心で快適に居住できる住宅地として再生する取組を支援した。

　また、ニュータウン等において地域における良好な環境や地域の価値を維持・向上させるための住民・事業主・地権者等による主体的な取組を推進するために、地方公共団体、民間事業者等からなる「住宅団地再生」連絡会議を設立し、推進の手法や取組事例などの情報提供及び意見交換等を行った。

第7章 土地の有効利用等の推進

第1節 地方創生・都市再生の推進

1 地方創生の推進

　少子高齢化の進展に的確に対応し、人口の減少に歯止めをかけるとともに、東京圏への人口の過度の集中を是正し、それぞれの地域で住みよい環境を確保して、将来にわたって活力ある日本社会を維持していくため、まち・ひと・しごと創生総合戦略（以下「総合戦略」という。）に基づき、地方都市における「稼げるまちづくり」の推進など、「まち」の創生等を進めてきた。令和元年度が第1期「総合戦略」の最終年度となることから、同年12月20日に第2期「総合戦略」を策定した。

　また、地域再生法の一部を改正し、「高度成長期型まちづくり」からの転換を図り、人口減少社会に対応した「まち」へ再生するための地域住宅団地再生事業及び民間資金等活用公共施設等整備事業の創設、地方への移住促進に向け、移住者による「農地付き空き家」等の取得を促進するための既存住宅活用農村地域等移住促進事業の創設を行った。

　持続可能な開発目標（SDGs）の達成に向けた取組は、地方創生の実現に資するものであり、平成31年2月から3月にかけて、地方公共団体（都道府県及び市区町村）によるSDGsの達成に向けた取組を公募し、令和元年7月に、優れた取組を提案する都市を「SDGs未来都市」として31都市選定し、その中でも特に先導的な取組を「自治体SDGsモデル事業」として10事業選定した。

　令和元年8月には多様なステークホルダー間のパートナーシップを深め、官民連携の取組を促進することを目的として「令和元年度地方創生SDGs官民連携プラットフォーム総会」及び関連イベントを開催し、マッチング支援や分科会の取組を実施・支援するとともに、成功事例の普及展開を図った。

　また、地方創生SDGsに取り組む地域事業者とその取組に対して積極的に支援を行う地域金融機関を地方公共団体がつなぎ、地域における資金の還流と再投資を生み出し、全てのステークホルダーが関わる「地方創生SDGs金融」を通じた自律的好循環の形成を目的とし、令和元年8月から9月にかけて「地方創生SDGs金融調査・研究会」を開催した。

　さらに、令和2年1月に、企業の日本国内の地域課題解決へ向けた自発的な取組の促進を図ることを目的として、「上場企業及び機関投資家等における地方創生SDGsに関する調査」を行い、その結果を分析したうえ取組事例について情報発信し普及展開を図った。

　加えて、SDGs未来都市等における取組の国内外へ向けた普及展開や都市間ネットワークの形成を目的として、令和2年1月に「地方創生SDGs国際フォーラム2020」を開催した。

　地方創生を規制改革により実現するため、国家戦略特区制度については、これまでに医療、保育、雇用、教育、農業、都市再生・まちづくり等の幅広い分野において、いわゆる岩盤規制改革を実現してきた。また、合計10の指定区域において計354の事業が実施されるなど、これらの規制改革事項を活用した具体的事業が目に見える形で進展してきている。更に、世界に先駆けて未来の生活を先行実現する「まるごと未来都市」を目指す「スーパーシティ」構想の実現に向け、令和元年6月29日にスーパーシティ／スマートシティフォーラム2019を開催し、同構想を国内外に広く発信した。また、令和元年8月28日にはスーパーシティ・オープンラボを立ち上げ、86の事業者より、当該事業者の持つ技術や知見を提供するとともに、令和元年9月には自治体アイディア公募を実施し、53の団体からアイディアの提出があった。更に、令和2年2月4日に、「国家戦略特別区域法の一部を改正する法律案」を国会に提出した。

また、構造改革特区制度については、第200回臨時国会において、地方公共団体による土地区画整理事業の施行を可能とする都市計画法の特例を含む「構造改革特別区域法の一部を改正する法律」が成立した。

2 都市再生の推進

(1) 都市再生緊急整備地域における都市再生の推進
　① 都市再生緊急整備地域における民間都市開発の推進
　　都市の再生の拠点として都市開発事業等を通じて緊急かつ重点的に市街地の整備を推進すべき地域である「都市再生緊急整備地域」については、令和２年３月末現在で東京・大阪をはじめ政令指定都市や県庁所在地等において52地域を指定しており、各地域で地域整備方針を策定している。都市再生緊急整備地域においては、民間都市開発事業に対し、税制支援や一般財団法人民間都市開発推進機構（以下「民間都市機構」という。）がミドルリスク資金の調達を支援するメザニン支援業務等を実施した。
　② 特定都市再生緊急整備地域における民間都市開発の推進
　　昨今の成長が著しいアジア諸国の都市と比較し、我が国都市の国際競争力が相対的に低下している中、国全体の成長を牽引する大都市について、官民が連携して市街地の整備を強力に推進し、海外から企業・人等を呼び込むことができるような魅力ある都市拠点を形成することが、重要な課題になっている。このため、都市の国際競争力の強化を図る上で特に有効な地域として「特定都市再生緊急整備地域」全国13地域（令和２年３月末現在）を指定し、全ての地域において、官民連携による協議会により整備計画が作成された。
　　特定都市再生緊急整備地域においては、都市再生緊急整備地域における支援措置に加え、下水の未利用エネルギーを民間利用するための規制緩和、都市再生緊急整備地域より深掘りされた税制支援などにより民間都市開発を支援した。更に、国際的ビジネス環境等の改善に資する取組や、シティセールスに係る取組、民間事業者による都市の国際競争力強化に資する施設の整備に対する支援措置を講じた。
　　また、整備計画に基づき地域の拠点や基盤となる都市拠点インフラの整備を国際競争拠点都市整備事業により重点的かつ集中的に支援した。
　③ 民間都市開発等による市街地整備の推進
　　既存の用途地域等に基づく用途、容積率等の規制を適用除外とした上で、自由度の高い計画を定めることができる都市再生特別地区については、令和２年３月末現在で98地区が決定された。このうち、70地区について、都市計画提案制度が活用された。
(2) 全国都市再生の推進
　① 社会資本整備総合交付金（都市再生整備計画事業）により、地域の創意工夫を活かした全国都市再生を推進した。
　② 都市再生整備計画に記載された事業と一体的に施行される民間都市開発事業等に対する金融支援の積極的活用を推進した。
　③ まちなかにおける街路、公園、広場等の官民空間の一体的な修復・利活用等による「居心地が良く歩きたくなる」まちなかの創出を推進するため、官民が連携してにぎわい空間を創出する取組を都市再生整備計画に位置づけるとともに、にぎわい空間となるメインストリートに駐車場の出入口を設けさせない規制の導入等の措置を講ずる「都市再生特別措置法等の一部を改正する法律案」を令和２年２月に国会に提出した。
(3) 大街区化の推進
　我が国の主要都市中心部の多くは、戦災復興土地区画整理事業等により街区が形成されており、現在の土地利用や交通基盤、防災機能に対するニーズ等に対して、街区の規模や区画道路の構造が十分

には対応していない。

　これらの課題に対し、大都市の国際競争力の強化や地方都市の活性化、今日の土地利用ニーズを踏まえた土地の有効高度利用等を図るため、複数の街区に細分化された土地を集約し、敷地の　体的利用と公共施設の再編を推進した。

第2節　都市基盤施設整備や災害に強いまちづくりの推進

1　民間能力の活用の推進

⑴　都市再生緊急整備地域等における優良な民間都市開発事業を推進するため、認定民間都市再生事業計画等に基づく税制特例等の支援措置を引き続き講じた。

⑵　都市再生分野における民間の新たな事業機会を創出し、民間の潜在力を最大限に引き出すため、都市再生に民間事業者を誘導するための条件整備として、都市再生機構が計画策定、権利関係の調整等のコーディネート業務を行った。

⑶　「ＰＰＰ／ＰＦＩ推進アクションプラン（平成30年改定版）」の目標の達成に向けて、以下の取組を実施した。

　①　ＰＰＰ／ＰＦＩ手法導入を優先的に検討する仕組みについて、優先的検討規程の策定・運用状況の「見える化」、フォローアップ等を通じた人口規模に応じた課題・ノウハウの抽出と横展開により、策定済の団体における的確な運用、人口20万人以上で未策定の地方公共団体における速やかな策定を図るとともに、地域の実情や運用状況、先行事例を踏まえ、人口20万人未満の地方公共団体への適用拡大を図った。

　②　地域プラットフォームが形成されていない地方公共団体に対して、ＰＰＰ／ＰＦＩに関する情報・ノウハウの共有・習得、関係者間のネットワークの構築、さらには具体的な案件形成を促進するための産官学金の協議の場として地域プラットフォームの形成を支援した。

　③　一定の要件を満たす地域プラットフォームの代表者と協定を結び、講師の派遣やＰＰＰ／ＰＦＩの事業化支援等を継続的に行う地域プラットフォーム協定制度を新設し、令和元年5月に協定先として決定した21の地域プラットフォームに対し、支援を行った。

⑷　民間の創意工夫と事業意欲を積極的に活用しつつ良好なまちづくりを進めていくため、民間都市機構の支援業務を引き続き推進した。具体的には、民間都市機構が地域金融機関と共同でまちづくりファンドを立ち上げ、エリアをマネジメントしつつ、複数のリノベーション事業等を連鎖的に進めた。併せて、クラウドファンディングを活用してまちづくり事業を行う者を支援する地方公共団体等のまちづくりファンドに対して、資金拠出による支援を行うことで、クラウドファンディングを活用したまちづくりを促進した。

2　空中及び地下の利用の推進

⑴　空中及び地下の利用
　①　立体道路制度の積極的な活用を推進した。
　②　駅における自由通路等の公共的空間の整備を推進した。
　③　共同溝の整備等を推進した。
　④　無電柱化推進計画に基づき、無電柱化を推進した。
　⑤　地下放水路、地下調節池などの整備を推進した。
　⑥　雨水の貯留浸透など流出抑制型の下水道施設の整備を推進した。
　⑦　立体都市公園制度の活用を推進した。

(2) 大深度地下の利用については、技術的な調査検討や大深度地下使用協議会の活用等、制度の円滑な運用を図り、大深度地下の適正かつ合理的な利用を推進した。

3 災害に強い都市の整備

(1) 「密集市街地における防災街区の整備の促進に関する法律」に基づき施策を推進するとともに、総合的な環境整備を推進する密集市街地総合防災事業等により、道路等の基盤整備を推進しつつ、老朽化した建築物の建替え等を促進し、防災上危険な密集市街地における安全な市街地の形成を図った。

(2) 防災上危険な密集市街地の解消や都市基盤施設をより一層整備するため、土地区画整理事業を推進した。

(3) 都市防災総合推進事業について、南海トラフ地震をはじめとする大規模地震に備えた津波対策、被災地の復興まちづくりに対する支援等、都市の防災対策を総合的に推進した。

(4) 市街地再開発事業等による建築物の不燃化・耐震化、避難地・避難路の整備による市街地の防災安全性の向上、防災活動拠点整備による災害応急対策への対応等、安全・安心なまちづくりを推進した。

(5) 大地震時等における宅地の滑動崩落及び液状化による被害を防止するため、宅地の安全性を「見える化」するための国による基礎マップの作成を行うとともに、宅地耐震化推進事業により変動予測調査及び防止対策の実施を推進した。

(6) 大都市において大規模地震が発生した場合、都市機能が麻痺し東日本大震災以上の帰宅困難者が発生することが予想される。このことから、人口・都市機能が集積する大都市の主要駅周辺等においては、大規模な地震が発生した場合における滞在者等の安全の確保と都市機能の継続を図るため、官民協議会による都市再生安全確保計画等の策定や計画に基づくソフト・ハード両面の取組に対する支援を継続し、計画策定を促進した。

(7) 我が国都市の弱みである災害脆弱性への対応を図るため、国際競争業務継続拠点整備事業により、災害時の業務継続性を確保するためエネルギーの面的ネットワークの整備を推進した。

4 住宅市街地の整備による防災性の向上

(1) 既成市街地において、道路整備と一体的に沿道の建築物を耐火建築物等へ建て替え、延焼遮断帯を形成することを中心とした安全で快適な拠点住宅地の形成や防災上危険な密集市街地の整備改善など住宅市街地の再生・整備を総合的に行うため、住宅市街地総合整備事業や密集市街地総合防災事業等を推進した。

(2) 地震災害の危険性が高い不良住宅の密集する地区において、防災性を向上するため、良質な従前居住者用住宅の建設、地区施設及び生活道路等の整備を行う住宅地区改良事業等を実施した。

5 道路の防災対策の推進

緊急輸送道路として実働部隊が迅速に活動できるよう、代替性確保のためのミッシングリンクの整備、橋梁の耐震化、道路法面の防災対策、倒壊による道路閉塞を回避するための無電柱化を推進した。

6 下水道における災害対策の推進

都市における浸水被害を軽減するため、集中豪雨の頻発や地下空間利用の進展を踏まえ、浸水実績のある地区又は一定規模の浸水被害のおそれのある地区において、下水道幹線や貯留浸透施設等のハード整備に加え、ハザードマップの公表やリアルタイムの降雨情報、下水道幹線の水位等の災害情報の提供によるソフト対策、さらに、地下街の入口等における止水板の設置や災害情報を活かした住民自らによる取組など総合的な浸水対策を重点的に推進した。また、住宅地等においてもシミュレーション等による浸水対策計画の策定、既存施設を最大限活用した下水道整備を推進した。

地方公共団体による浸水被害対策区域の指定等を促進するとともに、民間等による雨水貯留施設等の整備を促進し、流出抑制対策を推進した。

また、大規模な地震時でも、防災拠点におけるトイレ機能や下水処理場における消毒機能等、地震時に下水道が果たすべき機能を確保し、住民の健康や社会活動への影響を軽減するため、防災拠点と処理場を結ぶ管路施設や水処理施設の耐震化等の「防災」、被災を想定して被害の最小化を図る「減災」を組み合わせた総合的な地震対策を推進した。

7 治水対策の推進

水害を未然に防ぐ予防的治水対策や、激甚な被害を受けた地域や床上浸水が頻発している地域を対象とした再度災害防止対策を推進した。また、想定最大規模の降雨による洪水浸水想定区域（河川が氾濫した場合に浸水が想定される区域）の指定・公表、関係市町村のハザードマップ作成のための支援に取り組むとともに、身近な河川の切迫性のある情報をきめ細やかに伝えるための危機管理型水位計や簡易型河川監視カメラの設置や、「"気象"×"水害・土砂災害"情報マルチモニタ」による河川水位・雨量等の防災情報のリアルタイムな提供など、ハード・ソフト両面から災害に強いまちづくりを推進した。

一方、治水施設の整備には長時間を要し、整備途上で災害が発生する危険性がある。そのため、土地利用の状況に応じて輪中堤の整備や宅地の嵩上げ等の減災対策を推進した。

8 浸水想定区域指定等の推進

近年、洪水・内水・高潮等により浸水被害が多発している。これらの浸水被害に対応した避難体制等の充実・強化を図るため、水防法に基づき、想定し得る最大規模の洪水・内水・高潮に係る浸水想定区域の指定を推進した。また、三大湾及び地下街を有する都市等の地方公共団体と連携して、内水・高潮に係る浸水想定区域及び水位周知下水道・水位周知海岸の指定を推進した。

9 土砂災害対策の推進

⑴　土砂災害による被害の防止・軽減を図るため、土砂災害防止施設の整備によるハード対策を実施するとともに、砂防指定地等における行為制限や、「土砂災害防止法」に基づく土砂災害特別警戒区域における特定の開発行為に対する許可制度等のソフト対策を促進し、総合的な土砂災害対策を実施した。

　　また、「土砂災害防止法」に基づき都道府県が行う土砂災害警戒区域等の指定を促進した。さらに、警戒避難体制の充実・強化を図るため、市町村による土砂災害に係るハザードマップの作成・公表の推進とその進捗状況の把握、避難訓練の推進等を実施し、関係自治体と連携しながら、住民の防災意識の高揚と災害への備えの充実を図った。

　　火山噴火に対しては、活動火山対策特別措置法の改正を踏まえ、火山防災協議会において噴火に伴う土砂災害の観点から火山ハザードマップの検討を行うとともに一連の警戒避難体制の検討に参画した。

⑵　山麓斜面に市街地が接している都市において、土砂災害に対する安全性を高め緑豊かな都市環境と景観を保全・創出するために、市街地に隣接する山麓斜面にグリーンベルトとして一連の樹林帯の形成を図った。

10 港湾における防災拠点の整備

災害時における緊急物資輸送や支援部隊の展開等の拠点として、耐震強化岸壁や広場等からなる臨海部の防災拠点の整備を推進した。

11 自治体による防災対策事業の促進

災害の発生時に住民の安全が確保できるよう、防災機能の向上を図り、災害等に強い安全なまちづくり

令和元年度土地に関して講じた基本的施策

を促進するため、防災基盤整備及び公共施設等の耐震化などの防災対策事業を促進した。

12 津波防災対策の推進

平成24年6月に全面施行された「津波防災地域づくりに関する法律」に基づき、基礎調査を実施し、津波浸水想定の設定等を促進するとともに、海岸保全施設等の整備と併せた総合的な津波防災対策を推進した。その結果、全国で36道府県において、最大クラスの津波を想定した津波浸水想定が公表された。

また、北海道（28市町村）、山形県（3市町）、神奈川県（3市町）、新潟県（12市町）、富山県、静岡県（6市町）、愛知県、京都府、和歌山県（19市町）、鳥取県、広島県、山口県、徳島県、愛媛県（4市町）、福岡県、長崎県、沖縄県において、津波に対する避難体制を特に整備すべき区域として津波災害警戒区域が指定され、静岡県伊豆市において、一定の開発行為等を制限すべき区域として津波災害特別警戒区域が指定された。

さらに、14市町において「津波防災地域づくりを総合的に推進するための計画」（推進計画）が作成されたところである。

13 災害対応力の向上を図る地籍整備の推進

市町村等が行う地籍調査について、事前防災対策や被災後の復旧・復興の迅速化等に資するものを重点的に支援し、地域における災害対応力の向上を図った。特に、土砂災害警戒区域等の今後災害が想定される地域のうち、特に緊急性が高い地域については、「防災・減災、国土強靱化のための3か年緊急対策（平成30年12月14日閣議決定）」を踏まえ、速やかな地籍調査の実施を支援した。

14 円滑な復興を推進する体制の整備

大規模な災害の被災地の復興を迅速かつ円滑に行うため、大規模な災害であって借地借家に関する配慮をすることが特に必要と認められるものが発生した場合に借地借家に関する特別措置を講ずることを可能とする「大規模な災害の被災地における借地借家に関する特別措置法」の内容をわかりやすく解説したQ＆Aを関係省庁のホームページに掲載する等、同法の周知活動を行った。

第3節　低・未利用地の利用促進等

1 臨海部の工場跡地、未利用地等の利用促進、港湾の再開発

「臨海部土地情報」（http://www.mlit.go.jp/kowan/kowan_tk4_000018.html）により、臨海部の土地利用状況や未利用地等の利用促進に関する情報提供を実施した。

2 都市内の低・未利用地の利用促進

(1) 低未利用地の集約等と併せて公益施設や都心居住に資する住宅等の立地誘導を図る土地区画整理事業及び敷地の集約化を主眼とした敷地整序型土地区画整理事業を推進した。

(2) 土地の高度利用を推進するため、換地の特例制度である高度利用推進区及び市街地再開発事業区を活用した土地区画整理事業を推進した。

(3) 平成28年に創設された低未利用土地利用促進協定を活用し、市区町村や都市再生推進法人等が所有者等に代わり低未利用の土地、建築物を有効かつ適切に利用する取組を推進した。

(4) 都道府県等において、一定の要件を満たす低・未利用地について遊休土地である旨の通知等を行う国土利用計画法に基づく遊休土地制度を的確に運用するとともに、遊休土地実態調査を実施した。

(5) 低・未利用地の有効利用を促進するため「公的不動産（ＰＲＥ）ポータルサイト」（http://www.

mlit.go.jp/totikensangyo/totikensangyo_tk5_000102.html）において民間活用等に積極的な地方公共団体等が公表しているＰＲＥ情報を一元的に集約し公開した。

(6) 公園が不足する地域等において、民間主体が都市の空き地等を住民の利用に供する緑地（市民緑地）として設置・管理する市民緑地認定制度の活用を推進した。

(7) 都市再生機構において、都市再生のための条件整備として低・未利用地等の土地の整形・集約化及び基盤整備を行った。

(8) 平成30年４月に都市再生特別措置法等が改正され、都市内部で空き地・空き家等（低未利用土地）がランダムに発生する「都市のスポンジ化」に対応するため、低未利用土地の集約再編や利用促進を図る制度（低未利用土地権利設定等促進計画、立地誘導促進施設協定等）が創設された。

❸ 中心市街地の活性化の推進

都市機能の増進及び経済活力の向上を総合的かつ一体的に推進するため、内閣総理大臣による中心市街地活性化基本計画の認定を受けた区域において、市街地の整備改善、都市福利施設の整備、街なか居住の推進、経済活力の向上等に資する事業に対して支援を行った。

令和２年３月末時点で認定を受けている基本計画は、76計画（74市２町）であり、計画期間を終了した基本計画を含めると、令和２年３月末までに247計画（148市２町）が認定されている。

❹ 既成市街地の有効・高度利用の促進

都市の再構築を実現するため、既成市街地の有効・高度利用を促進するインセンティブとして、基盤整備やオープンスペースの整備を伴う優良プロジェクトに対する容積率等の特例制度の活用などを行う以下の施策を講じた。

(1) 再開発等促進区・用途別容積型・誘導容積型・街並み誘導型地区計画制度の活用を推進した。

(2) 特定街区制度、特例容積率適用地区制度等による未利用容積率の活用等を推進した。

(3) 既成市街地における土地区画整理事業に対する無利子貸付金制度の活用を推進した。

(4) 市街地の土地の高度利用と都市機能の更新を図る市街地再開発事業を推進した。

(5) 広域的な視点から都市構造の再編を推進するため、多様な主体の連携を図りつつ、特定の地域において重点的かつ集中的な都市整備を行う都市再生総合整備事業を推進した。

(6) 快適な居住環境の創出、都市機能の更新、街なか居住の推進等を行う住宅市街地総合整備事業、優良建築物等整備事業等を推進した。

(7) 密集市街地における最低限の安全性の確保を図るため、「密集市街地における防災街区の整備の促進に関する法律」に基づく施策を推進するとともに、住宅市街地総合整備事業・都市防災総合推進事業・密集市街地総合防災事業等を推進した。

第4節 都市と緑・農の共生するまちづくりの推進

都市において緑地、公園等のオープンスペースは、景観、環境、賑わい等の多面的な機能を発揮するものであり、人口減少社会における潤いある豊かな都市空間の形成に向けて、民間の力も最大限に活用しながら、積極的な緑地創出を促進する必要がある。また、都市農業振興基本法（平成27年法律第14号）に基づく「都市農業振興基本計画（平成28年５月13日閣議決定）」において、都市農地を農業政策、都市政策の双方から評価し、都市農地の位置付けを都市に「あるべきもの」へと転換し、都市農業の振興に関する施策について基本的な方針を示した。

これらを受け、良好な都市環境の形成に資することを目的として、ＮＰＯ法人等の民間主体が空き地等を活用し、公園と同等の緑地空間を整備して、住民に公開する市民緑地設置管理計画の認定制度（以下

「市民緑地認定制度」という。）や農業と調和した良好な住環境を保護するための田園住居地域の創設、生産緑地地区の面積要件の緩和等を内容とする「都市緑地法等の一部を改正する法律」が平成29年5月に公布され、平成30年4月1日までに施行された。

　加えて、都市農業に積極的に取り組む意欲のある者に対し、都市農地の貸借の円滑化のための措置を講ずること等を内容とする「都市農地の貸借の円滑化に関する法律」が平成30年6月27日に公布、同年9月1日に施行され、これに伴い、本法律に基づき行われる都市農地の貸付けについて相続税納税猶予が継続すること等を内容とする税制改正措置が同日施行された。

　これらの新たな法律や税制を踏まえ、特定生産緑地制度、田園住居地域、都市農地の貸借等について地方自治体等への周知・徹底に努めた。

　さらに、良好な都市環境の形成や農業の有する多様な機能の発揮に資する取組を支援するため、都市と緑・農が共生するまちづくりの推進に関する調査を実施した。

第5節　国公有地の利活用等

1　国公有財産の最適利用の推進

　「新経済・財政再生計画改革工程表2018」（平成30年12月経済財政諮問会議決定）において、国公有財産の最適利用を推進することとされたように、地方公共団体等と連携しながら、一定の地域に所在する国公有財産等の情報を共有し、地方公共団体等の意見も尊重しつつ、各地域における国公有財産の最適利用について調整を行った。

　庁舎については、既存庁舎の効率的な活用を推進するとともに、老朽化等により建て替えを要する場合は、利用者の利便性向上に十分配慮しつつ、移転・集約化等を推進した。

　未利用国有地については、売却等を通じて国の財政に貢献するとともに、地域や社会のニーズに対応した有効活用を図った。具体的には、介護施設や保育所等の整備にあたっては、地方公共団体等の要望に応じ、売却に加えて、定期借地制度を利用した貸付けを行うとともに、用地確保が困難な都市部等における介護施設整備を促進するため、定期借地制度による貸付料を5割減額するなど、「介護離職ゼロ」に向けた介護施設整備を促進した。

　また、保育の受け皿の拡大に資するため、都市公園敷地として無償貸付中の国有地の活用や、庁舎や宿舎の空きスペースの有効活用等に取り組んだ。

　さらに、人口減少・少子高齢化などの社会経済環境の変化や国有地のストックの減少など、国有財産を巡る状況の変化を踏まえ、財政制度等審議会国有財産分科会において、答申「今後の国有財産の管理処分のあり方について」が取りまとめられ、管理処分方法の多様化など、国有財産の「最適利用」を追求するよう提言がなされた。

2　公有地の計画的な取得等

　公共投資の円滑な実施に資するとともに、地方公共団体等による計画的な公共用地の先行取得を支援するため、以下の施策を講じた。
　⑴　公共用地先行取得等事業債について、所要の資金の確保をした。
　⑵　公有化が必要と認められる森林等を取得するための経費を地方債の対象とし、当該経費に対して地方交付税措置を講じた。

第6節 公共用地取得の円滑化

(1) 用地取得上のあい路を調査・分析した上で、事業の計画段階から将来の供用までを見据えた周到な準備を行い、工程管理を図る「用地取得マネジメント」に沿った計画的な用地取得の実現に取り組んだ。

(2) 「大深度地下の公共的使用に関する特別措置法」(以下「大深度地下法」という。)に基づく地下使用の認可を受けた事業と一体的に施行される事業に係る区分地上権等設定対価が譲渡所得に該当するかどうかの判定方法について、土地価額の4分の1に代えて、使用収益の制限される垂直方向の範囲に応じて設定する割合とする措置の活用・周知に努めた。

　　(注) 上記の措置により、大深度地下法の認可事業と一体的に施行される事業に係る一定の区分地上権等設定対価については譲渡所得として、収用交換等の場合の5,000万円特別控除等の適用が可能となる。

(3) 地方公共団体における公共用地取得の迅速化に向けて、土地収用制度に関する事業認定の円滑化のため、適期申請ルールの周知や、用地業務のノウハウの提供等支援を行った。

(4) 都市開発資金の活用により、大都市等において、計画的な都市整備を図るために必要な用地を先行取得するための資金の融資を行った。

第7節 所有者不明土地問題への対応方策の推進

(1) 令和元年6月に全面施行された所有者不明土地の利用の円滑化等に関する特別措置法(平成30年法律第49号。以下「所有者不明土地法」という。)の円滑な施行のため、事業者や裁定等の事務を担う都道府県・市町村の担当者を対象として、制度運用の指針となる「地域福利増進事業ガイドライン」を策定・公表した。また、所有者不明土地対策に取り組む地方公共団体を支援するため、地方整備局、法務局、地方公共団体、関係士業団体等を構成員として地方整備局等ごとに設置された地方協議会による制度の普及のための講演会・講習会の開催、所有者探索に関する手引きの作成等を通じ、法の適切な運用、円滑な事業の実施等に努めた。所有者不明土地法に基づく土地所有者等関連情報の利用及び提供については、施行(平成30年11月15日)以来、約100件行われた。加えて、所有者不明土地法の積極的な活用の推進のため、モデルとなり得る先進事例への支援を行った。そのほか、法務局・地方法務局においては、所有者不明土地法に基づき、長期間にわたり相続登記がされていない土地の解消作業を進めた。

(2) 所有者が不明である農地については、農業委員会による探索・公示手続を経て、農地中間管理機構が利用権を取得できる制度等により、所有者不明農地の利用を促進する「農業経営基盤強化促進法等の一部を改正する法律」(平成30年法律第23号)について、新制度の普及啓発を図った。

(3) 森林については、平成31年4月に施行された「森林経営管理法」(平成30年法律第35号)の円滑な運用のため、森林経営管理制度に係る事務の手引の説明等を通じ、地方公共団体の支援に努めた。また、同法の規定に基づき、共有者不明森林又は所有者不明森林に関する情報のインターネットの利用による提供を行う環境を整備した。

(4) 令和元年11月22日に一部施行された「表題部所有者不明土地の登記及び管理の適正化に関する法律」(令和元年法律第15号)について、新制度の周知等を図るとともに、同法に基づく表題部所有者不明土地の解消作業を開始した。

(5) 令和元年12月に公表された国土審議会土地政策分科会企画部会中間とりまとめの考え方も踏まえ、土地基本法、国土調査法等を改正する「土地基本法等の一部を改正する法律(令和2年法律第12号)」が令和2年3月27日に成立した。

　　同法では、土地基本法について、適正な土地の利用及び管理について基本理念を明らかにするとと

もに、登記等の権利関係、境界の明確化などを内容とする土地所有者等の責務を定めたほか、今後の土地政策の方向性を明示するため、政府が策定する「土地基本方針」を創設した。また、地籍調査の円滑化・迅速化を図るため、国土調査促進特別措置法を改正し新たな国土調査事業十箇年計画の策定について定めるとともに、国土調査法等を改正し、所有者探索のための固定資産課税台帳等の利用、地方公共団体による筆界特定の申請などの調査手続の見直しや、地域特性に応じた効率的な調査手法の導入等を行った。

⑹　所有者不明土地等対策の推進に関する基本方針では、民事基本法制について令和2年までに必要な改正を行うことされ、これに基づき、法制審議会民法・不動産登記法部会において調査・審議を行い、令和元年12月に中間試案を取りまとめ、令和2年1月10日から3月10日までの間、パブリックコメントの手続を実施した。

⑺　平成28年3月に策定した「所有者の所在の把握が難しい土地に関する探索・利活用のためのガイドライン」を令和元年12月に改訂し、同ガイドラインの普及啓発等を行った。

第8章 環境保全等の推進

第1節 環境保全等に係る施策の推進

1 環境基本計画

　環境基本計画は、環境基本法に基づき環境の保全に関する総合的かつ長期的な施策の大綱等を定める計画であり、「第五次環境基本計画（平成30年4月閣議決定）」において、特定の施策が複数の異なる課題をも統合的に解決するような、横断的な6つの重点戦略を設定した。例えば、重点戦略のひとつである「国土のストックとしての価値の向上」では、自然との共生を軸とした国土の多様性の維持、持続可能で魅力あるまちづくり・地域づくり、環境インフラやグリーンインフラ等を活用した強靭性の向上といった環境に配慮するとともに、経済・社会的な課題にも対応するような国土づくりを行う必要があるとしている。

　また、同計画では、地域の活力を最大限に発揮する「地域循環共生圏」の考え方を新たに提唱し、各地域が自立・分散型の社会を形成しつつ、地域の特性に応じて資源を補完し支え合う取組を推進することとしている

　令和元年度は、同計画に基づき、環境保全のための土地に関する施策を推進するとともに、各種の土地に関する施策、事業の策定・実施に当たって環境保全への配慮を行った。

　また、中央環境審議会において、同計画の推進のため、先進的な取組を実施している自治体や団体からのヒアリングを行い、「地域循環共生圏」の創造に向けた検討等がなされた。

2 自然環境保全のための土地に関する施策

(1)　自然環境保全法に基づく自然環境保全地域等の指定等及び管理の充実を推進した。

(2)　自然公園法に基づく自然公園の指定等及び管理の充実を推進した。

(3)　「絶滅のおそれのある野生動植物の種の保存に関する法律」に基づく生息地等保護区の指定等及び管理の充実を推進した。

(4)　「鳥獣の保護及び管理並びに狩猟の適正化に関する法律」に基づく鳥獣保護区等の指定等及び管理の充実を推進した。

(5)　都市緑地法等に基づく特別緑地保全地区等における行為制限や土地の買入れ等を行った。

(6)　「地域自然資産区域における自然環境の保全及び持続可能な利用の推進に関する法律」に基づき、ナショナル・トラスト活動を促進した。

(7)　自然保護のための民有地買上げを推進した。

3 工場立地の適正化

　工場立地が環境の保全を図りつつ適正に行われるようにするため、工場立地法に基づき、工場立地に関する調査を実施するとともに、個々の工場の敷地利用の適正化を図った。

　また、平成30年度に実施した新たな工場適地調査の結果を広く活用していただくために作成した用地情報検索サイト「Jビジネス土地ナビ」を令和元年度に公開し、立地企業等への効果的な情報提供を行った。

4 交通公害と土地利用

⑴ 交通公害の低減を図るため、交差点の改良を行うとともに、交通管制技術の高度化を推進し、交通状況に応じた信号制御の導入による交通の円滑化、きめ細かな交通情報の提供による交通流・交通量の誘導及び分散、公共車両優先システムの導入によるマイカー需要の低減と交通総量の抑制等の諸対策を推進した。

⑵ 「幹線道路の沿道の整備に関する法律」に基づき、道路交通騒音の著しい幹線道路の障害防止と、土地利用の適正化を促進した。

⑶ 「公共用飛行場周辺における航空機騒音による障害の防止等に関する法律」等に基づき、同法で指定する特定飛行場の周辺において建物等の移転補償、土地の買入れ、緑地帯の整備等を推進した。

⑷ 「防衛施設周辺の生活環境の整備等に関する法律」等に基づき、自衛隊や在日米軍の使用する飛行場等の周辺において建物等の移転補償、土地の買入れ、緑地帯その他の緩衝地帯の整備等を推進した。

⑸ 新幹線鉄道騒音対策要綱に沿って、新幹線鉄道とその沿線地域の土地利用との調和を推進した。

5 水環境保全と土地利用

健全な水循環を維持又は回復し、水質、水量など総合的な水環境保全を図るため、森林や農地の適切な維持管理、下水道の整備や合流式下水道の改善、都市域における緑地の保全・創出、河川・湖沼の水質浄化などの環境保全対策を推進した。

6 土壌環境保全対策

⑴ 土壌汚染対策については、「土壌汚染対策法の一部を改正する法律（平成29年法律第33号）」が平成31年4月1日に全面施行されたことを受け、改正土壌汚染対策法に基づき、健康被害の防止の観点から、土壌汚染に関する適切な調査や対策の実施及び汚染土壌の適正な処理を推進した。

⑵ 土壌環境基準及び土壌汚染対策法に基づく特定有害物質の見直し等について検討を進めた。

⑶ 農用地の土壌汚染対策については、「農用地の土壌の汚染防止等に関する法律」等に基づき農村地域防災減災事業（公害防除特別土地改良事業）等を実施した。

⑷ ダイオキシン類による土壌汚染対策を推進するための各種調査・検討を実施した。

7 地盤沈下防止対策

「工業用水法」及び「建築物用地下水の採取の規制に関する法律」により、地下水採取規制を実施した。濃尾平野、筑後・佐賀平野及び関東平野北部の3地域については、関係機関と連携した地盤沈下防止等対策の実施状況の把握、地下水情報の共有化等について調査・検討し、総合的な対策を推進した。

8 地球温暖化対策とまちづくり

「第五次環境基本計画」や「地球温暖化対策計画（平成28年5月13日閣議決定）」で定められた、中長期の地球温暖化対策を進める上で、低炭素化を意識したまちづくりを推進することが必要であることから、「第2期まち・ひと・しごと創生総合戦略」（令和元年12月20日閣議決定）の内容も踏まえ、「地球温暖化対策の推進に関する法律」（以下「地球温暖化対策推進法」という。）に基づく地方公共団体実行計画の策定・実施の推進や、「都市の低炭素化の促進に関する法律」に基づき市町村が作成する「低炭素まちづくり計画」の策定等の推進を図った。具体的には、土地利用・交通、地区・街区に関する都市・地域の低炭素化に係る知見を盛り込んだ地方公共団体実行計画策定マニュアルの説明会の開催、再生可能エネルギーや自然資本の活用による災害に強く環境負荷の少ない都市構造への転換や、低炭素まちづくり計画（平成30年度末時点で24市区町で作成）に基づく取組を始めとした都市機能の集約化とこれと連携した公

共交通機関の一体的な利用促進、都市のエネルギーシステムの効率化による低炭素化、ヒートアイランド対策、都市緑化等による温室効果ガス吸収源対策等を推進した。

9 環境影響評価

　規模が大きく環境に著しい影響を及ぼすおそれのある事業の実施については、環境影響評価法等の法律に基づく環境影響評価により、環境の保全についての適正な配慮を確保した。

　太陽光発電については、平成31年4月に中央環境審議会の答申において、既に法で対象となっている事業と同程度以上に環境影響が著しいと考えられる大規模な太陽光発電事業については環境影響評価法（平成9年法律第81号）の対象事業とすべきとされたことから、令和2年4月1日から新たに法の対象事業とする旨の環境影響評価法施行令（平成9年政令第346号）の改正を行った。また、法や環境影響評価条例の対象にならない規模の太陽光発電事業について、適切に環境配慮が講じられ、環境と調和した形で事業の実施が確保されることを目的としたガイドラインを策定した。

　環境保全と両立した形で風力発電事業の導入促進を図るため、総合的に評価した上で環境保全を優先することが考えられるエリア、風力発電の導入を促進し得るエリア等の区域を設定し活用する取り組みとして風力発電に係るゾーニング実証事業を7の地域で実施した。また、平成28年度から3カ年で実施した風力発電等に係るゾーニング導入可能性検討モデル事業のレビューを行い、「風力発電に係る地方公共団体によるゾーニングマニュアル」を改訂した。

第2節　農地の適切な保全

(1)　農地の大区画化や排水対策、農業水利施設の整備等を行う農業競争力強化基盤整備事業等や、地方公共団体による農山漁村地域の基盤整備を支援する農山漁村地域整備交付金により、土地条件の改善を推進した。

(2)　農業・農村の多面的機能の維持・発揮の促進に向けた取組を着実に推進するため、「農業の有する多面的機能の発揮の促進に関する法律」に基づき、日本型直接支払制度の下で、多面的機能の維持・発揮を支える地域の共同活動、中山間地域等における農業生産活動及び環境保全に効果の高い営農活動への支援を実施した。

(3)　農地の転用規制及び農業振興地域制度の適正な運用を通じ、優良農地の確保に努めた。

(4)　担い手への農地の集積・集約化を加速化させる観点から、農業者の年齢や後継者の有無等をアンケートで確認し、これを地図化して5～10年後に後継者がいない農地を「見える化」した上で、地域関係者が徹底した話合いを行い、将来の農地利用の担う経営体の在り方を決定するという取組（人・農地プランの実質化）を推進した。

(5)　平成30年度の農地中間管理機構の実績を評価し、その評価に基づき、同機構を軌道に乗せるため「農地中間管理事業の推進に関する法律」等の関連法を改正する（令和元年11月一部施行）などの改善策を講じ、同機構を活用した担い手への農地利用の集積・集約化を推進した。

(6)　上記の取り組みに加え、農業者等が行う、荒廃農地を再生利用する取組を推進するとともに、農地法に基づく、農業委員会による利用意向調査・農地中間管理機構との協議の勧告等の一連の手続を活用して再生利用可能な荒廃農地の農地中間管理機構への利用権設定を進めることにより、荒廃農地の発生防止・解消に努めた。

第3節　森林の適正な保全・利用の確保

(1)　森林の有する多面的機能の高度発揮のため、森林法に規定する森林計画制度に基づき、地方公共団

体や森林所有者等の計画的な森林の整備について、指導・助言を行った。

(2) 水源の涵養、国土の保全などの森林の有する公益的機能を確保するために指定される保安林について、計画的な配備及び伐採・転用規制等の措置を通じた適正な管理を進めるとともに、荒廃地等の復旧整備、水土保全機能が低下した森林の整備などの治山対策による保全・管理を推進した。

(3) 林地の適正な利用を確保するため、都道府県知事が行う林地開発許可制度に関する処分及び連絡調整について、必要な助言等を行った。また、太陽光発電施設の設置を目的とする開発行為は、他の開発目的とは異なる特殊性が見受けられることから、林地開発の許可基準の見直しを行った。

(4) 我が国の森林面積の約3割を占め、国土保全上重要な奥地脊梁山脈や水源地域に広がっている国有林野は、人工林や原生的な天然林等の多様な生態系を有するなど、国民生活に重要な役割を果たしていることから、「国有林野の管理経営に関する基本計画」等に基づき、公益重視の管理経営を一層推進した。また、原生的な森林生態系を有する森林や希少な野生生物の生育・生息の場となる森林である「保護林」や、これらを中心としたネットワークを形成して野生生物の移動経路となる「緑の回廊」において、モニタリング調査等を行いながら適切な保全・管理を推進した。

さらに、世界自然遺産の「知床」、「白神山地」、「小笠原諸島」及び「屋久島」並びに世界自然遺産の推薦地である「奄美大島、徳之島、沖縄島北部及び西表島」の国有林野について、保全対策を推進するとともに、「富士山-信仰の対象と芸術の源泉」等の世界文化遺産登録地やその候補地及びこれらの緩衝地帯内に所在する国有林野について、森林景観等に配慮した管理経営を行った。

第4節　河川流域の適切な保全

(1) 総合治水対策特定河川流域において、国、都道府県、市町村の河川担当部局と都市・住宅・土地等の関係部局からなる流域協議会で策定された流域整備計画に基づき、流域の適正な土地利用の誘導、雨水の流出抑制等を推進した。

(2) 特定都市河川浸水被害対策法に基づき指定された特定都市河川及び特定都市河川流域において、土地からの流出雨水量を増加させるおそれのある行為に対する対策工事の義務付けなどを行うとともに、河川管理者、下水道管理者及び地方公共団体によって共同で策定された流域水害対策計画に基づき、総合的な都市水害対策を推進した。

(3) 局地的な大雨（いわゆるゲリラ豪雨）等による浸水被害に対応するため、河川管理者及び下水道管理者による河川と下水道の整備に加え、住民（団体）や民間企業等の参画の下、浸水被害の軽減を図るために実施する取組を定めた計画を「100mm（ミリ）/h安心プラン」として登録し、住宅や市街地の浸水被害の軽減対策を推進した。

第5節　文化財等の適切な保護及び歴史・文化等を活かした良好な景観形成の推進等

(1) 歴史的な集落・町並みについては、市町村による伝統的建造物群保存地区の保存・活用に関し指導・助言を行うとともに、重要伝統的建造物群保存地区の選定（令和元年12月末現在、43道府県100市町村120地区）等を進めた。

(2) 遺跡、名勝地、動物・植物・地質鉱物について、史跡、名勝、天然記念物の指定（令和2年3月末現在、史跡1,847件、名勝422件、天然記念物1,031件：特別史跡名勝天然記念物を含む）及び登録記念物の登録（令和2年3月末現在、117件）を進めるとともに、その保存と活用を図った。

(3) 人と自然との関わりの中で育まれた景観地について、重要文化的景観の選定（令和元年12月末現在、27都道府県60市区町村65件）を進めるとともに、その保存と活用を図った。

(4) 埋蔵文化財を包蔵する土地については、都道府県教育委員会等において遺跡地図を作成し周知を図

るとともに、開発等の土地利用との調和を図りつつ適切な保護に努めた。

(5) 地域の多様な文化財の総合的な保存・活用を図るため、地方公共団体が作成する「文化財保存活用地域計画」の認定（令和2年3月末現在、9市町村）を推進した。

(6) 地域の歴史的な風情、情緒を活かしたまちづくりを推進するため、「地域における歴史的風致の維持及び向上に関する法律」に基づき、歴史的風致維持向上計画を認定し（令和2年3月末現在81市町）、計画に基づく取組を支援した。また、良好な景観の形成や歴史的風致の維持・向上を推進するため、景観・歴史資源となる建造物の改修等の支援を行った。

(7) 良好な景観の形成への取組を総合的かつ体系的に推進するため、景観法が平成17年に全面施行され、平成31年3月末現在、景観法に基づき各種事務を行う地方公共団体である景観行政団体は737団体に増加し、景観計画は578団体で策定されている。景観法の基本理念の普及、良好な景観形成に関する国民の意識向上を目的とした各種の普及啓発活動を重点実施しており、このほかにも、多様な主体の参加に向けた景観に関する教育、法制度の効果的な活用のあり方や優良事例に関する情報提供等の取組を推進した。

令和元年度土地に関して講じた基本的施策

第9章

東日本大震災と土地に関する
復旧・復興施策

第1節　土地利用関連施策

1 宅地関連施策

（1）津波災害対策等の推進

① 防災集団移転促進事業

　　居住の安全性を確保するため、防災集団移転促進事業により、高台等への住宅の集団的移転を実施する地方公共団体に対する支援を行った。

② 津波復興拠点整備事業

　　津波被害を受けた地域の復興に向け、津波復興拠点整備事業により、今後津波が発生した場合にも都市機能を維持し得る、地域全体の復興の拠点となる市街地の形成を支援した。

③ 漁業集落防災機能強化事業

　　災害に強く、生産性の高い水産業と漁村の復興・創生に向け、安全・安心な居住環境を確保するための地盤嵩上げ、水産関係用地の整備、生活基盤や防災安全のための施設の整備等を支援した。

④ 土地区画整理事業

　　被災市街地の復興に向け、都市再生区画整理事業の活用により、公共施設と宅地の一体的・総合的な整備等に対する支援を行った。

⑤ 市街地再開発事業

　　被災市街地等において、被災者用住宅、福祉施設、商業施設等の一体的な整備を図るため、市街地再開発事業により、土地の整備、共同施設の整備等に対する支援を行った。

⑥ 住宅地区改良事業

　　被災地の不良住宅が密集する地区において、防災性を向上させるため、住宅地区改良事業等により、不良住宅の除却、従前居住者用住宅の建設、避難路等の整備の支援を行った。

⑦ 優良建築物等整備事業

　　被災市街地等において、市街地環境の整備改善、良好な市街地住宅の供給等に寄与する優良建築物等の整備を図るため、優良建築物等整備事業により支援した。

⑧ 福島復興再生拠点整備事業

　　福島県の原子力災害被災市町村において、福島復興再生拠点整備事業により、再生・復興の拠点となる市街地の形成を支援した。

（2）土砂災害対策等の推進

　　被災地において、がけ崩れ、土石流、雪崩、地すべり、津波、高潮、出水等の危険から住民の生命の安全を確保するため、がけ地近接等危険住宅移転事業により、災害危険区域等の区域内にある既存不適格住宅等の移転を支援した。

（3）液状化対策の推進

　　液状化被災市街地の復興に向け、市街地液状化対策事業等により、公共施設と宅地との一体的な液状化対策等を推進した。

2 農地関連施策

　農地の復旧スケジュールと復旧までに必要な措置を明確化した「農業・農村の復興マスタープラン」等に基づき、農地・農業用施設の災害復旧及び除塩並びにこれと併せて行う区画整理等の事業を実施した。また、農業基盤の整備計画の策定や、区画整理、換地等に伴う農地集積のための農業者団体等による調査・調整活動への支援を行った。

3 土地利用再編等に向けた取組

　東日本大震災復興特別区域法の復興整備計画制度に基づき、許認可やゾーニングに係る手続のワンストップ処理、これらの許可に係る基準の緩和等の特例の活用を図り、復興に向けたまちづくり・地域づくりを進めていくために必要となる市街地の整備や農業生産基盤の整備等の各種事業の円滑かつ迅速な実施を促進した。これまでに、岩手県の12市町村、宮城県の15市町、福島県の13市町村において、復興整備協議会が組織され、そのうち岩手県の12市町村、宮城県の14市町、福島県の13市町村において、復興整備計画が公表されている（令和元年12月末現在）。

第2節　住宅関連施策

1 災害公営住宅等の供給の支援

　自力での住宅再建・取得が困難な被災者に対して、地方公共団体が公営住宅（災害公営住宅）の供給を進めており、その整備等に要する費用や入居者を対象とした家賃減額に要する費用に対する助成及び入居者資格要件や譲渡に係る特例措置を実施した。

　さらに、福島第一原子力発電所事故に係る対応として、避難指示区域に居住していた方々（避難者や帰還者）について、災害公営住宅の入居等に関し、災害による被災者と同様の措置をとることにより、居住の安定の確保を図った。

2 個人の住宅再建等への支援

⑴　災害復興住宅融資等の実施
　　被災者の住宅再建等を支援するため、住宅金融支援機構による災害復興住宅融資について、金利の引下げや元金据置期間の延長等を行ったほか、宅地に被害が生じた場合についても支援するため、災害復興宅地融資を実施した。
⑵　住宅金融支援機構から貸付けを受けている被災者に対する返済特例の実施
　　住宅金融支援機構から貸付けを受けている被災者に対して、最長5年の払込みの猶予・返済期間の延長や、猶予期間中の金利の引下げ措置を実施した。
⑶　勤労者財産形成持家融資の特例措置
　　勤労者財産形成持家融資について、被災した勤労者が住宅の取得、補修のために勤労者財産形成持家融資を新たに受ける場合に、金利の引下げや元金据置期間を設定することができる特例措置を実施するとともに、既に勤労者財産形成持家融資を受けて返済中の勤労者に対し、罹災の程度に応じて、返済猶予、返済猶予期間中の金利の引下げ、返済期間の延長等の措置を実施した。

第3節　住宅再建・まちづくりの加速化に向けた取組

災害公営住宅の建設等や民間住宅等用宅地の整備といった事業が着実に完了するよう、市町村に対しき

め細やかに実務支援を行うとともに、事業進展や社会状況の変化に伴い生じる新たな課題について、柔軟かつ迅速に対応した。

第4節　土地情報関連施策

1　土地境界の明確化の推進

(1)　復旧・復興事業と連携した地籍調査の促進等

　　土地境界の明確化により被災地の早期復旧・復興に貢献するため、地籍調査の実施状況に合わせて被災自治体を支援した。具体的には以下の取組を行った。

①　復旧・復興事業の迅速化のために土地境界の早期の明確化が重要であることを踏まえ、市町村等を財政的に支援して復旧・復興事業と連携した地籍調査を促進した。

②　地籍調査を実施中の地域において、地震により利用できなくなった測量成果の補正等の実施を支援した。

③　地籍調査を実施済みの地域において、地割れ等により局所的に地形が変動し、地図の修正が困難な場合の地籍再調査の実施を支援した。

(2)　登記所備付地図の作成に関する取組

　　東日本大震災の被災地（岩手県，宮城県及び福島県）において，復旧・復興の更なる推進に寄与するため，登記所備付地図作成作業を実施した。

2　適正な取引確保のための土地取引情報の提供

　被災地における適切な土地取引を確保するため、岩手県、宮城県、福島県並びに仙台市の土地対策担当部局に対して、土地取引の実態把握に資する情報として、令和元年中に登記された当該県市内における土地取引の登記情報及び取引価格情報の提供を行った。

第5節　税制上の措置

　東日本大震災の被災者等の負担の軽減及び復旧・復興へ向けた取組の推進を図る観点から、土地等の取得、保有、譲渡それぞれの段階において、以下のような税制上の措置を講じた。

1　国税関係

(1)　住宅の再取得等に係る住宅ローン控除の特例措置（所得税）

(2)　被災市街地復興土地区画整理事業等に係る土地等の譲渡所得の課税の特例措置（所得税、法人税）

(3)　特定資産の買換えの場合の課税の特例措置（所得税、法人税）

(4)　被災者向け優良賃貸住宅の割増償却（所得税、法人税）

(5)　被災者向け優良賃貸住宅の特別償却等（所得税、法人税）

(6)　被災者が取得した住宅取得資金に係る特例措置（贈与税）

(7)　被災した建物の建替え等に係る免税措置（登録免許税）

(8)　被災した建物の代替建物の取得等に係る不動産の譲渡に関する契約書等の非課税措置（印紙税）
　　等

2　地方税関係

(1)　被災住宅用地に係る特例措置（固定資産税、都市計画税）

(2) 被災代替住宅用地等の特例措置（固定資産税、都市計画税）

(3) 被災代替家屋等の特例措置（固定資産税、都市計画税）

(4) 被災代替家屋等の取得に係る特例措置（不動産取得税）

(5) 被災代替家屋の敷地の用に供する土地等の取得に係る特例措置（不動産取得税）　　　等

令和元年度土地に関して講じた基本的施策

第3部

令和2年度
土地に関する
基本的施策

第1章 土地の利用及び管理に関する計画の策定等

第1節 国土計画における適正な土地利用の推進

(1) 平成27年8月に策定した第五次国土利用計画（全国計画）に基づき、適切な国土管理を実現する国土利用、自然環境と美しい景観等を保全・再生・活用する国土利用、安全・安心を実現する国土利用の3つを基本方針として、土地利用や国土管理に関し必要な検討を引き続き進めるとともに各種指標等を活用しつつ計画を効果的に推進する。

また、全国計画を基本とする都道府県計画及び市町村計画の円滑な変更・推進のため、調査や情報提供等必要な措置を講じる。

さらに、人口減少下における国土の管理水準の低下が今後取り組むべき主要な課題として国土利用計画（全国計画）（平成27年8月14日閣議決定）に位置付けられていることを踏まえ、将来的に放置されていくことが予想される土地も含めた土地の管理のあり方について、地域における土地に関する現状把握や将来予測、悪影響を抑制等するための対策など、地域の取組の指針となる構想等の検討を進める。

(2) 土地利用基本計画の適切な運用による適正かつ合理的な土地利用の推進を図る。また、土地利用規制に係る地図情報について土地利用調整総合支援ネットワークシステム（LUCKY：Land Use Control bacK-up sYstem）等により国民へ情報提供を行う。

(3) 国土形成計画（全国計画）（平成27年8月閣議決定）に基づき、以下の施策を行う。また、広域地方計画（平成28年3月国土交通大臣決定）に定められた、各ブロックの特性、資源を活かしたプロジェクトを推進する。

① 人口減少や高齢化が著しい中山間地域等において、将来にわたって地域住民が暮らし続けることができるようにするため、各種生活サービス機能が一定のエリアに集約され、集落生活圏内外をつなぐ交通ネットワークが確保された拠点である「小さな拠点」の形成に向けた取組を推進する。

② 「地域未来投資促進法」に基づき、地域の特性をいかして地域経済を牽引する事業に対し予算・税制措置等による支援を行う。また、同法の改正を前提に、地域企業の成長及び地域のサプライチェーンの強化に向けた措置を新たに講じる。

③ 広域ブロック相互を結ぶ道路・鉄道・港湾・空港等の国内交通基盤を総合的に整備・活用し、基幹的なネットワークや拠点の機能確保を推進する。

④ 河川、道路、港湾、下水道の公共施設管理用光ファイバ及びその収容空間等を整備・開放する。また、新交通管理システム（UTMS）の推進等を図るため、プローブ情報を収集できる高度化光ビーコンを始めとする交通安全施設等の整備を行う。

⑤ 業務核都市においては、引き続き、業務施設の立地や諸機能の集積の核として円滑に整備が実施されるよう、必要な協力を行う。

⑥ 筑波研究学園都市建設法に基づき、科学技術の集積等を活かした都市の活性等を目指し、筑波研究学園都市の建設を推進する。また、関西文化学術研究都市建設促進法に基づき、文化・学術・研究の新たな展開の拠点づくりを目指すため、平成19年度に変更した「関西文化学術研究都市の建設に関する基本方針」を踏まえ、関西文化学術研究都市の建設を推進する。

⑦ 「国会等の移転に関する法律」に基づき、関連する調査や国民への情報提供等、国会における検

討に必要な協力を行う。また、「国の機関等の移転について」（昭和63年閣議決定）及び多極分散型国土形成促進法等に基づき、残る移転対象機関について、円滑に移転が実施されるよう、その着実な推進を図る。

(4) 国土形成計画（全国計画）の基本構想である「対流促進型国土」の形成に向け、引き続き、国土審議会計画推進部会に設置した専門委員会等において、本計画の有効な推進方策の検討を行うとともに、2050（令和32）年までの国土の姿を描き出し、将来の課題整理・解決方策を検討する「国土の長期展望」の検討を行う。

第2節　都市計画における適正な土地利用の推進

(1) 都市計画区域ごとに定められている「都市計画区域の整備、開発及び保全の方針」（都市計画区域マスタープラン）について、社会情勢の変化等に対応した適切な運用を推進する。また、それぞれ独立した都市計画として位置付けられた「都市再開発の方針」、「住宅市街地の開発整備の方針」及び「防災街区整備方針」の策定を推進する。さらに、市町村が定める「市町村の都市計画に関する基本的な方針」（市町村マスタープラン）の策定を推進する。

(2) 市街化区域、市街化調整区域の区域区分制度や、用途地域、特別用途地区、特定用途制限地域等の地域地区制度、地区計画制度等の土地利用制度の適切な活用を引き続き推進する。また、人口減少・高齢社会の進展の中で、居住者の健康・快適な暮らしや持続可能な都市経営を実現するため、市町村による都市再生特別措置法に基づく立地適正化計画の作成を支援し、コンパクトシティの形成を促進する。

(3) 頻発・激甚化する自然災害に対応するため、令和2年2月に閣議決定された「都市再生特別措置法等の一部を改正する法律案」に基づき、災害ハザードエリアにおける新規立地の抑制、災害ハザードエリアからの移転の促進、立地適正化計画の居住誘導区域内での防災対策の促進を図ることにより、防災対策等とも連携した適正な土地利用を進める。

(4) 立地適正化計画と一体となった地域公共交通網形成計画の策定と計画に係る事業の実施により、面的な公共交通ネットワークの再構築を図り、コンパクトシティ施策と連携した適正な土地の利用の誘導を促進する。

(5) 以下の市街地開発事業等を推進する。
① 防災対策の強化、土地の有効・高度利用の推進等の課題に対応して、土地区画整理事業を実施する。特に、集約型都市構造の実現に向けて、拠点的な市街地等に重点をおいて事業を推進する。
② 市街地再開発事業等については、土地の合理的かつ健全な高度利用と都市機能の更新を誘導しつつ、特に「コンパクト＋ネットワーク」の推進や地震時等に著しく危険な密集市街地の解消等に重点をおいて事業を推進する。
③ 住宅市街地総合整備事業により、既成市街地において、職住近接型の良質な市街地住宅の供給、美しい市街地景観の形成、公共施設の整備等を総合的に行い、良好な住環境の創出を図る。
④ 「密集市街地における防災街区の整備の促進に関する法律」に基づき施策を推進するとともに、総合的な環境整備を推進する密集市街地総合防災事業等により、道路等の基盤整備を推進しつつ、老朽化した建築物の建替え等を促進し、防災上危険な密集市街地における安全な市街地の形成を図る。

第3節　農業振興地域整備計画等による優良農地の確保と有効利用の取組の推進

優良農地の確保と有効利用の取組を推進するため、農業振興地域の指定及び農業振興地域整備計画の策定等を通じ、農業振興に関する施策を計画的に推進するとともに、農業経営基盤強化促進法（昭和55年

法律第65号）、農地中間管理事業の推進に関する法律（平成25年法律第101号）等に基づき、人・農地プラン等を通じた農地の集積・集約化の促進及び農地の農業上の適正かつ効率的な利用を図る。

第4節　森林計画等による適正な利用・管理の推進

森林の適正な利用及び管理については、森林法（昭和26年法律第249号）に基づく森林計画制度等の運用を通じ、森林の有する多面的機能の十分な発揮を確保するための造林・間伐等の適切な推進を図るとともに、森林経営管理法（平成30年法律第35号）に基づく森林の経営管理の集積・集約化を進める。

令和2年度土地に関する基本的施策

第1節　地方創生・都市再生の推進等

1　地方創生の推進

(1)　第2期「まち・ひと・しごと創生総合戦略」（令和元年12月20日閣議決定）に基づき、質の高い暮らしのためのまちの機能の充実など、「まち」の創生等に取り組み、将来にわたって「活力ある地域社会」の実現と「東京圏への一極集中」の是正を共に目指していく。

(2)　国・地方が一体となった地方創生の取組を推進するため、国家戦略特区、構造改革特区、総合特区、ＳＤＧｓ[1]未来都市、「環境未来都市」構想、都市再生、地域再生及び中心市街地活性化をはじめとする各般の施策を総合的・効果的に実現していくための取組を推進する。更に、世界に先駆けて未来の生活を先行実現する「まるごと未来都市」を目指す「スーパーシティ」構想の実現に向け、提案を検討している自治体への相談対応、同提案の具体化に向け必要な知見を持つ企業とのマッチング、データ連携基盤の相互運用性の確立に向けた検討、財政支援策の整備等、政府一丸となって取り組んでいく。

(3)　地域の価値向上を図り、土地の適正な利用に資するエリアマネジメント活動を推進するため、地域再生エリアマネジメント負担金制度について、制度の内容や必要な手続を解説したガイドラインを活用したコンサルティング等により、制度の活用を促進する。

(4)　多様な主体や施策と連携し、人口規模の小さな地域における住民の日常生活を支える生活サービス機能が一定のエリアに集約され、集落生活圏内外をつなぐネットワークが確保された拠点である「小さな拠点」の形成を図り、地域の活性化や持続可能性を高める観点からの適正な土地の利用の確保を推進する。

2　都市再生の推進

(1)　都市再生緊急整備地域における都市再生を推進するため、以下の施策を行う。

①　都市再生特別措置法に基づき指定された都市再生緊急整備地域（令和2年3月末現在52地域）においては、税制支援や都市計画の特例等、民間都市機構がミドルリスク資金の調達を支援するメザニン支援業務といった各種支援措置の積極的活用を推進する。

　　また、都市再生緊急整備地域の候補となる地域を設定・公表することで、民間投資の一層の喚起や都市再生の質の向上を図る。

②　特定都市再生緊急整備地域（令和2年3月末現在13地域）においては、上述の都市再生緊急整備地域における支援措置に加え、下水の未利用エネルギーを民間利用するための規制緩和、都市再生緊急整備地域より深掘りされた税制支援などによる民間都市開発の支援により、引き続き都市再生を推進する。

　　さらに、国際競争拠点都市整備事業を活用し、地域の拠点や基盤となる都市拠点インフラの整備を重点的かつ集中的に支援する。

③　特定都市再生緊急整備地域等においては、国際競争力強化に資する取組や、シティプロモーションに係る取組、民間事業者による都市の国際競争力強化に資する施設の整備に対する支援措置を引

---

[1] Sustainable Development Goals（持続可能な開発目標）の略。

き続き講じる。

④ 都市再生緊急整備地域及び特定都市再生緊急整備地域の評価を実施し、指定地域や地域整備方針の見直しを図るとともに、地域整備方針の実施を推進する。

(2) 全国都市再生を推進するため、以下の施策を行う。

① 社会資本整備総合交付金（都市再生整備計画事業）により、地域の創意工夫を活かした全国都市再生を引き続き推進する。特に、持続可能で強靱な都市構造の再編に向けて、立地適正化計画に基づき実施される取組等については、令和2年度創設の都市構造再編集中支援事業（個別支援制度）により集中的に支援する。

② 都市再生整備計画に記載された事業と一体的に施行される民間都市開発事業等について、支援措置の積極的活用を引き続き推進する。

③ まちなかにおける街路、公園、広場等の官民空間の一体的な修復・利活用等による「居心地が良く歩きたくなる」まちなかの創出を引き続き推進する（第201回国会に「都市再生特別措置法等の一部を改正する法律案」を提出）。

(3) 我が国の主要都市中心部の多くは、戦災復興土地区画整理事業等により街区が形成されており、現在の土地利用や交通基盤、防災機能に対するニーズ等に対して、街区の規模や区画道路の構造が十分には対応していない。これらの課題に対し、大都市の国際競争力の強化や地方都市の活性化、今日の土地利用ニーズを踏まえた土地の有効高度利用等を図るため、複数の街区に細分化された土地を集約し、敷地の一体的利用と公共施設の再編を推進する。

(4) 都市機能の増進及び経済活力の向上を総合的かつ一体的に推進するため、内閣総理大臣による中心市街地活性化基本計画の認定を受けた区域において、市街地の整備改善、都市福利施設の整備、街なか居住の推進、経済活力の向上等に資する事業に対して支援を行う。

3 民間能力の活用の推進等

(1) 都市再生緊急整備地域等における優良な民間都市開発事業を推進するため、認定民間都市再生事業計画等に基づく税制特例等の支援措置を引き続き講じる。

(2) 都市再生分野における民間の新たな事業機会を創出し、民間の潜在力を最大限に引き出すため、都市再生に民間事業者を誘導するための条件整備として、都市再生機構が計画策定、権利関係の調整等のコーディネート業務を行う。

(3) 「PPP／PFI推進アクションプラン（令和元年改定版）」の目標の達成に向けて、以下の取組を実施する。

① PPP／PFI手法導入を優先的に検討する仕組みについて、引き続き、優先的検討規程の策定・運用状況の「見える化」、フォローアップ等を通じた人口規模に応じた課題・ノウハウの抽出と横展開により、策定済の団体における的確な運用、人口20万人以上で未策定の地方公共団体における速やかな策定を図るとともに、地域の実情や運用状況、先行事例を踏まえ、人口20万人未満の地方公共団体への適用拡大を図る。また、PPP／PFIの経験の少ない地方公共団体や小規模の地方公共団体にも裾野拡大を図るために、導入可能性調査等の初期段階からの支援や実施主体の負担を軽減する導入検討手法の普及を行う。

② 具体的なPPP／PFI案件形成を促進するため、地域プラットフォームの全国への普及を促進する。その際、人口規模が小さい地方公共団体においても案件形成がなされるよう、また、地方企業の案件への参加が促進されるよう、全国の地方公共団体や、地元企業、地域金融機関の地域プラットフォームの参画を促す。あわせて、専門家の派遣や地方公共団体職員・地域事業者向けの研修・セミナーの実施等による人材育成、官民対話の機会の創出等を更に推進する。

③ 地域プラットフォーム協定制度に基づき、既に協定を結んでいる地域プラットフォームに対して

引き続き支援を行うとともに、新たに締結した地域プラットフォームについても支援を実施する。

(4) 民間の創意工夫と事業意欲を積極的に活用しつつ良好なまちづくりを進めていくため、民間都市機構の支援業務を引き続き推進する。具体的には、地域金融機関と共同でまちづくりファンドを立ち上げ、エリアをマネジメントしつつ、複数のリノベーション事業等を連鎖的に進めていく。併せて、クラウドファンディングを活用してまちづくり事業を行う者を支援する地方公共団体等のまちづくりファンドに対して、資金拠出による支援を行うことで、クラウドファンディングなどの「志ある資金」を活用したまちづくりを促進する。

(5) 空中及び地下の利用を推進するため、以下の施策を行う。
   ① 立体道路制度の積極的な活用を推進する。
   ② 駅における自由通路等の公共的空間の整備を推進する。
   ③ 共同溝の整備等を推進する。
   ④ 無電柱化推進計画に基づき、無電柱化を推進する。
   ⑤ 地下放水路、地下調節池などの整備を推進する。
   ⑥ 雨水の貯留浸透など流出抑制型の下水道施設の整備を推進する。
   ⑦ 立体都市公園制度の活用を推進する。

(6) 大深度地下の利用については、技術的な調査検討や大深度地下使用協議会の活用等、制度の円滑な運用を図り、大深度地下の適正かつ合理的な利用を推進する。

第2節 　災害に強いまちづくりの推進

(1) 災害に強い都市の整備を推進するため、以下の施策を行う。
   ① 「密集市街地における防災街区の整備の促進に関する法律」に基づき施策を推進するとともに、総合的な環境整備を推進する密集市街地総合防災事業等により、道路等の基盤整備を推進しつつ、老朽化した建築物の建て替え等を促進し、防災上危険な密集市街地における安全な市街地の形成を図る。
   ② 防災上危険な密集市街地の解消や都市基盤施設をより一層整備するため、土地区画整理事業を推進する。
   ③ 都市防災総合推進事業について、南海トラフ地震をはじめとする大規模地震に備えた津波対策、被災地の復興まちづくりに対する支援等、都市の防災対策を総合的に推進する。
   ④ 市街地再開発事業等による建築物の不燃化・耐震化、避難地・避難路の整備による市街地の防災安全性の向上、防災活動拠点整備による災害応急対策への対応等、安心・安全なまちづくりを推進する。
   ⑤ 大地震時等における宅地の滑動崩落及び液状化による被害を防止するため、宅地耐震化推進事業により変動予測調査及び防止対策の実施を推進する。
   ⑥ 人口・都市機能が集積する大都市の主要駅周辺等においては、大規模な地震が発生した場合における滞在者等の安全の確保と都市機能の継続を図るため、官民協議会による都市再生安全確保計画等の策定や計画に基づくソフト・ハード両面の取組に対する支援を継続する。
   ⑦ 我が国都市の弱みである災害脆弱性への対応を図るため、国際競争業務継続拠点整備事業により、災害時の業務継続性を確保するためエネルギーの面的ネットワークの整備を推進する。

(2) 住宅市街地の整備による防災性の向上を推進するため、以下の施策を行う。
   ① 既成市街地において、道路整備と一体的に沿道の建築物を耐火建築物等へ建て替え、延焼遮断帯を形成することを中心とした安全で快適な拠点住宅地の形成や防災上危険な密集市街地の整備改善など住宅市街地の再生・整備を総合的に行うため、住宅市街地総合整備事業や密集市街地総合防災

　　事業等を推進する。

　②　地震災害の危険性が高い不良住宅の密集する地区において、防災性を向上するため、良質な従前
　　居住者用住宅の建設、地区施設及び生活道路等の整備を行う住宅地区改良事業等を推進する。

⑶　緊急輸送道路として実働部隊が迅速に活動できるよう、代替性確保のためのミッシングリンクの整備、
　橋梁の耐震化、道路法面の防災対策、倒壊による道路閉塞を回避するための無電柱化を推進する。

⑷　都市における浸水被害を軽減するため、集中豪雨の頻発や地下空間利用の進展を踏まえ、浸水実績
　のある地区又は一定規模の浸水被害のおそれのある地区において、下水道幹線や貯留浸透施設等の
　ハード整備に加え、ハザードマップの公表やリアルタイムの降雨情報、下水道幹線の水位等の災害情
　報の提供によるソフト対策、さらに、地下街の入口等における止水板の設置や災害情報を活かした住
　民自らによる取組など総合的な浸水対策を重点的に推進する。また、住宅地等においてもシミュレー
　ション等による浸水対策計画の策定、既存施設を最大限活用した下水道整備を推進する。

　　地方公共団体による浸水被害対策区域の指定等を促進するとともに、民間等による雨水貯留施設等
　の整備を促進し、流出抑制対策を推進する。

　　また、大規模な地震時でも、防災拠点におけるトイレ機能や下水処理場における消毒機能等、地震
　時に下水道が果たすべき機能を確保し、住民の健康や社会活動への影響を軽減するため、防災拠点と
　処理場を結ぶ管路施設や水処理施設の耐震化等の「防災」、被災を想定して被害の最小化を図る「減
　災」を組み合わせた総合的な地震対策を推進する。

⑸　水害を未然に防ぐ予防的治水対策や、激甚な被害を受けた地域や床上浸水が頻発している地域を対
　象とした再度災害防止対策を推進する。また、想定最大規模の降雨による浸水想定区域（河川が氾濫
　した場合に浸水が想定される区域）の指定・公表、関係市町村のハザードマップ作成のための支援に
　取り組むとともに、身近な河川の切迫性のある情報をきめ細やかに伝えるための危機管理型水位計や
　簡易型河川監視カメラの設置や、「"気象"×"水害・土砂災害"情報マルチモニタ」による河川水位・
　雨量等の防災情報のリアルタイムな提供など、ハード・ソフト両面から災害に強いまちづくりを推進
　する。

　　一方、治水施設の整備には長時間を要し、整備途上で災害が発生する危険性がある。そのため、土
　地利用の状況に応じて輪中堤の整備や宅地の嵩上げ等の減災対策を推進する。

⑹　総合治水対策特定河川流域において、国、都道府県、市町村の河川担当部局と都市・住宅・土地等
　の関係部局からなる流域協議会で策定された流域整備計画に基づき、流域の適正な土地利用の誘導、
　雨水の流出抑制等を推進する。

⑺　特定都市河川浸水被害対策法に基づき指定された特定都市河川及び特定都市河川流域において、土
　地からの流出雨水量を増加させるおそれのある行為に対する対策工事の義務付けなどを行うととも
　に、河川管理者、下水道管理者及び地方公共団体によって共同で策定された流域水害対策計画に基づ
　き、総合的な都市水害対策を推進する。

⑻　局地的な大雨（いわゆるゲリラ豪雨）等による浸水被害に対応するため、河川管理者及び下水道管
　理者による河川と下水道の整備に加え、住民（団体）や民間企業等の参画の下、浸水被害の軽減を図
　るために実施する取組を定めた計画を「100mm（ミリ）/h安心プラン」として登録し、住宅や市街
　地の浸水被害の軽減対策を推進する。

⑼　近年、洪水・内水・高潮等により浸水被害が多発している。これらの浸水被害に対応した避難体制
　等の充実・強化を図るため、水防法に基づき、想定し得る最大規模の洪水・内水・高潮に係る浸水想
　定区域の指定を推進するとともに、三大湾及び地下街を有する都市等の地方公共団体と連携して、内
　水・高潮に係る浸水想定区域及び水位周知下水道・水位周知海岸の指定を促進する。

⑽　土砂災害対策の推進を推進するため、以下の施策を行う。

　①　土砂災害による被害の防止・軽減を図るため、土砂災害防止施設の整備によるハード対策を実施

するとともに、砂防指定地等における行為制限や、「土砂災害防止法」に基づく土砂災害特別警戒区域における特定の開発行為に対する許可制度等のソフト対策を促進し、総合的な土砂災害対策を実施する。

また、「土砂災害防止法」に基づき都道府県が行う土砂災害警戒区域等の指定を促進する。さらに、警戒避難体制の充実・強化を図るため、市町村による土砂災害に係るハザードマップの作成・公表の推進とその進捗状況の把握、避難訓練の推進等を実施し、関係自治体と連携しながら、住民の防災意識の高揚と災害への備えの充実を図る。

火山噴火に対しては、活動火山対策特別措置法の改正を踏まえ、火山防災協議会において噴火に伴う土砂災害の観点から火山ハザードマップの検討を行うとともに一連の警戒避難体制の検討に参画する。

② 山麓斜面に市街地が接している都市において、土砂災害に対する安全性を高め緑豊かな都市環境と景観を保全・創出するために、市街地に隣接する山麓斜面にグリーンベルトとして一連の樹林帯の形成を図る。

⑾ 災害時における緊急物資輸送や支援部隊の展開等の拠点として、耐震強化岸壁や広場等からなる臨海部の防災拠点の整備を推進する。

⑿ 災害の発生時に住民の安全が確保できるよう、防災機能の向上を図り、災害等に強い安全なまちづくりを促進するため、防災基盤整備及び公共施設等の耐震化などの防災対策事業を促進する。

⒀ 海岸保全施設等のハード対策と併せて、「津波防災地域づくりに関する法律」に基づいた津波浸水想定の設定、推進計画の作成、津波災害警戒区域等の指定、避難施設の指定や管理協定の締結等を促進し、ハード・ソフト施策を組み合わせた多重防御による津波防災地域づくりを推進する。

⒁ 市町村等が行う地籍調査について、令和2年度から始まる第7次国土調査事業十箇年計画に基づき、災害後の迅速な復旧・復興等に資するものを重点的に支援し、地域における災害対応力の向上を図る。特に、土砂災害警戒区域等の今後災害が想定される地域のうち、特に緊急性が高い地域については、「防災・減災、国土強靱化のための3か年緊急対策（平成30年12月14日閣議決定）」を踏まえ、速やかな地籍調査の実施を支援する。

⒂ 東日本大震災の被災地や今後生じる大規模な災害の被災地において、「大規模な災害の被災地における借地借家に関する特別措置法」を適用するニーズが存在すれば、同法を適用し、借地借家に関する特別措置を講ずる。

第3節 低未利用地の利用促進等

⑴ 譲渡価額が低額であるため取引に係るコストが相対的に高い低未利用の土地等を譲渡した場合の個人の譲渡所得に係る税制特例措置により、売主の取引に当たっての負担感を軽減し売却するインセンティブを付与することで譲渡を促し、新たな利用意向を示す者による適正な利用・管理を促進する。

⑵ 行政と民間の専門家等により構成し、地域における相談体制の構築や空き地・空き家の情報共有をしつつ、土地の適正な利用・管理に向けたマッチング・コーディネート、土地所有者等に代わる管理などの機能を担うランドバンクの取組や、リノベーション等による低未利用の不動産の再生の取組の全国展開による適正な土地の利用を推進する。

また、優良事例についての情報提供やガイドラインの作成・周知を行うことにより、地域における適正な土地の利用・管理に取り組む地方公共団体等の支援を行う。

⑶ 各自治体の空き地・空き家の情報の標準化・集約化を図り、全国の空き地・空き家の情報について簡単にアクセス・検索することを可能とする「全国版空き家・空き地バンク」の活用促進を通じた需要と供給のマッチングにより、低未利用の土地・不動産の取引を促進する。

⑷　農山漁村への移住ニーズを取り込む観点から、「農地付き空き家」等の円滑な取得支援を行うことにより、農村地域における適正な低未利用土地の利用を促進する。

⑸　小規模不動産特定共同事業の活用促進、クラウドファンディングに対応した環境整備、不動産特定共同事業に係る税制特例措置等を通じた地域における小規模不動産の再生等により、適正な低未利用の土地・不動産の取引・利用を促進する。

　　また、クラウドファンディングなどによる特定の地域の発展や個々の活動を期待する「志ある資金」等を活用し、地域の土地・不動産を再生する事業に対する円滑な資金調達を促進する。

⑹　低未利用地の集約等と併せて公益施設や都心居住に資する住宅等の立地誘導を図る土地区画整理事業及び敷地の集約化を主眼とした敷地整序型土地区画整理事業を推進する。

⑺　土地の高度利用を推進するため、換地の特例制度である高度利用推進区及び市街地再開発事業区を活用した土地区画整理事業を推進する。

⑻　平成28年に創設された低未利用土地利用促進協定を活用し、市区町村や都市再生推進法人等が所有者等に代わり低未利用の土地、建築物を有効かつ適切に利用する取組を推進する。

⑼　都道府県等において、一定の要件を満たす低未利用地について遊休土地である旨の通知等を行う国土利用計画法に基づく遊休土地制度の的確な運用に努める。

⑽　低未利用地の有効利用を促進するため「公的不動産（ＰＲＥ）ポータルサイト」（http://www.mlit.go.jp/totikensangyo/totikensangyo_tk5_000102.html）において民間活用等に積極的な地方公共団体等が公表しているＰＲＥ[2]情報を一元的に集約し公開する。

⑾　公園が不足する地域等において、民間主体が都市の空き地等を住民の利用に供する緑地（市民緑地）として設置・管理する市民緑地認定制度やみどり法人（緑地保全・緑化推進法人）制度等の活用を推進する。

　　また、地域の特性に応じて、低未利用土地を遊水地や環境保全機能を有する緑地や農地等のグリーンインフラとして整備・維持管理することにより、適正な土地の利用を推進する。

⑿　都市再生機構において、都市再生のための条件整備として低未利用地等の土地の整形・集約化及び基盤整備を行う。

⒀　平成30年に創設された換地の特例制度である誘導施設整備区を活用し、低未利用地の集約と併せて医療・福祉施設等の誘導施設の整備を図る土地区画整理事業（空間再編賑わい創出事業）を推進する。

⒁　都市内部で空き地・空き家等（低未利用土地）がランダムに発生する「都市のスポンジ化」に対応するため、平成30年度に創設された低未利用土地の集約再編や利用促進を図る為の制度（低未利用土地権利設定等促進計画、立地誘導促進施設協定等）の利用促進を図る。

⒂　都市の再構築を実現するため、既成市街地の有効・高度利用を促進するインセンティブとして、基盤整備やオープンスペースの整備を伴う優良プロジェクトに対する容積率等の特例制度の活用などを行う以下の施策を講じる。

　①　再開発等促進区・用途別容積型・誘導容積型・街並み誘導型地区計画制度の活用を推進する。

　②　特定街区制度、特例容積率適用地区制度等による未利用容積率の活用等を推進する。

　③　既成市街地における土地区画整理事業に対する無利子貸付金制度の活用を推進する。

　④　市街地の土地の高度利用と都市機能の更新を図る市街地再開発事業を推進する。

　⑤　広域的な視点から都市構造の再編を推進するため、多様な主体の連携を図りつつ、特定の地域において重点的かつ集中的な都市整備を行う都市再生総合整備事業を推進する。

　⑥　快適な居住環境の創出、都市機能の更新、街なか居住の推進等を行う住宅市街地総合整備事業、優良建築物等整備事業等を推進する。

　⑦　密集市街地における最低限の安全性の確保を図るため、「密集市街地における防災街区の整備の促進に関する法律」に基づく施策を推進するとともに、住宅市街地総合整備事業・都市防災総合推

---

[2] Public Real Estate（公的不動産）の略。

令和2年度土地に関する基本的施策

進事業・密集市街地総合防災事業等を推進する。

⒃　「臨海部土地情報」（http://www.mlit.go.jp/kowan/kowan_tk4_000018.html）により、臨海部の土地利用状況や未利用地等の利用促進に関する情報提供を実施する。

第4節　国公有地の利活用等

1　国公有財産の最適利用の推進

⑴　「新経済・財政再生計画改革工程表2019」（令和元年12月経済財政諮問会議決定）において、国公有財産の最適利用を推進することとされたように、地方公共団体等と連携しながら、一定の地域に所在する国公有財産等の情報を共有し、地方公共団体等の意見も尊重しつつ、各地域における国公有財産の最適利用について調整を行う。

　　庁舎については、既存庁舎の効率的な活用を推進するとともに、老朽化等により建て替えを要する場合は、利用者の利便性向上に十分配慮しつつ、移転・集約化等を推進する。

⑵　未利用国有地については、売却等を通じて国の財政に貢献するとともに、地域や社会のニーズに対応した有効活用を図る。具体的には、地域や社会のニーズに対応した有効活用を推進するため、まちづくりに配慮した土地利用を行いつつ、民間の企画力・知見を具体的な土地利用に反映させる入札などの手法の活用も行うほか、答申「今後の国有財産の管理処分のあり方について」に基づき、将来世代におけるニーズへの対応のため所有権を留保する財産や、保育・介護等の人々の安心につながる分野で利用を行う財産については、定期借地権による貸付を行うなど、管理処分方法の多様化を図る。

⑶　用地確保が困難な都市部等における介護施設整備を促進するため、定期借地制度による貸付料を5割減額するなど、「介護離職ゼロ」に向けた介護施設整備を促進する。

⑷　保育の受け皿の拡大に資するため、都市公園敷地として無償貸付中の国有地の活用や、庁舎や宿舎の空きスペースの有効活用等に取り組む。

2　公有地の計画的な取得等

　公共投資の円滑な実施に資するとともに、地方公共団体等による計画的な公共用地の先行取得を支援するため、以下の施策を引き続き実施する。

①　公共用地先行取得等事業債について、所要の資金の確保を図る。

②　公有化が必要と認められる森林等を取得するための経費を地方債の対象とし、当該経費に対して地方交付税措置を講じる。

③　公共事業の整備効果を早期に発現していくためには、完成時期を踏まえた用地取得を行うことが必要である。そのため、用地取得上のあい路を調査・分析した上で、事業の計画段階から将来の供用までを見据えた周到な準備を行い、工程管理を図る「用地取得マネジメント」に沿った計画的な用地取得を引き続き推進する。

④　地方公共団体における公共用地取得の迅速化に向けて、用地業務に関する情報提供等の支援を引き続き推進する。

⑤　都市開発資金の活用により、大都市等において、計画的な都市整備を図るために必要な用地を先行取得するための資金の融資を引き続き行う。

第5節 住宅対策の推進

1 住生活基本計画の推進

「住生活基本計画（全国計画）」（平成28年3月閣議決定）において、「居住者」「住宅ストック」「産業・地域」の3つの視点から設定した8つの目標（①結婚・出産を希望する若年世帯・子育て世帯が安心して暮らせる住生活の実現、②高齢者が自立して暮らすことができる住生活の実現、③住宅の確保に特に配慮を要する者の居住の安定の確保、④住宅すごろくを超える新たな住宅循環システムの構築、⑤建替えやリフォームによる安全で質の高い住宅ストックへの更新、⑥急増する空き家の活用・除却の推進、⑦強い経済の実現に貢献する住宅関連産業の成長、⑧住宅地の魅力の維持・向上）に基づき、必要な施策を推進していく。

2 公的賃貸住宅等の供給の促進

高齢者世帯、障害者世帯、子育て世帯等各地域における居住の安定に特に配慮が必要な世帯に対して、公営住宅、地域優良賃貸住宅、都市再生機構賃貸住宅、サービス付き高齢者向け住宅等の良質な賃貸住宅の供給促進を図る。特に既存ストック・民間活力の重視による効率的な供給を推進し、民間賃貸住宅や空き家を活用した新たな住宅セーフティネット制度（平成29年10月25日施行）において、引き続きセーフティネット住宅の登録推進を図るとともに、住宅の改修や入居者負担の軽減等への支援を行う。

3 大都市を中心とした市街地住宅供給の積極的推進

(1) 住宅建設に関連して必要となる道路、公園、下水道、河川等の関連公共施設及び生活道路、多目的広場等の居住環境基盤施設の整備等を住宅市街地基盤整備事業により重点的、総合的に推進する。
    また、防災性の向上、市街地環境の整備、土地の合理的利用等を図りつつ、市街地住宅の供給を促進するため住宅市街地総合整備事業等を推進する。
(2) 独立行政法人都市再生機構（以下「都市再生機構」という。）において、都市再生機構の有するノウハウや技術をいかし、まちづくり事業に関する構想・計画策定に対する技術支援等を行う。

4 既成市街地の再整備による良好な居住空間の形成

既成市街地において、快適な居住環境の創出、都市機能の更新、密集市街地の整備改善、職住近接型の住宅供給による街なか居住の推進等を図るため、住宅市街地総合整備事業、優良建築物等整備事業等を推進する。また、地域において福祉施設や医療施設、子育て支援施設等の整備を進めるため、地方公共団体や都市再生機構、地方住宅供給公社、民間事業者等の多様な主体が連携して、既存住宅団地の地域居住機能を再生するとともに、スマートウェルネス住宅の実現に資する取組に対して支援する。また、既存の公営住宅や改良住宅の大規模な改修と併せて、子育て支援施設や高齢者福祉施設等の生活支援施設の導入を図る取組に対しても支援を行う。

5 良質な住宅ストック等の形成及び住宅ストック等の有効活用

(1) 長期にわたって使用可能な質の高い住宅ストックを形成するため、長期優良住宅の普及を引き続き促進する。また、住宅履歴情報の整備等を実施する。
(2) 戸建住宅等における建築士から建築主への説明義務制度の創設等の措置を盛り込んだ「建築物のエネルギー消費性能の向上に関する法律の一部を改正する法律（令和元年法律第4号）」（令和元年5月17日公布）の円滑な施行に向けた周知徹底を図るとともに、省エネ性能に優れた住宅の整備や表示制度の普及を図る。

⑶　住宅ストックの質の向上を図るため、劣化対策・省エネ改修等を総合的に行い住宅の長寿命化を図る長期優良住宅化リフォームに対する支援を実施する。

⑷　耐震改修促進法に基づく、不特定多数の者が利用する大規模建築物、災害時の機能確保が必要な避難路の沿道建築物等に対する耐震診断の義務付け等により耐震化を促進するとともに、耐震診断義務付け対象建築物について、重点的かつ緊急的な支援を行う。

⑸　マンションの管理の適正化及び再生の円滑化を図るため、老朽化マンションの再生検討から長寿命化に資する改修等のモデル的な取組に対する新たな支援の実施、地方公共団体によるマンションの再生に向けた取組への支援やリバースモーゲージ方式の融資等による資金調達手段について拡充を図るとともに、管理効率化・適正化に係る先駆的な取組等への支援を引き続き実施する。

⑹　令和2年2月に閣議決定された「マンションの管理の適正化の推進に関する法律及びマンションの建替え等の円滑化に関する法律の一部を改正する法律案」に基づき、マンションの老朽化等に対応し、マンションの管理の適正化の一層の推進及びマンションの建替え等の一層の円滑化を図るため、都道府県等によるマンション管理適正化推進計画の作成、マンションの除却の必要性に係る認定の対象の拡充、団地内の要除却認定マンションの敷地の分割を多数決により行うことを可能とする制度の創設等の措置を講ずる。

⑺　新築住宅に瑕疵が発生した場合において確実に瑕疵担保責任が履行されるよう、「特定住宅瑕疵担保責任の履行の確保等に関する法律（住宅瑕疵担保履行法）」に基づき、保険引受体制の消費者への普及啓発等を行う。

⑻　消費者が安心して既存住宅を取得できるよう、安心R住宅制度や検査と保証がセットになった既存住宅売買瑕疵保険制度の普及促進に引き続き取り組む。

⑼　消費者が安心してリフォームを行えるよう、リフォームを含む住宅に関する相談体制の整備やリフォーム瑕疵保険制度の普及促進に引き続き取り組む。

⑽　消費者ニーズに対応した既存住宅流通・リフォーム市場の環境整備を図るため、客観的に住宅の検査・調査を行うインスペクションの普及促進を引き続き図る。

⑾　住宅リフォーム事業の健全な発達及び消費者が安心してリフォームを行うことができる環境の整備を図るため、「住宅リフォーム事業者団体登録制度」の普及に引き続き取り組む。

⑿　維持管理やリフォームの実施などによって住宅の質の維持・向上が適正に評価されるような、住宅ストックの維持向上・評価・流通・金融等の一体的な仕組みの開発等を引き続き支援する。

⒀　居住環境の整備改善等を図るため、空き家住宅等の活用・除却について引き続き支援を行うほか、「空家等対策の推進に関する特別措置法」に基づく市町村の取組を一層促進するため、「空家等対策計画」に基づき民間事業者等と連携を行う総合的な空き家対策への支援を行う。また、空き家に関する多様な相談に対応する人材育成や相談体制の構築等の取組への支援を行う。

⒁　第201回国会に提出された「賃貸住宅の管理業務等の適正化に関する法律案」に基づく、新制度の円滑な運用に向けた必要な環境整備等を行い、賃貸住宅管理業等の適正化を図る。

6　住宅取得対策の充実等

⑴　独立行政法人住宅金融支援機構（以下「住宅金融支援機構」という。）により、民間金融機関による長期・固定金利の住宅ローンの供給を支援するため、証券化支援事業（買取型及び保証型）を推進するとともに、同事業の枠組みを活用してフラット35Sによる金利引下げ等を実施する。

⑵　離職や疾病等のやむを得ない事由により住宅ローンの支払い能力が低下している利用者が返済を継続できるよう支援するため、住宅ローン返済困難者対策を実施する。

⑶　勤労者財産形成貯蓄の残高保有者に対して低利・長期の住宅資金融資を行う勤労者財産形成持家融資制度を実施する。

⑷　消費税率の引上げによる負担増の緩和のため、住宅取得者の収入に応じ消費税率8％時に最大30万円、消費税率10％時に最大50万円を給付するすまい給付金制度について、引き続き実施する。

⑸　令和2年度税制改正においては、以下の措置を講じる。

① 新築住宅に係る固定資産税の減額措置（戸建て3年間、マンション5年間、1/2減額）について適用期限を令和4年3月31日まで2年延長する。

② 住宅用家屋の所有権の保存登記等に係る登録免許税の特例措置（保存登記：本則0.4％→0.15％、移転登記：本則2.0％→0.3％、抵当権設定登記：本則0.4％→0.1％）について適用期限を令和4年3月31日まで2年延長する。

③ 認定長期優良住宅の普及促進を目的とした以下の特例措置について適用期限を令和4年3月31日まで2年延長する。

　㋐ 登録免許税：所有権保存登記（一般住宅0.15％→0.1％）、所有権移転登記（一般住宅0.3％→戸建て0.2％、マンション0.1％）

　㋑ 不動産取得税：課税標準からの控除額の特例（一般住宅1,200万円→1,300万円）

　㋒ 固定資産税：新築住宅特例（1/2減額）の適用期間を延長（戸建て3年→5年、マンション5年→7年）

④ 認定低炭素住宅の所有権の保存登記等に係る軽減措置（所有権保存登記：一般住宅0.15％→0.1％、所有権移転登記：一般住宅0.3％→0.1％）について適用期限を令和4年3月31日まで2年延長する。

⑤ 居住用財産の買換え等に係る特例措置（譲渡益に係る課税繰延べ、譲渡損に係る損益通算及び繰越控除）について適用期限を令和3年12月31日まで2年延長する。

⑥ 買取再販事業者により一定の質の向上のための改修工事が行われた既存住宅を取得した場合の登録免許税の特例措置（所有権移転登記：一般住宅0.3％→0.1％）について適用期限を令和4年3月31日まで2年延長する。

⑦ 次に掲げる住宅リフォームをした場合の固定資産税の特例措置について、適用期限を令和4年3月31日まで2年延長する。

　㋐ 耐震改修：工事の翌年度1/2減額（特に重要な避難路として自治体が指定する道路の沿道にある住宅の場合は2年間1/2減額）

　㋑ バリアフリー改修：工事の翌年度1/3減額

　㋒ 省エネ改修：工事の翌年度1/3減額

　㋓ 長期優良住宅化改修：耐震改修又は省エネ改修を行った住宅が認定長期優良住宅に該当することとなった場合、工事の翌年度2/3減額（耐震改修を行った住宅で特に重要な避難路として自治体が指定する道路の沿道にある住宅の場合は翌々年度1/2減額）

⑧ マンション建替事業の施行者等が受ける権利変換手続開始の登記等の登録免許税の免税措置について適用期限を令和4年3月31日まで2年延長する。

⑨ マンションの建替え等の円滑化に関する法律における施行者又はマンション敷地売却組合が要除却認定マンション又はその敷地を取得する場合の不動産取得税の非課税措置について適用期限を令和4年3月31日まで2年延長する。

⑩ 宅地建物取引業者等が取得する新築住宅の取得日に係る特例措置（本則6ヶ月→1年）及び一定の住宅用地に係る不動産取得税の減額措置の期間要件を緩和する特例措置（本則2年→3年等）について適用期限を令和4年3月31日まで2年延長する。

⑪ 防災街区整備事業に係る事業用資産の買換え等の特例措置（繰延割合80％）について適用期限を令和3年3月31日まで延長し、対象区域を限定した上で、譲渡資産に係る要件について、「耐火

令和2年度土地に関する基本的施策

建築物」又は「準耐火建築物」の範囲に「耐火建築物」又は「準耐火建築物」と同等以上の延焼防止性能を有する建築物を追加する。

⑫　老朽化マンションの再生を促進するため、マンションの敷地売却及び敷地分割に係る特例措置を拡充・創設する。

7 良質な居住環境の形成等

(1)　土地区画整理組合等に対する無利子貸付金の貸付け等により、土地区画整理事業を支援する。

(2)　宅地開発に関連して必要となる道路、公園、下水道、河川等の関連公共施設の整備等を総合的に支援する。

(3)　公的不動産の有効活用のため、定期借地権制度の円滑な普及・活用に向けた取組を引き続き推進する。

(4)　「優良田園住宅の建設の促進に関する法律」により、農山村地域、都市の近郊等における優良な住宅の建設の促進を図る。また、集落地域整備法の円滑な運用を推進し、市街地の周辺地域における良好な居住環境の確保を図る。

(5)　「大都市地域における宅地開発及び鉄道整備の一体的推進に関する特別措置法」等に基づき、つくばエクスプレス（常磐新線）沿線地域の宅地開発事業等を推進する。

(6)　農住組合制度等により、農地を活用した良好な居住環境を備えた住宅地等の供給を促進する。

(7)　高度成長期等において大都市圏の郊外部を中心に計画的に開発された大規模な住宅市街地（ニュータウン）は、急速な高齢化及び人口減少の進展を背景に地域の活力の低下等の課題を抱えており、誰もが暮らしやすい街へと再生を進めていく必要があるため、既存ストックを活用して、官民連携による居住環境の維持・再生を図る取組に対する支援を行う。

(8)　地域住宅団地再生事業（用途規制の緩和手続やコミュニティバスの導入等に必要な許認可手続のワンストップ化等）をはじめ多様な建物用途の導入、地域公共交通の利便性向上等を通じた住宅団地の再生を図るなど、低未利用土地の発生抑制や適正な利用等を促進する。

第6節　都市と緑・農の共生するまちづくりの推進

(1)　自然環境の持つ多様な機能を賢く利用するグリーンインフラの推進等を通じて、持続可能で魅力ある都市・地域づくりを促進し、土地・不動産の適正な利用を推進する。

(2)　潤いある豊かな都市環境の形成を図るための市民緑地認定制度やみどり法人制度、生産緑地や田園住居地域等の制度の周知を関係団体等と連携して行うことで、円滑な施行に努めるとともに、活用に際しての課題や対応方針等について調査検討を行う。また、都市農地の貸借の円滑化の制度について関係団体等と連携して引き続き周知を行い、制度の適切かつ円滑な運用に努める。

第7節　農地の適切な保全

(1)　農地の大区画化や排水対策、農業水利施設の整備等を行う農業競争力強化基盤整備事業等や、地方公共団体による農山漁村地域の基盤整備を支援する農山漁村地域整備交付金により、土地条件の改善を推進する。

(2)　農業・農村の多面的機能の維持・発揮の促進に向けた取組を着実に推進するため、「農業の有する多面的機能の発揮の促進に関する法律」に基づき、日本型直接支払制度の下で、多面的機能の維持・発揮を支える地域資源の共同保全活動、中山間地域等における農業生産活動及び環境保全に効果の高い営農活動への支援を実施する。

(3)　農地の転用規制及び農業振興地域制度の適正な運用を通じ、優良農地の確保に努める。

⑷ 地域の徹底した話合いにより担い手への農地の集積・集約化を加速化させる観点から、対象の地域で人・農地プランを実質化する取組を推進する。

⑸ 「農地中間管理事業の推進に関する法律」等の関連法の全面施行（令和2年4月）等により全都道府県に設立された農地中間管理機構を軌道に乗せることで担い手への農地の集積・集約化を進める。

⑹ 上記の取組に加え、農業者等が行う、荒廃農地を再生利用する取組を推進するとともに、農地法に基づく、農業委員会による利用意向調査・農地中間管理機構との協議の勧告等の一連の手続を活用して再生利用可能な荒廃農地の農地中間管理機構への利用権設定を進めることにより、荒廃農地の発生防止・解消に努める。

第8節　森林の適正な保全・利用の確保

⑴ 森林の有する多面的機能の高度発揮のため、森林法に規定する森林計画制度に基づき、地方公共団体や森林所有者等の計画的な森林の整備について、指導・助言を行う。

⑵ 水源の涵養、国土の保全などの森林の有する公益的機能を確保するために指定される保安林について、計画的な配備及び伐採・転用規制等の措置を通じた適正な管理を進めるとともに、荒廃地等の復旧整備、水土保全機能が低下した森林の整備などの治山対策による保全・管理を推進する。

⑶ 林地の適正な利用を確保するため、都道府県知事が行う林地開発許可制度に関する処分及び連絡調整について、必要な助言等を行うとともに、違法な開発行為等への対応の徹底を図る。

⑷ 我が国の森林面積の約3割を占め、国土保全上重要な奥地脊梁山脈や水源地域に広がっている国有林野は、人工林や原生的な天然林等の多様な生態系を有するなど、国民生活に重要な役割を果たしていることから、「国有林野の管理経営に関する基本計画」等に基づき、公益重視の管理経営を一層推進する。また、原生的な森林生態系を有する森林や希少な野生生物の生育・生息の場となる森林である「保護林」や、これらを中心としたネットワークを形成して野生生物の移動経路となる「緑の回廊」において、モニタリング調査等を行いながら適切な保全・管理を推進する。

　さらに、世界自然遺産の「知床」、「白神山地」、「小笠原諸島」及び「屋久島」並びに世界自然遺産の推薦地である「奄美大島、徳之島、沖縄島北部及び西表島」の国有林野について、保全対策を推進するとともに、「富士山－信仰の対象と芸術の源泉」等の世界文化遺産登録地やその候補地及びこれらの緩衝地帯内に所在する国有林野について、森林景観等に配慮した管理経営を行う。

⑸ 森林経営管理法に基づき、適切な経営管理が行われていない森林について、その経営管理を市町村や林業経営者に集積・集約化する森林経営管理制度を推進する。

第9節　環境保全等に係る施策の推進

⑴ 環境基本計画は、環境基本法に基づき環境の保全に関する総合的かつ長期的な施策の大綱等を定める計画であり、「第五次環境基本計画」（平成30年4月閣議決定）では、今後の環境政策の展開の方向として、特定の施策が複数の異なる課題をも統合的に解決するような、横断的な6つの重点戦略を掲げている。例えば、重点戦略のひとつである「国土のストックとしての価値の向上」では、自然との共生を軸とした国土の多様性の維持、持続可能で魅力あるまちづくり・地域づくり、環境インフラやグリーンインフラ等を活用した強靱性の向上といった環境に配慮するとともに、経済・社会的な課題にも対応するような国土づくりを行う必要があるとしている。

　また、同計画では、各地域が自立・分散型の社会を形成しつつ、地域の特性に応じて資源を補完し支え合う「地域循環共生圏」の創造を推進することとしている。

　令和2年度は、同計画に基づき、「地域循環共生圏」の創造を目指しながら、環境保全のための土

地に関する施策を推進するとともに、各種の土地に関する施策、事業の策定・実施に当たって環境保全への配慮を行う。

　また、土地に関する各種計画であって環境の保全に関する事項を定めるものについては、環境基本計画との連携を図る。

(2)　自然環境保全のための以下の土地に関する施策を行う。

　①　自然環境保全法に基づく自然環境保全地域等の指定等及び管理の充実を推進する。

　②　自然公園法に基づく自然公園の指定等及び管理の充実を推進する。

　③　「絶滅のおそれのある野生動植物の種の保存に関する法律」に基づく生息地等保護区の指定等及び管理の充実を推進する。

　④　「鳥獣の保護及び管理並びに狩猟の適正化に関する法律」に基づく鳥獣保護区等の指定等及び管理の充実を推進する。

　⑤　都市緑地法等に基づく特別緑地保全地区等における行為制限や土地の買入れ等を行う。

　⑥　「地域自然資産区域における自然環境の保全及び持続可能な利用の推進に関する法律」に基づき、ナショナル・トラスト活動を促進する。

　⑦　自然保護のための民有地買上げを推進する。

(3)　工場立地が環境の保全を図りつつ適正に行われるようにするため、工場立地法に基づき、工場立地に関する調査を実施するとともに、個々の工場の敷地利用の適正化を図る。

(4)　交通公害の低減を図るため、以下の土地に関する施策を行う。

　①　交通公害の低減を図るため、交差点の改良を行うとともに、交通管制技術の高度化を推進し、交通状況に応じた信号制御の導入による交通の円滑化、きめ細かな交通情報の提供による交通流・交通量の誘導及び分散、公共車両優先システムの導入によるマイカー需要の低減と交通総量の抑制等の諸対策を推進する。

　②　「幹線道路の沿道の整備に関する法律」に基づき、道路交通騒音の著しい幹線道路の障害防止と、土地利用の適正化を促進する。

　③　「公共用飛行場周辺における航空機騒音による障害の防止等に関する法律」等に基づき、同法で指定する特定飛行場の周辺において建物等の移転補償、土地の買入れ、緑地帯の整備等を推進する。

　④　「防衛施設周辺の生活環境の整備等に関する法律」等に基づき、自衛隊や在日米軍の使用する飛行場等の周辺において建物等の移転補償、土地の買入れ、緑地帯その他の緩衝地帯の整備等を推進する。

　⑤　新幹線鉄道騒音対策要綱に沿って、新幹線鉄道とその沿線地域の土地利用との調和を推進する。

(5)　健全な水循環を維持又は回復し、水質、水量など総合的な水環境保全を図るため、森林や農地の適切な維持管理、下水道の整備や合流式下水道の改善、都市域における緑地の保全・創出、河川・湖沼の水質浄化などの環境保全対策を推進する。

(6)　土壌環境保全対策として、以下の施策を行う。

　①　土壌汚染に関する適切なリスク管理を推進するため、引き続き改正土壌汚染対策法の適切かつ着実な実施を推進する。

　②　農用地の土壌汚染対策については、引き続き「農用地の土壌の汚染防止等に関する法律」等に基づき農村地域防災減災事業（公害防除特別土地改良事業）等を実施する。

　③　ダイオキシン類による土壌汚染対策については、ダイオキシン類対策特別措置法に基づく施策を推進する。

(7)　「工業用水法」及び「建築物用地下水の採取の規制に関する法律」により、地下水採取規制を実施する。濃尾平野、筑後・佐賀平野及び関東平野北部の3地域については、関係機関と連携した地盤沈

下防止等対策の実施状況の把握、地下水情報の共有化等について調査・検討し、総合的な対策を推進する。

(8) 中長期的な温室効果ガスの排出削減実現のための低炭素なまちづくりを進めるため、「第2期まち・ひと・しごと創生総合戦略」（令和元年12月20日閣議決定）の内容も踏まえ、「地球温暖化対策の推進に関する法律」（以下「地球温暖化対策推進法」という。）に基づく地方公共団体実行計画の策定・実施の推進や、「都市の低炭素化の促進に関する法律」に基づき市町村が作成する「低炭素まちづくり計画」の作成や同計画に基づく取組に対して支援する。具体的には、地方公共団体実行計画策定マニュアルの説明会の開催、再生可能エネルギーや自然資本の活用による災害に強く環境負荷の少ない都市構造への転換や、「都市の低炭素化の促進に関する法律」上の特例措置や各種の税制、財政措置等を活用し、低炭素まちづくりの実現に向けた支援を行うとともに、都市機能の集約化とこれと連携した公共交通機関の一体的な利用促進、都市のエネルギーシステムの効率化による低炭素化、ヒートアイランド対策、都市緑化等を推進する。

(9) 規模が大きく環境影響の程度が著しいものとなるおそれのある事業等について適切な審査の実施を通じた環境保全上の配慮の徹底に努める。風力発電事業については、環境保全と両立した形で風力発電事業の導入促進を図るため、個別事業に係る環境影響評価に先立つものとして、関係者間で協議しながら、環境保全、事業性、社会的調整に係る情報の重ね合わせを行い、総合的に評価した上で環境保全を優先することが考えられるエリア、風力発電の導入を促進し得るエリア等の区域を設定し環境影響評価手続等に活用する取組として風力発電に係るゾーニング実証事業を引き続き行う。

第10節 文化財等の適切な保護及び良好な景観形成の推進等

(1) 歴史的な集落・町並みについては、市町村による伝統的建造物群保存地区の保存と活用に関して指導・助言を行い、さらに、重要伝統的建造物群保存地区の選定等を進めるとともに、その保存と活用を図る。

(2) 遺跡、名勝地、動物・植物・地質鉱物については、史跡、名勝、天然記念物の指定及び登録記念物の登録を進めるとともに、その保存と活用を図る。

(3) 人と自然との関わりの中で育まれた景観地については、重要文化的景観の選定を進めるとともに、その保存と活用を図る。

(4) 埋蔵文化財を包蔵する土地については、都道府県教育委員会等において遺跡地図の作成により周知を図るとともに、開発等の土地利用との調和を図りつつ適切な保護に向けた条件整備を行う。

(5) 地域の多様な文化財の総合的な保存・活用を図るため、地方公共団体による「文化財保存活用地域計画」等の策定を推進する。

(6) 地域の歴史的な風情、情緒を活かしたまちづくりを推進するため、「地域における歴史的風致の維持及び向上に関する法律」に基づき、歴史的風致維持向上計画の認定を進めるとともに、計画に基づく取組への支援を行う。また、良好な景観の形成や歴史的風致の維持・向上を推進するため、景観・歴史資源となる建造物の改修等の支援を行う。

(7) 景観法の基本理念などの普及啓発、多様な主体の参加を図るための景観に関する教育、法制度の効果的な活用のあり方や優良事例に関する情報提供の取組・景観計画策定等への支援等により、引き続き良好な景観形成を推進する。

令和2年度土地に関する基本的施策

第11節 適正な土地の管理の確保方策の推進

1 周辺に悪影響を与える管理不全の土地等に関する対策

(1) 公共事業によるハード整備等の対策や、空き地等に関する条例、「空家等対策の推進に関する特別措置法」（平成26年法律第127号）等に基づく取組など、地方公共団体等の取組を引き続き支援するとともに、防災上課題のある崖地など管理不全の土地に関連する制度のあり方について検討を進める。

(2) インフラに関する防災対策の観点から、インフラ隣接地の土地所有者等による適正な管理を確保するほか、必要に応じてインフラ管理者が事前防災や早期復旧を円滑に行うための仕組みについても検討を進める。

2 民民関係での適正な土地の管理の確保（民事基本法制の見直し）

所有者不明土地の管理の合理化のための方策として、土地の管理に特化した財産管理制度の創設に向けて、法制審議会民法・不動産登記法部会において検討が行われており、また、近傍の土地所有者等による管理不全の土地の所有者に対する管理措置請求制度など、隣接所有者による所有者不明土地の利用・管理を円滑に行う仕組みについても、同部会において検討が行われており、これを踏まえた民事基本法制の見直しに取り組む。

第12節 所有者不明土地問題への対応方策の推進

(1) 土地基本法における基本理念や基本的施策を踏まえて、「土地基本方針」（令和2年5月26日閣議決定）に基づき、政府一体となって所有者不明土地の発生抑制・解消及び円滑な利用・管理の確保に関する諸施策を推進する。

(2) 「所有者不明土地の利用の円滑化等に関する特別措置法」（平成30年法律第49号）のより一層の理解の深化を図るため、引き続き、地方協議会の開催等を通じ、地方公共団体の支援に努める。また、地域福利増進事業のモデルとなり得る先進事例となる取組への支援、制度の普及のための講習会の開催を行うほか、令和2年税制改正において延長した地域福利増進事業に係る税制特例措置の周知を行い、引き続き同法の積極的な活用を推進する。

(3) 所有者が不明である農地について、農業委員会による探索・公示手続を経て、農地中間管理機構が利用権を取得できる制度等により、所有者不明農地の利用を促進する「農業経営基盤強化促進法等の一部を改正する法律」（平成30年法律第23号）について、引き続きその活用に向けた普及啓発を図る。

(4) 所有者の全部又は一部が不明であり、手入れが行き届いていない森林については、森林経営管理法の特例措置に基づいて市町村に経営管理を行う権利の設定等を行い、森林の適切な経営管理を推進する「森林経営管理法」（平成30年法律第35号）の円滑な運用のため、森林経営管理制度に係る事務の手引の説明等を通じ、地方公共団体の支援に努める。また、同法の規定に基づき、共有者不明森林又は所有者不明森林に関する情報のインターネットの利用による提供等に努める。

(5) 表題部所有者不明土地の登記及び管理の適正化に関する法律（令和元年法律第15号）の制定によって、歴史的な経緯により不動産登記簿の表題部所有者欄が正常に記録されていない登記を解消することを目的とした制度が創設されたところであり、当該制度の円滑な運用を図る。

(6) 共有者の一部が不明である土地を円滑・適正に利用するための仕組みや、ライフラインの導管等を設置するために他人の土地を使用することができる制度等について、法制審議会民法・不動産登記法部会において検討が行われており、これを踏まえた民事基本法制の見直しに取り組む。

(7)　相続登記の申請が義務化されていないことや特に価値の低い土地を相続した者には相続登記手続きに対する負担感があることなどを背景として相続登記がされないまま放置された所有者不明土地が発生していることを踏まえ、法制審議会民法・不動産登記法部会において、相続登記の申請の義務化や登記手続の負担軽減による不動産登記情報の最新化を図る方策について検討が行われており、これを踏まえた民事基本法制の見直しに取り組む。

(8)　法制審議会民法・不動産登記法部会において、土地の管理不全化を防止するとともに所有者不明土地の発生を抑制する観点から、放棄しようとする土地が適切に管理されていることや、相当な努力を払ってもなお譲渡等をすることができないことなどの一定の要件の下で土地の所有権放棄を認め、国に土地を帰属させる制度の創設についても検討が行われており、これを踏まえた民事基本法制の見直しに取り組む。

(9)　令和2年度からの新たな国土調査事業十箇年計画に基づき、地籍調査の円滑化・迅速化を図り、土地に関する基礎的情報である境界の明確化を推進することで、所有者不明土地の発生抑制に貢献する。

(10)　令和元年12月に改訂した「所有者の所在の把握が難しい土地に関する探索・利活用のためのガイドライン」の更なる普及啓発等を行う。

令和2年度土地に関する基本的施策

第3章 土地の取引に関する施策

第1節 不動産取引市場の整備等

(1) 宅地建物取引における消費者利益の保護と宅地建物取引業の健全な発展を図るため、宅地建物取引業法の適正な運用に努める。

(2) 不動産流通市場の整備・活性化を進めるための施策を総合的に推進するため、以下の施策を行う。

① 第201回国会に提出された「賃貸住宅の管理業務等の適正化に関する法律案」に基づく、新制度の円滑な運用に向けた必要な環境整備等を行い、賃貸住宅管理業等の適正化を図る。

② 「全国版空き家・空き地バンク」の更なる活用促進を図るとともに、不動産業団体による空き家等の利活用に向けた先進的な取組に対する支援を実施する。

③ 不動産業分野における消費者サービスや業務効率の向上を図るため、売買取引におけるIT重説や重要事項説明書等の書面の電子化等の社会実験の実証結果を検証するとともに、不動産市場におけるAIやIoT等の活用の動向や課題等を調査検討し、不動産取引における新技術の利用促進に向けた施策の具体化について検討する。

(3) 行政と民間の専門家等により構成し、地域における相談体制の構築や空き地・空き家の情報共有をしつつ、土地の適正な利用・管理に向けたマッチング・コーディネート、土地所有者等に代わる管理などの機能を担うランドバンクの取組や、リノベーション等による低未利用の不動産の再生の取組の全国展開による適正な土地の利用を推進する。（再掲）

(4) インスペクション（建物状況調査等）の活用促進や、インスペクションが行われた既存住宅であること等を示す「安心R住宅」制度等を通じ、売主・買主が安心して取引ができる市場環境を整備し、既存住宅の流通を促進する。

(5) 外国人を相手方とする不動産取引等に関するトラブル防止のためのマニュアルの普及など不動産市場の国際化を踏まえた必要な施策を講じる。

(6) 不動産を賃貸する事業を営む事業者に対して、新型コロナウイルス感染症の影響により、賃料の支払いが困難な事情があるテナントへの賃料の支払いの猶予に応じるなど、柔軟な措置の実施を検討するよう不動産関連団体を通じて依頼するとともに、賃料の減免や猶予に応じた賃貸事業者への支援策を措置する。

第2節 不動産投資市場の整備

人口減少や少子高齢化といった課題に直面している中で、我が国の不動産市場において、国内外の資金を適切に活用し、都市における生産性の向上や地方の創生を図ることが、経済成長と国民生活の豊かさの実現のために必要となっている。これらの課題に対応し、「未来投資戦略2017」において掲げている、令和2年頃にリート等の資産総額を約30兆円にする目標を達成するため、以下の施策を実施する。

(1) 公的不動産（PRE）等の証券化に関する地方公共団体・事業者等のネットワークを構築するとともに、空き家等の再生やPREの活用に向けた不動産証券化のモデル事業支援や小規模不動産特定共同事業の業務管理者への支援を行う。

さらに、SDGsやESG[3]の視点も含め、適切な不動産投資を促進するため、不動産特定共同事業について、所要の措置を講ずる。

---

[3] Environment（環境）、Social（社会）、Governance（ガバナンス）の略。

(2) ブロックチェーン技術を活用した不動産投資手法について調査し、当該不動産投資手法の位置づけの整理・検討を行う。

(3) リート市場の更なる拡大や、不動産特定共同事業における民間の資金・アイデアを活用した老朽不動産の再生等を推進するため、リート、ＳＰＣ及び特例事業者等が不動産を取得する場合における登録免許税及び不動産取得税の特例措置を引き続き講じる。

(4) 環境不動産等の良質な不動産の形成を促進するため、耐震・環境不動産形成促進（Re-Seed）事業の適切な監督等に努め、耐震・環境性能に優れた良質な不動産の形成を促進し、地域の再生・活性化に資するまちづくり及び地球温暖化対策を推進する。

(5) 気候変動が一因と考えられる異常気象が世界各地で発生するなかで、企業によるＴＣＦＤ（気候関連財務情報開示タスクフォース）提言に基づく情報開示の推進に向けた課題整理など、不動産分野へのＥＳＧ投資の促進に向けた環境整備を行う。

(6) 不動産価格の動向を適時・的確に把握するとともに不動産市場の透明性の向上を図る観点から、不動産価格指数、既存住宅販売量指数に関する取組、民間等と連携して不動産市場の動向に関する情報の新たな活用方法について検討を行うとともに、不動産の取引価格・取引量の動きを面的に表示できるようにするためのモデルの構築等の取組を推進する（第4章第4節（3）を参照）。

第3節　土地税制における対応

土地取引の活性化や土地の有効利用の促進などの観点から、土地の取得、保有、譲渡それぞれの段階において、引き続き税制上の措置を講じる。

令和2年度税制改正において講じた主な措置は、下記のとおりである。

(1) 低未利用地の適切な利用・管理を促進するため、個人が、譲渡価額が500万円以下の一定の低未利用地等を譲渡した場合、長期譲渡所得から100万円を控除する特例措置を令和2年7月1日より創設する。（再掲：第2章第3節（1））

(2) 特定の資産の買換えの場合等の課税の特例における長期所有の土地、建物等から国内にある土地、建物等への買換えについて、買換資産から鉄道事業用車両運搬具を除いた上で、その適用期限を3年延長する。

(3) 土地譲渡益に対する追加課税制度（一般・短期）の適用停止措置及び適用除外措置（優良住宅地の造成等のための譲渡等に係る適用除外）の期限を3年延長する。

第4節　不動産市場における国際展開支援と国際化を踏まえた対応

(1) ＡＳＥＡＮ諸国等の政府職員に対する研修などを通じて、我が国不動産企業の進出先におけるビジネス環境の改善に資する制度の整備・普及を支援するとともに、二国間の枠組や国際交渉等の場を活用し、現地における事業実施にあたっての法的安定性の確保や制度・運用の改善等を通じてビジネス環境の整備を図る。

(2) 我が国不動産企業の参入対象となり得る市場の動向や相手国政府の不動産投資に対する方針等を踏まえ、相手国政府と連携した不動産開発投資セミナーの開催やミッション団派遣等を通じて、海外における我が国不動産企業のビジネス展開を支援する。

第5節　土地取引制度の適切な運用

土地の投機的取引及び地価の高騰が国民生活に及ぼす弊害を除去し、適正かつ合理的な土地利用を確保するため、引き続き、土地取引情報等を把握する土地取引規制基礎調査等を実施し、「国土利用計画法」（昭和49年法律第92号）に基づく土地取引規制制度等の適切な運用に努める。

第4章 土地に関する調査の実施及び情報の提供等に関する施策

第1節 国土調査の推進等

(1) 市町村等が行う地籍調査について、令和2年5月26日に閣議決定された第7次国土調査事業十箇年計画に基づき、国土調査法等の改正により新たに導入される所有者不明等の場合でも円滑に調査を進めるための手続きや、都市部・山村部の地域特性に応じた効率的な調査手法の導入を図りつつ、政策効果の高い地域での地籍調査を重点的に支援することにより、地籍調査を推進する。

　① 山村部における空中写真、航空レーザ測量等のリモートセンシングデータの活用や都市部におけるMMS（モービルマッピングシステム）による計測データの活用などの地域特性に応じた先進的・効率的な地籍調査手法について、国が当該手法を活用して地籍調査に役立つ基礎的な情報を整備し、当該手法の活用事例を蓄積・普及することにより、その導入を推進する。

　② 民間事業者や地方公共団体の公共事業部局等が作成する地籍調査以外の測量成果であって、地籍調査と同等以上の精度を有する測量成果について、地籍整備への更なる活用を図るための支援を行う。

　③ 地籍調査の円滑な推進のため、地籍調査の経験豊富な有識者を市町村に派遣し、調査上の課題の克服に向けた助言を行う地籍アドバイザー派遣制度の更なる活用を図るとともに、国が新制度や新手法の周知・普及を図ることにより、市町村等への支援を強化する。

(2) 土地本来の自然地形や改変状況、災害履歴等の情報を整備・提供する土地履歴調査について、新たな国土調査事業十箇年計画（令和2年度策定）に基づき、これまでの三大都市圏等に加え、地方中枢・中核都市のDID及び周辺地域における調査を順次実施する。

(3) 地下水に関する基礎的な情報として、全国の深井戸の情報を収集・整理した全国地下水資料台帳の整備・更新を行う。

(4) 我が国の土地の所有・利用状況や取引の実態等を明らかにするための統計資料の作成・整備及び行政資料等の収集・分析を行う。令和2年度は、「法人土地・建物基本調査(平成30年度に実施した5年周期の基幹統計調査)」及び「世帯土地統計（平成30年度に総務省が実施した「住宅・土地統計調査」の結果を転写・集計する加工統計）」の確報集計結果を公表する。また、2つの結果を合わせた「土地基本調査総合報告書」を公表する。

第2節 国土に関する情報の整備等の推進

(1) 国土数値情報については、地価公示、都道府県地価調査等の更新を行うとともに、国土政策に必要な情報の整備を引き続き進める。また、これらの国土情報をウェブ上でダウンロード、閲覧できるよう「国土数値情報ダウンロードサービス」（http://nlftp.mlit.go.jp/ksj/）、「国土情報ウェブマッピングシステム」（http://nrb-www.mlit.go.jp/webmapc/mapmain.html）の運用、拡充を行う。

(2) 基盤地図情報、主題図、台帳情報、統計情報、空中写真等の地理空間情報を高度に活用できる社会の実現に向け、「地理空間情報活用推進基本計画」（平成29年3月閣議決定）に基づき、基盤地図情報をはじめとした社会の基盤となる地理空間情報の整備・更新や、G空間情報センターを中核とした地理空間情報の流通・利活用等によりG空間プロジェクトを推進する。また、産学官の連携によりG空

間ＥＸＰＯを開催するなど知識の普及、人材の育成等を推進する。

(3)　基本測量に関する長期計画に基づき、国土の最も基盤的な情報インフラとなる地理空間情報の整備、流通、活用がもたらす新しい社会を実現するため、ＧＮＳＳを用いた電子基準点測量等の高精度な基準点測量、電子国土基本図の整備等を実施し、基盤地図情報の継続的な更新を図り、広く一般の利用に供する。

　　また、地理空間情報の活用を推進するため、測量成果等を統合的に検索・閲覧・入手することが可能となる地理空間情報ライブラリー（http://geolib.gsi.go.jp/）を運用する。

　　さらに、公共測量において基盤地図情報の活用を進めるとともに高度化する測量技術に対応するため、作業規程の準則の改正に必要な検討を行うとともに、地方公共団体等における準用を促進するため、普及に努める。

第3節　土地に関する登記制度の整備

(1)　全国の都市部における地図混乱地域のほか、大都市や地方の拠点都市の枢要部等、地図整備の緊急性及び必要性が高い地域について、登記所備付地図作成作業を重点的かつ集中的に行う。

(2)　筆界特定制度について、引き続き適正・円滑に運用する。

(3)　「所有者不明土地の利用の円滑化等に関する特別措置法」（平成30年法律第49号）に基づき、長期間にわたり相続登記等が未了となっている土地について、当該土地の相続人の探索や登記手続の簡略化等により、更なる相続登記の促進を図る。

(4)　「表題部所有者不明土地の登記及び管理の適正化に関する法律」（令和元年法律第15号）の制定によって、歴史的な経緯により不動産登記簿の表題部所有者欄が正常に記録されていない登記を解消することを目的とした制度が創設されたところであり、当該制度の円滑な運用を図る。

(5)　法制審議会民法・不動産登記法部会において相続登記の申請の義務化や登記手続の負担軽減による不動産登記情報の最新化を図る方策についての検討が行われており、これを踏まえた民事基本法制の見直しに取り組む。

(6)　不動産登記を中心にした登記簿と他の公的機関の台帳等との連携により、個人情報保護にも配慮しつつ、関係行政機関が土地所有者に関する情報を円滑に把握できる仕組みを構築することを目指し、検討を進める。

　　これとあわせ、土地に関する各種台帳情報連携を促進するとともに、これを容易にするためのデータ形式の見直しやシステム間の調整を行い、オンライン化の取組も含めた情報連携の仕組みの構築に向けた検討を進める。

第4節　不動産取引情報の推進等

(1)　令和3年地価公示は、制度インフラとしての役割を果たすために、全国26,000地点の標準地について実施する結果に基づき、地価動向の分析結果の公表を行う。また、令和2年都道府県地価調査については、各都道府県知事が実施する結果に基づき、地価動向の分析結果の公表を行う。さらに、地価動向を先行的に表しやすい三大都市圏等の主要都市の高度利用地100地区について、四半期毎の地価動向を公表する。地価公示等について、地価の個別化・多極化に対応した調査方法の見直しを行うなど、よりきめ細やかに地価動向を把握・発信する。

(2)　不動産取引価格等の調査は、平成17年度から三大都市圏の政令指定都市を中心に開始し、現在は全国に拡大して実施している。調査によって得られた情報は、標準地の公示価格の判定に役立てるとともに、個別の物件が容易に特定できないよう配慮して、取引された不動産の種類（土地、土地と建

物、中古マンション等、農地、林地）別に所在地（大字又は町名まで）、取引価格、取引時期、面積、建物の用途・構造、最寄り駅等の情報を四半期別にとりまとめ、インターネット（土地総合情報システム（https://www.land.mlit.go.jp/webland/））を通じて公表しており、令和２年度も、取引価格等の調査を実施し、得られた情報を公表する。

(3) 不動産価格の動向を適時・的確に把握するとともに不動産市場の透明性の向上を図るため、以下の取り組みを行う。

① 不動産価格指数については、住宅・商業用不動産ともに昨年度と同様の頻度で公表を行う。

② 現在、試験運用を行っている不動産価格指数（商業用不動産）については、ＩＭＦ等の国際機関の動向を踏まえた検討等を行う。

③ 既存住宅販売量指数をはじめとする多角的な指標の整備を推進する。

④ 民間等と連携して不動産市場の動向に関する情報の新たな活用方法について検討を行うとともに、不動産の取引価格・取引量の動きを面的に表示できるようにするためのモデルの構築等を行う。

(4) 不動産鑑定評価の信頼性を更に向上させるため、不動産鑑定業者の能力に着目した業者選定に向けた依頼者への情報提供等の支援や、不動産鑑定業者に対する立入検査などを内容とする鑑定評価モニタリングを引き続き実施する。また、不動産鑑定評価基準等について、社会ニーズや環境の変化に的確に対応していくための検討を引き続き進める。

(5) 適正な地価の形成及び課税の適正化を図るため、以下の措置を実施する。

① 固定資産税における土地の評価については、地価公示価格等の７割を目途としてその均衡化・適正化を図るとともに、地価動向等を適切に反映した評価に努める。

② 土地の相続税評価については、引き続き評価時点を１月１日、評価割合を地価公示価格水準の原則８割としてその均衡化・適正化を図るとともに、地価動向等を適切に反映した評価に努める。

(6) 国土利用計画法に基づく取引情報の把握等を行う。

第5節　災害リスク等についての情報の提供等の推進

(1) 社会のニーズに応じた防災・減災に資する浸水想定や地域の土地の災害履歴等の災害リスク情報、不動産価格情報、「空き家・空き地バンク」に関する情報などを地理空間上において活用可能とするための情報の整備・公開・活用の推進、三次元化等により都市情報を可視化する「ｉ-都市再生」の技術開発等を通じ、土地の利用・管理・取引に関する施策の円滑な実施を促進する。

(2) 不動産取引時の重要事項説明として土砂災害警戒区域内や津波災害警戒区域内であるかどうか等を説明していることに加え、ハザードマップを活用した水害リスクに係る説明について、重要事項説明の対象に追加する方向で検討を深める。

(3) 不動産分野における、ＴＣＦＤ提言を踏まえた気候変動によるリスクと機会に関する情報開示を促進するための環境整備を行う。

第5章 土地に関する施策の総合的な推進

第1節 国・地方公共団体の連携協力

⑴ 具体的なPPP／PFI案件形成を促進するため、地域プラットフォームの全国への普及を促進する。その際、人口規模が小さい地方公共団体においても案件形成がなされるよう、また、地方企業の案件への参加が促進されるよう、全国の地方公共団体や、地元企業、地域金融機関の地域プラットフォームの参画を促す。あわせて、専門家の派遣や地方公共団体職員・地域事業者向けの研修・セミナーの実施等による人材育成、官民対話の機会の創出等を更に推進する。（再掲）

⑵ 「所有者不明土地の利用の円滑化等に関する特別措置法」（平成30年法律第49号）のより一層の理解の深化を図るため、引き続き、地方協議会の開催等を通じ、地方公共団体の支援に努める。また、地域福利増進事業のモデルとなり得る先進事例となる取組への支援、制度の普及のための講習会の開催を行うほか、令和2年税制改正において延長した地域福利増進事業に係る税制特例措置の周知を行い、引き続き同法の積極的な活用を推進する。（再掲）

第2節 関連分野の専門家等との連携協力

⑴ 独立行政法人都市再生機構において、都市再生機構の有するノウハウや技術をいかし、まちづくり事業に関する構想・計画策定に対する技術支援等を行う。（再掲）

⑵ 地籍調査の円滑な推進のため、地籍調査の経験豊富な有識者を市町村に派遣し、調査上の課題の克服に向けた助言を行う地籍アドバイザー派遣制度の更なる活用を図るとともに、国が新制度や新手法の周知・普及を図ることにより、市町村等への支援を強化する。（再掲）

第3節 土地に関する基本理念の普及等

　土地白書の公表や、10月の「土地月間」（10月1日は「土地の日」）に関する活動等を通じて、関係団体と連携しつつ、土地に関する基本理念の普及等を図るとともに、土地に関する各種施策・制度等の紹介を行う。

第4節 資金・担い手の確保

⑴ 行政と民間の専門家等により構成し、地域における相談体制の構築や空き地・空き家の情報共有をしつつ、土地の適正な利用・管理に向けたマッチング・コーディネート、土地所有者等に代わる管理などの機能を担うランドバンクの取組を推進する。（再掲）

⑵ 民間の創意工夫と事業意欲を積極的に活用しつつ良好なまちづくりを進めていくため、民間都市機構の支援業務を引き続き推進する。具体的には、地域金融機関と共同でまちづくりファンドを立ち上げ、エリアをマネジメントしつつ、複数のリノベーション事業等を連鎖的に進めていく。併せて、クラウドファンディングを活用してまちづくり事業を行う者を支援する地方公共団体等のまちづくりファンドに対して、資金拠出による支援を行うことで、クラウドファンディングなどの「志ある資

金」を活用したまちづくりを促進する。（再掲）

(3) 地域の価値向上を図り、土地の適正な利用に資するエリアマネジメント活動を推進するため、地域
再生エリアマネジメント負担金制度について、制度の内容や必要な手続を解説したガイドラインを活
用したコンサルティング等により、制度の活用を促進する。（再掲）

第6章 東日本大震災と土地に関する復旧・復興施策

第1節 土地利用関連施策

1 宅地関連施策

⑴ 津波災害対策等の推進のため、以下の施策を実施する。

　① 居住の安全性を確保するため、防災集団移転促進事業により、高台等への住宅の集団的移転を実施する地方公共団体に対する支援を行う。

　② 津波被害を受けた地域の復興に向け、津波復興拠点整備事業により、今後津波が発生した場合にも都市機能を維持し得る、地域全体の復興の拠点となる市街地の形成を支援する。

　③ 災害に強く、生産性の高い水産業と漁村の復興・創生に向け、漁業集落防災機能強化事業の活用により、安全・安心な居住環境を確保するための地盤嵩上げ、水産関係用地の整備、生活基盤や防災安全のための施設の整備等を支援する。

　④ 被災市街地の復興に向け、都市再生区画整理事業の活用により、公共施設と宅地の一体的・総合的な整備等に対する支援を行う。

　⑤ 被災市街地等において、被災者用住宅、福祉施設、商業施設等の一体的な整備を図るため、市街地再開発事業により、土地の整備、共同施設の整備等に対する支援を行う。

　⑥ 被災地の不良住宅が密集する地区において、防災性を向上させるため、住宅地区改良事業等により、不良住宅の除却、従前居住者用住宅の建設、避難路の整備等を支援する。

　⑦ 被災市街地等において、市街地環境の整備改善、良好な市街地住宅の供給等に寄与する優良建築物等の整備を図るため、優良建築物等整備事業により支援を行う。

　⑧ 福島県の原子力災害被災市町村において、福島復興再生拠点整備事業により、再生・復興の拠点となる市街地の形成を支援する。

⑵ 被災地において、がけ崩れ、土石流、雪崩、地すべり、津波、高潮、出水等の危険から住民の生命の安全を確保するため、がけ地近接等危険住宅移転事業により、災害危険区域等の区域内にある既存不適格住宅等の移転を支援する。

⑶ 液状化被災市街地の復興に向け、市街地液状化対策事業等により、公共施設と宅地との一体的な液状化対策等を推進する。

2 農地関連施策

　農地の復旧スケジュールと復旧までに必要な措置を明確化した「農業・農村の復興マスタープラン」等に基づき、農地・農業用施設の災害復旧及び除塩並びにこれと併せて行う区画整理等の事業を実施する。また、農業基盤の整備計画の策定や、区画整理、換地等に伴う農地集積のための農業者団体等による調査・調整活動への支援を行う。

3 土地利用再編等に向けた取組

　東日本大震災復興特別区域法の復興整備計画制度に基づき、許認可やゾーニングに係る手続のワンストップ処理、これらの許可に係る基準の緩和等の特例の活用を図り、復興に向けたまちづくり・地域づく

りを進めていくために必要となる市街地の整備や農業生産基盤の整備等の各種事業の円滑かつ迅速な実施を促進する。

第2節　住宅関連施策

1　災害公営住宅等の供給の支援

(1)　自力での住宅再建・取得が困難な被災者に対しては、地方公共団体が公営住宅（災害公営住宅）の供給を進めており、その整備等に要する費用や入居者を対象とした家賃減額に要する費用に対する助成及び入居者資格要件や譲渡に係る特例措置を引き続き講じる。

(2)　福島第一原子力発電所事故に係る対応として、避難指示区域に居住していた方々（避難者や帰還者）について、災害公営住宅の入居等に関し、災害による被災者と同様の措置をとることにより、居住の安定の確保を図る。

2　個人の住宅再建等への支援

(1)　引き続き、被災者の住宅再建等を支援するため、住宅金融支援機構による災害復興住宅融資について、金利の引下げや元金据置期間の延長等を行うほか、宅地に被害が生じた場合についても支援するため、災害復興宅地融資を実施する。

(2)　住宅金融支援機構から貸付けを受けている被災者に対して、最長5年の払込みの猶予・返済期間の延長や、猶予期間中の金利の引下げ措置を実施し、引き続き支援を行う。

(3)　勤労者財産形成持家融資について、被災した勤労者が住宅の取得、補修のために勤労者財産形成持家融資を新たに受ける場合に、金利の引下げや元金据置期間を設定することができる特例措置を実施するとともに、既に勤労者財産形成持家融資を受けて返済中の勤労者に対し、罹災の程度に応じて、返済猶予、返済猶予期間中の金利の引下げ、返済期間の延長等の措置を実施する。

第3節　住宅再建・まちづくりの加速化に向けた取組

災害公営住宅の建設等や民間住宅等用宅地の整備といった事業が着実に完了するよう、市町村に対しきめ細やかに実務支援を行うとともに、事業進展や社会状況の変化に伴い生じる新たな課題について、柔軟かつ迅速に対応する。

第4節　土地情報関連施策

1　土地境界の明確化の推進

(1)　土地境界の明確化により被災地の早期復旧・復興に貢献するため、地籍調査の実施状況に合わせて被災自治体を支援する。具体的には以下の取組を行う。

①　復旧・復興事業の迅速化のために土地境界の早期の明確化が重要であることを踏まえ、市町村等を財政的に支援して復旧・復興事業と連携した地籍調査を促進する。

②　地籍調査を実施中の地域において、地震により利用できなくなった測量成果の補正等の実施を支援する。

(2)　東日本大震災及び平成28年熊本地震の被災地（岩手県、宮城県、福島県及び熊本県）において，復旧・復興の更なる推進に寄与するため，登記所備付地図作成作業を実施する。

2 適正な取引確保のための土地取引情報の提供

　被災地における適正な土地取引を確保するため、岩手県、宮城県、福島県並びに仙台市の土地対策担当部局に対して、土地取引の実態把握に資する情報として、引き続き、当該県市内における土地取引の登記情報及び取引価格情報の提供を行う。

第5節　税制上の措置

　東日本大震災の被災者等の負担の軽減及び復旧・復興へ向けた取組の推進を図る観点から、土地等の取得、保有、譲渡それぞれの段階において、必要な税制上の措置を引き続き講じる。

資料編

1. 経済の動向

図表1	実質ＧＤＰ成長率と寄与度の推移

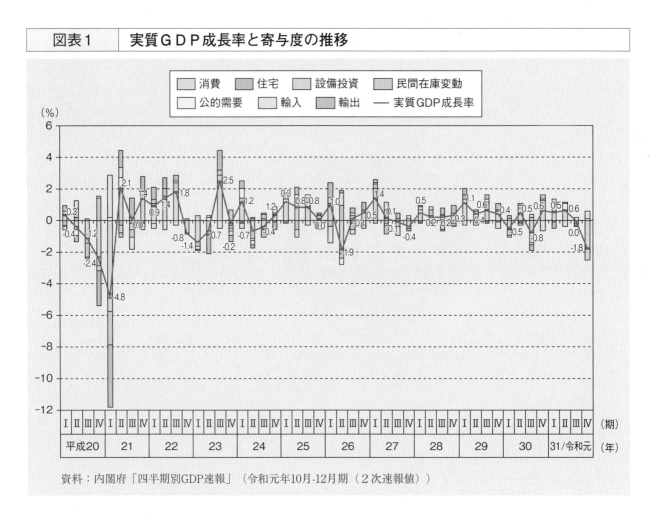

資料：内閣府「四半期別GDP速報」（令和元年10月-12月期（2次速報値））

図表2	生産・営業用設備ＤＩの推移

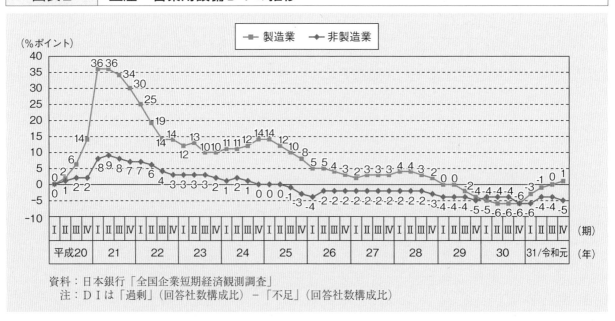

資料：日本銀行「全国企業短期経済観測調査」
注：ＤＩは「過剰」（回答社数構成比）－「不足」（回答社数構成比）

| 図表3 | 雇用判断DI、有効求人倍率の推移 |

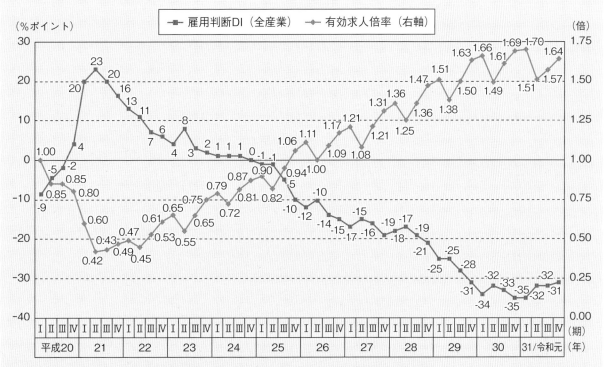

資料：日本銀行「全国企業短期経済観測調査」、厚生労働省「職業安定業務統計」
注1：DIは「過剰」（回答社数構成比）－「不足」（回答社数構成比）
注2：有効求人倍率は、原数値

| 図表4 | 実質家計最終消費支出の推移 |

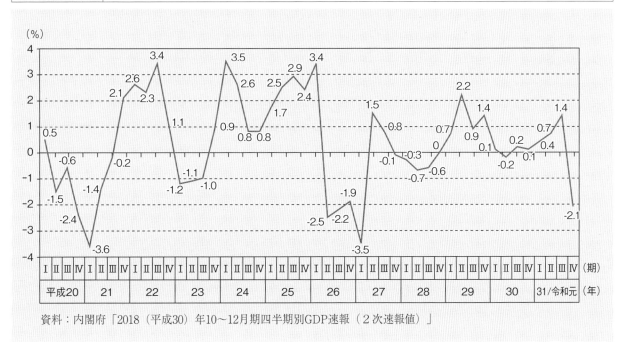

資料：内閣府「2018（平成30）年10～12月期四半期別GDP速報（2次速報値）」

2. 地価の動向

(1) 地価動向の的確な把握

① 地価公示制度の概要

　地価公示制度は、地価公示法に基づき、土地鑑定委員会が、毎年1回、都市計画区域その他の土地取引が相当程度見込まれるものとして国土交通省令で定める区域内で標準的な土地（標準地）を選定し、当該標準地について2人以上の不動産鑑定士の鑑定評価を求め、その正常な価格を判定して公示するものである。この公示価格は、一般の土地の取引価格に対する指標となるとともに、不動産鑑定士等が土地についての鑑定評価を行う場合及び公共事業の施行者が土地の取得価格を定める場合にはこれを規準としなければならず、また、収用委員会が収用する土地に対する補償金の額を算定する場合にこれを規準とした価格を考慮せねばならない等の効力を有する。地価公示制度は、これらにより、適正な地価の形成に寄与することをねらいとしている。また、国土利用計画法による土地取引規制における価格審査及び遊休土地の買取り価格の決定を地価公示対象区域内で行う場合には、公示価格を規準として行うべきこととされている。さらに、地価公示は、公的土地評価の相互の均衡化・適正化において、中心的な役割を果たしている。

　令和2年地価公示においては、全国26,000地点（うち、福島第一原子力発電所の事故の影響による7地点で調査を休止。）の標準地について、令和2年1月1日現在における価格が、同年3月19日付け官報をもって公示された。

　標準地の設定区域は、全国の市街化区域及び市街化調整区域に区分された都市計画区域約52,199平方キロメートル並びにその他の都市計画区域約50,242平方キロメートルの計約102,441平方キロメートルの区域並びに都市計画区域外の公示区域で、対象市区町村は1,376（23特別区、787市、528町及び38村）に達している（図表5）。

　標準地の設定密度は、市街化区域では、全国的におおむね約0.7平方キロメートル当たり1地点、市街化調整区域では、約27平方キロメートル当たり1地点、その他の都市計画区域では、約12平方キロメートル当たり1地点となっている。

図表5　地価公示の対象区域、標準地数等の推移

公示年別	対象区域	対象都道府県数	特別区	市	町	村	計	面積(km²)	地点数
昭和45	市街化区域 三大都市圏（東京、大阪及び名古屋）	8	23	72	17	1	113	3,681	970
46	市街化区域 三大都市圏及び北九州地区	13	23	126	45	2	196	5,060	1,350
47	市街化区域 三大都市圏及び人口50万以上の都市（北九州、札幌、仙台、広島及び福岡）地域	17	23	171	96	11	301	6,476	2,800
48	市街化区域 三大都市圏及びおおむね人口が30万以上の都市（前年の都市のほか新潟、金沢、静岡、岡山、松山、熊本、宇都宮、浜松、姫路、和歌山、長崎、鹿児島及び豊橋）地域	27	23	209	138	18	388	7,910	5,490
49	都市計画区域 市街化区域（全国）市街化調整区域（全国）その他の都市計画区域（市の区域）	47	23	642	357	58	1,080	64,110	14,570
50		47	23	643	400	60	1,126	66,130	15,010
51		47	23	643	397	57	1,120	66,130	15,010
52		47	23	644	396	58	1,121	68,680	15,010
53		47	23	645	404	56	1,128	69,050	15,580
54		47	23	646	406	55	1,130	69,300	16,480
55		47	23	646	408	54	1,131	69,350	17,030
56		47	23	646	412	52	1,133	69,580	17,380
57		47	23	649	409	52	1,133	69,590	17,600
58		47	23	651	412	49	1,135	69,634	16,975
59		47	23	651	414	49	1,137	69,680	16,975
60		47	23	651	415	48	1,137	69,739	16,975
61		47	23	651	419	45	1,138	69,805	16,635
62		47	23	653	420	43	1,139	69,878	16,635
63		47	23	655	417	42	1,137	70,074	16,820
平成元		47	23	655	409	41	1,128	69,653	16,840
2		47	23	655	410	39	1,127	69,729	16,865
3		47	23	655	411	38	1,127	69,840	16,892
4		47	23	661	404	36	1,124	70,097	17,115
5		47	23	663	403	35	1,124	70,312	20,555
6	都市計画区域 市街化区域（全国）市街化調整区域（全国）その他の都市計画区域（全国）	47	23	663	1,193	101	1,980	95,596	26,000
7		47	23	663	1,203	102	1,991	95,935	30,000
8		47	23	664	1,210	102	1,999	96,547	30,000
9		47	23	668	1,214	102	2,007	97,070	30,300
10		47	23	670	1,224	102	2,019	97,502	30,600
11		47	23	670	1,234	105	2,032	98,202	30,800
12		47	23	671	1,238	106	2,038	98,552	31,000
13		47	23	671	1,239	105	2,038	98,577	31,000
14		47	23	671	1,246	104	2,044	99,132	31,520
15		47	23	675	1,239	103	2,040	99,540	31,866
16		47	23	679	1,217	99	2,018	99,574	31,866
17		47	23	709	1,085	84	1,901	99,451	31,230
18	都市計画区域（全国）都市計画区域外の公示区域	47	23	758	727	61	1,569	99,666	31,230
19		47	23	776	615	47	1,461	99,754	30,000
20		47	23	779	598	47	1,447	99,920	29,100
21		47	23	779	589	46	1,437	100,051	28,227
22		47	23	779	578	45	1,425	100,075	27,804
23		47	23	782	548	43	1,396	100,010	26,000
24		47	23	782	540	43	1,388	101,105	26,000
25		47	23	785	538	43	1,389	101,408	26,000
26		47	23	785	531	39	1,378	101,669	23,380
27		47	23	785	530	38	1,376	101,923	23,380
28		47	23	785	530	38	1,376	101,993	25,270
29		47	23	786	529	38	1,376	102,204	26,000
30		47	23	786	529	38	1,376	102,141	26,000
31		47	23	787	528	38	1,376	102,444	26,000
令和2		47	23	787	528	38	1,376	102,441	26,000

資料：国土交通省「地価公示」
注1：「都市計画区域外の公示区域」は土地取引が相当程度見込まれるものとして国土交通省令で定める区域
注2：平成18年以降の面積は都市計画区域外の公示区域を除く
注3：平成24年～27年の対象市町村数及び地点数には、福島第一原子力発電所事故に伴う避難指示区域内において調査を休止した市町村及び休止した17地点が含まれている
注4：平成28年の対象市町村数及び地点数には、福島第一原子力発電所事故に伴う避難指示区域内において調査を休止した市町村及び休止した15地点が含まれている
注5：平成29年～30年の対象市町村数及び地点数には、福島第一原子力発電所事故に伴う避難指示区域内において調査を休止した市町村及び休止した12地点が含まれている
注6：平成31年の対象市町村数及び地点数には、福島第一原子力発電所事故に伴う避難指示区域内において調査を休止した市町村及び休止した7地点が含まれている

② 都道府県地価調査の実施

　都道府県地価調査は、国土利用計画法による土地取引の規制を適正かつ円滑に実施するため、国土利用計画法施行令第9条の規定に基づき、都道府県知事が、毎年1回、標準的な土地（基準地）を選定し、当該基準地について1人以上の不動産鑑定士等の鑑定評価を求め、その価格（標準価格）を判定して、周知するものである。都道府県地価調査において判定される価格も、地価公示と同じく正常な価格であり、これにより、国が行う地価公示とあわせて、全国にわたって標準的な地価及び地価動向に関する情報を提供している。

　令和元年都道府県地価調査は、全国21,540地点の基準地について行われ、令和元年7月1日現在の価格が同年9月20日、各都道府県より公表された（図表6）。

図表6	地価公示と都道府県地価調査との比較

調査名	地　価　公　示	都道府県地価調査
根拠法令等	地価公示法	国土利用計画法施行令
実施機関	国土交通省土地鑑定委員会	都道府県知事
調査結果の性格	各標準地の正常な価格	各基準地の正常な価格
対象地域	全国の都市計画区域その他の土地取引が相当程度見込まれる区域	全　国
調査地点数	25年　26,000地点 26年　23,380地点 27年　23,380地点 28年　25,270地点 29年　26,000地点 30年　26,000地点 31年　26,000地点 令和2年　26,000地点	24年　22,264地点 25年　21,989地点 26年　21,740地点 27年　21,731地点 28年　21,675地点 29年　21,644地点 30年　21,578地点 令和元年　21,540地点
価格時点	各年1月1日	各年7月1日
法令等に基づく目的・役割	①一般の土地の取引価格に対する指標の提供 ②不動産鑑定士等の鑑定評価の規準 ③相続税評価、固定資産税評価の目安 ④公共用地の取得価格の算定の規準 ⑤収用委員会の補償金の額の算定の規準 ⑥国土利用計画法による価格審査の規準 ⑦国土利用計画法に基づく土地の買収価格の算定の規準	①国土利用計画法による価格審査の規準 ②国土利用計画法に基づく土地の買収価格の算定の規準 ③地価公示の①から③についても、ほぼ同様の役割を果たしている。
創設年度	昭和44年度	昭和50年度
鑑定評価を行う不動産鑑定士	2人	1人

資料：国土交通省

③ 公的土地評価の均衡化・適正化

　公的土地評価には、地価公示、都道府県地価調査のほか、課税目的の評価としての相続税評価、固定資産税評価がある。

　公的土地評価に対する国民の信頼を確保するとともに、適正な地価の形成、課税の適正化に資する観点から、平成元年に成立した土地基本法等を踏まえ、関係省庁で連絡を図りつつ、その均衡化・適正化を推進している。

図表7	公的土地評価一覧

区　分	地　価　公　示	相　続　税　評　価	固　定　資　産　税　評　価
目　的　等	1　一般の土地取引価格の指標 2　不動産鑑定士等の鑑定評価の規準 3　公共事業用地の取得価格の算定の規準等	相続税及び贈与税課税のため （平成4年分の評価から公示価格の水準の8割程度）	固定資産税課税のため （平成6年度の評価替から公示価格の7割を目途）
評価機関	国土交通省土地鑑定委員会	国　税　局　長	市　町　村　長
価格時点	1月1日 （毎年公示）	1月1日 （毎年評価替）	1月1日 （3年に1度評価替）

資料：国土交通省

(2) 各圏域別の地価動向について

<table>
<tr><td colspan="2">図表8</td><td colspan="4">東京圏の地域別対前年平均変動率</td></tr>
</table>

(変動率：%)

			住　　宅　　地		商　　業　　地	
			平成31年	令和2年	平成31年	令和2年
			H30. 1. 1～H31. 1. 1	H31. 1. 1～R2. 1. 1	H30. 1. 1～H31. 1. 1	H31. 1. 1～R2. 1. 1
東　　　　京　　　　都			3.0	2.8	6.8	7.3
	東　京　都　区　部		4.8	4.6	7.9	8.5
		区　部　都　心　部	6.0	6.4	8.8	9.6
		区　部　南　西　部	4.0	3.7	6.7	7.0
		区　部　北　東　部	5.1	5.0	7.4	7.7
	多　　摩　　地　　域		1.0	0.8	2.4	2.5
神　　奈　　川　　県			0.3	0.4	2.4	2.7
	横　　　浜　　　市		1.0	1.1	3.2	3.5
	川　　　崎　　　市		1.7	1.6	4.8	5.1
	相　　模　　原　　市		1.2	1.4	2.2	2.5
	そ　　　の　　　他		△1.1	△0.9	0.2	0.6
埼　　　　玉　　　　県			0.8	1.1	1.7	2.2
	さ　　い　　た　ま　市		1.9	2.2	4.0	5.0
	そ　　　の　　　他		0.6	0.9	1.0	1.3
千　　　　葉　　　　県			0.7	0.8	3.6	4.1
	千　　　葉　　　市		1.1	1.3	3.0	4.1
	そ　　　の　　　他		0.6	0.7	3.7	4.1
茨　　　　城　　　　県			△0.5	△0.4	△0.2	△0.2
東　　　　京　　　　圏			1.3	1.4	4.7	5.2

資料：国土交通省「地価公示」
　注：区部都心部とは、千代田区、中央区、港区、新宿区、文京区、台東区、渋谷区、豊島区の各区、
　　　区部南西部とは、品川区、目黒区、大田区、世田谷区、中野区、杉並区、練馬区の各区、
　　　区部北東部とは、墨田区、江東区、北区、荒川区、板橋区、足立区、葛飾区、江戸川区の各区である

図表9　東京圏の市区の対前年平均変動率

（変動率：％）

都県及び市区名	住宅地 平成31年変動率	住宅地 令和2年 変動率	住宅地 令和2年 地点数	商業地 平成31年変動率	商業地 令和2年 変動率	商業地 令和2年 地点数
茨城県						
龍ケ崎市	△0.3	△0.3	14	0.0	0.0	5
常総市	△1.8	△1.3	11	△1.4	△0.9	3
取手市	△0.7	△0.7	33	△0.5	△0.4	7
牛久市	△0.2	△0.2	15	△0.6	△0.5	6
守谷市	0.7	0.7	13	1.8	1.8	3
坂東市	△0.5	△0.5	12	△1.0	△1.0	1
つくばみらい市	△0.8	△0.3	10	△0.2	△0.1	2
埼玉県						
さいたま市	1.9	2.2	155	4.0	5.0	51
西区	0.3	0.2	9	0.9	0.9	1
北区	2.3	2.5	21	2.5	2.8	3
大宮区	3.1	3.5	16	5.4	6.9	16
見沼区	0.4	0.8	16	1.7	1.7	3
中央区	2.6	3.3	14	2.9	4.2	6
桜区	1.0	1.0	9	1.2	1.2	1
浦和区	3.2	3.7	20	5.3	6.7	12
南区	2.8	3.1	19	4.3	5.7	3
緑区	1.9	1.4	17	3.1	3.5	2
岩槻区	0.0	△0.1	14	0.0	0.0	4
川越市	0.9	0.8	48	2.5	2.3	12
熊谷市	0.0	0.0	26	0.3	0.3	8
川口市	1.5	4.3	90	3.3	6.0	13
行田市	△1.2	△0.8	17	△1.0	△0.6	5
所沢市	1.2	1.0	50	1.6	1.2	10
飯能市	△0.2	△0.2	14	△0.7	△0.9	4
加須市	△0.4	△0.3	25	△0.3	△0.3	4
東松山市	0.4	0.0	15	0.0	0.2	3
春日部市	△0.1	0.1	35	0.0	0.0	7
狭山市	△0.2	△0.3	24	0.3	0.2	6
羽生市	△1.3	△1.1	14	△1.0	△0.9	3
鴻巣市	△0.3	△0.3	22	0.0	0.0	4
上尾市	0.3	0.4	30	0.7	0.7	5
草加市	2.0	1.6	30	2.5	2.6	4
越谷市	1.1	0.7	32	0.3	0.5	7
蕨市	0.9	4.3	6	1.2	4.6	1
戸田市	2.2	4.1	15	2.5	5.2	1
入間市	△0.2	△0.3	22	0.1	0.1	3
朝霞市	2.1	1.7	18	2.2	2.1	5
志木市	1.3	1.0	7	1.5	1.4	2
和光市	3.3	3.3	10	3.3	3.3	3
新座市	1.0	0.8	20	2.5	2.2	4
桶川市	△0.1	0.1	14	0.0	0.0	2
久喜市	0.0	△0.1	29	0.1	△0.1	6
北本市	△0.2	△0.2	13	0.0	0.0	2
八潮市	0.8	0.9	12	2.8	3.0	1
富士見市	2.1	1.7	13	2.9	2.6	5
三郷市	0.1	0.1	17	0.1	0.1	3
蓮田市	0.3	0.3	11	△0.1	△0.1	1
坂戸市	0.1	0.1	13	0.3	0.2	3
幸手市	△0.4	△0.2	7	△0.3	△0.3	2
鶴ケ島市	0.1	0.1	12	1.2	1.2	1
日高市	△0.5	△0.5	8	△0.6	△0.8	1
吉川市	0.0	0.1	6	0.0	0.0	1
ふじみ野市	2.5	2.2	12	2.9	2.4	3
白岡市	0.2	0.0	8	△0.2	△0.2	1
千葉県						
千葉市	1.1	1.3	151	3.0	4.1	35
中央区	1.9	2.1	40	3.3	4.6	22
花見川区	0.9	0.7	34	3.2	3.8	2
稲毛区	1.6	1.8	30	3.0	3.1	3
若葉区	0.1	0.5	24	1.3	2.6	2
緑区	0.2	0.7	14	1.1	4.7	1
美浜区	1.2	1.1	9	2.7	3.1	5
市川市	1.3	1.8	63	9.3	12.1	10
船橋市	1.3	1.6	84	5.0	7.3	19
木更津市	2.6	2.3	38	2.4	2.4	11
松戸市	0.7	0.8	69	5.2	4.5	16
野田市	△2.6	△2.2	31	△0.7	△0.9	4
成田市	0.9	0.8	28	2.3	1.9	5
佐倉市	△0.4	△0.2	37	0.0	0.3	6
習志野市	1.9	1.9	22	3.5	5.1	4
柏市	△0.5	△0.4	78	1.4	1.0	13
市原市	0.8	1.0	53	2.4	3.2	8
流山市	0.3	0.4	24	3.1	3.2	5
八千代市	0.8	0.3	31	3.0	1.9	6
我孫子市	△1.1	△1.5	32	0.4	0.6	3
鎌ケ谷市	0.5	0.3	17	2.5	1.9	3
君津市	5.2	4.3	21	6.3	5.3	6
富津市	△0.6	△1.2	10	0.0	0.0	1
浦安市	2.3	3.6	20	13.5	13.0	4
四街道市	△0.2	0.3	17	1.7	1.3	2
袖ケ浦市	1.6	2.0	13	2.5	4.1	1
印西市	△0.6	△0.5	16	△0.5	△0.6	4
白井市	△1.8	△1.2	9	0.0	0.0	1
富里市	0.1	0.1	6	0.0	0.0	1
東京都						
都区部平均	4.8	4.6	886	7.9	8.5	665
千代田区	2.9	3.1	7	7.7	7.7	53
中央区	4.7	4.0	10	8.9	8.3	53
港区	6.0	6.2	29	8.8	10.1	51
新宿区	5.9	6.9	29	7.8	8.1	49
文京区	7.0	7.3	24	8.0	8.5	27
台東区	7.2	6.8	6	11.0	14.9	48
墨田区	5.3	5.5	11	8.5	9.1	12
江東区	5.5	5.7	27	9.7	9.8	16
品川区	5.8	5.9	31	7.3	7.2	27
目黒区	4.2	4.1	32	6.3	6.6	18
大田区	3.3	3.4	56	4.7	5.8	36
世田谷区	4.2	3.5	108	8.1	7.6	32

都県及び市区名	住　宅　地			商　業　地			都県及び市区名	住　宅　地			商　業　地		
	平成31年変動率	令和2年変動率	令和2年地点数	平成31年変動率	令和2年変動率	令和2年地点数		平成31年変動率	令和2年変動率	令和2年地点数	平成31年変動率	令和2年変動率	令和2年地点数
渋　谷　区	5.3	6.1	26	9.0	8.9	33	南　　　区	1.3	1.4	18	2.0	2.6	7
中　野　区	4.7	4.3	29	7.3	8.5	24	保土ケ谷区	0.5	0.6	26	2.3	2.5	6
杉　並　区	4.3	3.8	64	7.9	8.6	20	磯　子　区	0.0	0.1	18	0.9	0.8	7
豊　島　区	7.0	7.5	22	8.9	9.9	30	金　沢　区	0.2	0.0	32	2.1	1.6	4
北　　　区	7.1	7.1	31	9.0	10.4	22	港　北　区	1.9	2.0	44	3.9	3.9	13
荒　川　区	8.6	8.8	17	9.4	10.1	12	戸　塚　区	0.7	0.4	40	1.5	1.5	13
板　橋　区	5.0	5.1	48	6.8	7.2	19	港　南　区	0.5	0.4	34	1.2	1.3	9
練　馬　区	3.3	3.0	92	5.0	4.9	17	旭　　　区	0.5	0.6	29	1.4	2.4	6
足　立　区	4.7	5.1	70	6.4	6.5	32	緑　　　区	0.6	0.8	24	1.1	2.0	5
葛　飾　区	3.3	2.6	46	5.3	5.0	18	瀬　谷　区	0.3	0.1	24	2.0	1.4	2
江　戸　川　区	4.7	4.1	71	5.8	5.4	16	栄　　　区	0.0	0.1	23	0.9	0.9	2
八　王　子　市	0.2	0.2	127	0.9	1.6	17	泉　　　区	1.0	0.7	25	0.7	0.7	4
立　川　市	2.1	1.8	31	5.3	4.6	8	青　葉　区	1.4	1.4	49	1.8	1.8	6
武　蔵　野　市	3.3	2.7	19	6.9	7.3	11	都　筑　区	1.5	1.6	24	1.6	2.0	6
三　鷹　市	2.9	2.2	31	3.5	3.4	12	川　崎　市	1.7	1.6	180	4.8	5.1	56
青　梅　市	△1.0	△1.2	28	0.1	0.1	5	川　崎　区	1.8	1.7	16	4.3	4.5	18
府　中　市	1.3	1.3	43	2.2	2.3	10	幸　　　区	2.2	2.3	11	5.8	6.4	6
昭　島　市	1.3	0.5	18	2.1	1.9	3	中　原　区	3.1	3.0	23	5.6	5.6	11
調　布　市	1.6	1.9	39	3.4	3.8	7	高　津　区	2.2	2.0	27	6.4	6.6	5
町　田　市	0.1	0.1	80	1.6	1.9	16	多　摩　区	2.4	2.1	32	4.1	4.5	5
小　金　井　市	2.7	2.7	18	4.6	5.7	5	宮　前　区	1.3	1.3	36	3.7	4.0	5
小　平　市	1.0	1.0	34	0.9	1.1	8	麻　生　区	0.2	0.1	35	4.4	5.0	5
日　野　市	0.7	0.0	37	2.8	2.4	6	相　模　原　市	1.2	1.4	100	2.2	2.5	24
東　村　山　市	0.7	0.6	21	0.9	1.0	9	緑　　　区	2.1	2.2	27	3.7	3.8	7
国　分　寺　市	1.7	1.3	16	2.2	1.3	7	中　央　区	0.6	0.7	36	1.2	1.8	8
国　立　市	2.3	1.3	11	2.8	2.1	3	南　　　区	1.2	1.4	37	1.9	2.3	9
福　生　市	0.7	0.7	11	0.9	0.7	5	横　須　賀　市	△2.4	△2.4	70	△0.4	△0.2	16
狛　江　市	1.4	2.0	12	2.0	2.7	2	平　塚　市	△1.2	△1.1	42	△0.5	△0.1	9
東　大　和　市	0.7	0.3	21	0.2	0.2	3	鎌　倉　市	△0.2	0.1	43	1.9	2.7	6
清　瀬　市	0.8	0.5	15	0.9	0.9	2	藤　沢　市	0.1	0.2	61	0.4	0.6	16
東　久　留　米　市	1.0	0.8	22	1.1	0.9	4	小　田　原　市	△1.9	△1.7	36	△0.6	△0.5	15
武　蔵　村　山　市	0.2	0.1	16	0.3	0.3	2	茅　ケ　崎　市	0.3	0.4	33	0.8	1.5	5
多　摩　市	0.0	0.0	32	0.7	1.0	5	逗　子　市	△0.3	0.2	15	0.6	1.2	3
稲　城　市	3.1	2.9	25	3.1	4.4	3	三　浦　市	△4.6	△4.1	14	△3.8	△3.4	2
羽　村　市	0.2	△0.1	9	0.6	1.1	1	秦　野　市	△2.4	△2.1	35	△1.4	△1.1	6
あきる野市	0.0	△0.5	23	0.0	0.0	2	厚　木　市	△0.8	△0.5	35	1.0	2.6	10
西　東　京　市	1.8	1.6	31	3.7	4.1	8	大　和　市	0.7	0.8	27	0.7	1.5	5
神奈川県							伊　勢　原　市	△0.7	△0.3	16	2.0	2.2	6
横　浜　市	1.0	1.1	485	3.2	3.5	159	海　老　名　市	1.0	1.1	18	2.7	3.2	3
鶴　見　区	1.6	1.6	28	2.8	3.3	14	座　間　市	0.3	0.1	14	1.2	1.4	3
神　奈　川　区	2.9	3.1	24	5.7	6.7	11	南　足　柄　市	△3.1	△2.9	10	ー	ー	ー
西　　　区	2.8	3.6	8	7.4	7.4	18	綾　瀬　市	△0.6	△0.5	13	0.0	0.6	1
中　　　区	2.6	2.7	15	3.9	4.5	26							

資料：国土交通省「地価公示」

187

（変動率：％）

	住　宅　地		商　業　地	
	平成31年	令和2年	平成31年	令和2年
	H30. 1. 1〜H31. 1. 1	H31. 1. 1〜R2. 1. 1	H30. 1. 1〜H31. 1. 1	H31. 1. 1〜R2. 1. 1
大　　阪　　府	0.2	0.4	6.5	7.7
大　　阪　　市	0.8	1.2	10.6	13.3
中　心　6　区	4.0	6.0	14.0	17.6
北　　大　　阪	0.7	1.0	5.8	5.2
東　　大　　阪	△0.4	△0.3	0.9	1.0
南　　大　　阪	0.0	0.2	2.3	2.6
堺　　　　　市	1.5	2.1	6.3	6.5
兵　　庫　　県	0.3	0.5	4.4	4.9
神　　戸　　市	0.4	0.5	6.1	6.0
東　部　4　区	2.1	2.4	8.8	8.4
阪　神　地　域	0.3	0.5	2.6	3.7
京　　都　　府	1.1	1.0	11.2	9.5
京　　都　　市	2.0	1.8	13.4	11.2
中　心　5　区	3.6	3.0	14.3	12.1
そ　　の　　他	△0.1	△0.1	1.7	2.0
奈　　良　　県	△0.5	△0.6	0.9	1.5
奈　　良　　市	0.5	0.4	5.1	7.8
大　　阪　　圏	0.3	0.4	6.4	6.9

資料：国土交通省「地価公示」
注1：大阪市の中心6区とは、福島区、西区、天王寺区、浪速区、北区、中央区の各区である
注2：北大阪とは、豊中市、池田市、吹田市、高槻市、茨木市、箕面市、摂津市、島本町、豊能町、能勢町、東大阪とは、守口市、
　　　枚方市、八尾市、寝屋川市、大東市、柏原市、門真市、東大阪市、四條畷市、交野市、南大阪とは、大阪市、北大阪、東大阪
　　　を除くその他の大阪府である
注3：神戸市の東部4区とは、東灘区、灘区、兵庫区、中央区の各区である
注4：阪神地域とは、尼崎市、西宮市、芦屋市、伊丹市、宝塚市、川西市、三田市、猪名川町である
注5：京都市の中心5区とは、北区、上京区、左京区、中京区、下京区の各区である

図表11　大阪圏の市区の対前年平均変動率

(変動率：％)

府県及び市区名	住宅地 平成31年変動率	住宅地 令和2年 変動率	住宅地 令和2年 地点数	商業地 平成31年変動率	商業地 令和2年 変動率	商業地 令和2年 地点数
京都府						
京都市	2.0	1.8	213	13.4	11.2	98
北区	2.4	1.8	25	4.4	5.6	6
上京区	7.2	6.2	13	6.6	5.6	5
左京区	2.5	2.0	37	7.3	6.9	7
中京区	6.5	5.8	5	14.3	14.4	21
東山区	5.9	6.2	7	31.4	23.9	10
下京区	5.8	5.6	6	21.7	15.6	18
南区	1.9	2.2	10	17.3	12.8	6
右京区	0.8	0.7	24	3.0	3.9	4
伏見区	0.2	0.2	36	2.8	4.8	12
山科区	△0.1	0.0	26	2.1	1.7	5
西京区	1.8	1.8	24	2.7	3.3	4
宇治市	0.4	0.4	34	2.4	2.3	10
亀岡市	0.4	0.4	18	△0.7	0.0	2
城陽市	0.0	0.3	14	0.0	0.0	1
向日市	0.8	0.9	8	1.4	2.6	3
長岡京市	0.9	1.2	15	4.9	4.8	2
八幡市	△0.4	△0.4	15	1.1	1.1	1
京田辺市	△0.4	△0.2	15	0.9	2.1	2
南丹市	△1.2	△1.1	11	0.0	0.0	1
木津川市	△0.9	△1.5	22	0.0	0.0	1
大阪府						
大阪市	0.8	1.2	222	10.6	13.3	167
都島区	1.6	1.8	8	4.9	5.2	3
福島区	4.2	5.7	7	11.6	12.6	8
此花区	0.1	1.8	6	0.9	4.8	2
西区	9.5	20.3	1	10.6	20.3	20
港区	1.0	1.5	8	1.9	6.6	4
大正区	△0.1	0.0	5	1.8	4.8	1
天王寺区	1.9	5.0	8	7.9	8.9	4
浪速区	8.2	8.4	1	16.7	17.7	10
西淀川区	0.2	0.6	9	1.4	1.7	2
東淀川区	0.4	0.3	19	0.7	3.6	6
東成区	0.1	0.4	6	1.6	1.5	4
生野区	0.3	0.5	12	0.6	0.7	1
旭区	0.0	0.0	9	0.0	0.0	3
城東区	0.6	1.0	17	2.7	2.9	1
阿倍野区	0.4	0.2	9	4.4	6.0	4
住吉区	0.4	0.5	17	2.6	4.0	4
東住吉区	0.1	0.3	15	△0.1	0.1	2
西成区	0.7	2.5	7	9.9	13.4	3
淀川区	0.8	0.8	11	10.0	7.9	8
鶴見区	0.4	0.4	10	1.2	1.2	2
住之江区	0.1	0.1	11	--	2.8	1
平野区	0.1	0.1	18	0.6	0.7	3
北区	4.3	4.5	5	15.1	17.2	29
中央区	5.8	6.4	3	15.1	18.2	42
堺市	1.5	2.1	129	6.3	6.5	16
堺区	2.3	3.2	25	9.9	9.9	6
中区	0.2	0.1	18	1.0	1.6	3
東区	0.7	1.3	15	1.0	6.1	1
西区	0.4	1.7	25	1.3	4.8	2
南区	△0.3	△0.5	13	0.7	1.4	1
北区	5.4	6.1	22	15.1	11.5	2
美原区	△0.1	0.4	11	0.0	0.0	1
岸和田市	△0.2	△0.2	42	0.8	0.7	6
豊中市	1.0	1.3	55	5.6	7.1	11
池田市	0.2	0.7	20	8.0	4.6	4

府県及び市区名	住宅地 平成31年変動率	住宅地 令和2年 変動率	住宅地 令和2年 地点数	商業地 平成31年変動率	商業地 令和2年 変動率	商業地 令和2年 地点数
吹田市	1.1	1.5	55	12.0	9.3	13
泉大津市	△0.2	△0.3	12	0.9	1.1	5
高槻市	0.0	0.2	43	2.4	2.6	9
貝塚市	△0.2	0.0	23	0.8	2.6	2
守口市	△0.5	△0.5	18	0.0	0.4	6
枚方市	0.1	0.3	56	2.4	2.5	12
茨木市	0.8	0.9	34	4.6	3.8	8
八尾市	△0.2	△0.1	36	0.5	0.8	7
泉佐野市	0.5	0.7	22	1.8	2.6	7
富田林市	△0.6	△0.4	27	0.9	2.0	4
寝屋川市	△0.8	△0.9	28	0.9	0.9	7
河内長野市	△0.9	△0.9	27	0.5	1.6	4
松原市	△0.4	△0.2	18	0.0	△0.2	3
大東市	△0.5	△0.4	17	0.2	0.2	6
和泉市	△0.1	△0.1	33	0.9	0.9	3
箕面市	1.5	1.5	27	4.4	3.7	6
柏原市	△0.7	△0.5	17	0.0	1.6	2
羽曳野市	△1.1	△1.0	21	0.5	0.6	3
門真市	△0.9	△0.7	18	0.3	0.6	4
摂津市	0.0	0.4	14	0.7	1.1	6
高石市	1.1	0.8	11	1.7	1.5	3
藤井寺市	△0.6	△0.5	13	0.6	0.5	3
東大阪市	△0.3	△0.3	56	0.8	0.7	17
泉南市	△0.5	△0.5	20	0.3	0.3	2
四條畷市	△0.6	△0.8	10	1.2	0.6	3
交野市	△0.7	△0.4	16	0.0	0.0	2
大阪狭山市	0.2	0.5	12	3.6	2.8	2
阪南市	△0.9	△1.1	18	0.0	0.0	1
兵庫県						
神戸市	0.4	0.5	284	6.1	6.0	61
東灘区	1.3	1.7	33	2.9	3.8	6
灘区	3.9	4.2	21	4.9	6.1	4
兵庫区	1.5	1.4	16	3.2	2.9	5
長田区	0.2	0.2	18	0.8	1.1	5
須磨区	△0.3	△0.3	39	1.3	1.8	8
垂水区	0.0	0.4	59	1.6	1.8	3
北区	△1.1	△1.0	50	0.9	1.9	3
中央区	2.2	2.6	13	12.1	11.0	25
西区	△0.5	△0.4	35	0.7	0.7	2
尼崎市	△0.1	0.1	48	1.5	2.7	15
西宮市	0.9	0.9	90	3.0	4.1	13
芦屋市	2.0	2.2	17	5.2	7.6	4
伊丹市	1.1	1.4	35	3.5	4.9	9
宝塚市	0.1	0.5	49	2.4	3.1	8
川西市	△1.1	△0.7	34	3.1	3.2	3
三田市	△0.8	△0.7	16	△0.1	0.4	3
奈良県						
奈良市	0.5	0.4	63	5.1	7.8	16
大和高田市	△0.4	△0.2	10	0.1	0.3	4
大和郡山市	△0.2	△0.1	13	0.0	0.0	8
天理市	△0.4	△0.4	17	△0.2	△0.6	4
橿原市	0.0	0.3	19	0.3	0.2	10
桜井市	△0.5	△0.5	13	△0.2	△0.2	6
五條市	△2.1	△2.5	10	△2.5	△2.4	3
御所市	△1.1	△0.9	8	△1.5	△1.4	2
生駒市	0.4	0.2	29	1.1	1.1	5
香芝市	0.0	△0.2	18	1.4	1.2	3
葛城市	△0.7	△0.7	7	△0.7	△0.6	1
宇陀市	△1.0	△0.9	15	△0.3	△0.3	1

資料：国土交通省「地価公示」

図表12　名古屋圏の地域別対前年平均変動率

（変動率：%）

	住　宅　地		商　業　地	
	平成31年	令和2年	平成31年	令和2年
	H30.1.1～H31.1.1	H31.1.1～R2.1.1	H30.1.1～H31.1.1	H31.1.1～R2.1.1
愛　知　県	1.4	1.2	5.0	4.4
名　古　屋　市	2.3	2.0	8.9	7.7
尾　張　地　域	0.9	0.7	1.1	1.2
西　三　河　地　域	1.8	1.9	1.3	1.4
知　多　地　域	△0.2	△0.1	△0.2	0.0
三　　　重　　　県	△0.3	△0.1	0.6	1.0
四　日　市　市	△0.1	0.1	0.8	1.2
名　古　屋　圏	1.2	1.1	4.7	4.1

資料：国土交通省「地価公示」
注：愛知県の地域区分は、以下のとおりである
　尾張地域：一宮市、瀬戸市、春日井市、津島市、犬山市、江南市、小牧市、稲沢市、尾張旭市、岩倉市、豊明市、日進市、
　　　　　　愛西市、清須市、北名古屋市、弥富市、あま市、長久手市、東郷町、豊山町、大口町、扶桑町、大治町、蟹江町、
　　　　　　飛島村
　西三河地域：岡崎市、碧南市、刈谷市、豊田市、安城市、西尾市、知立市、高浜市、みよし市、幸田町
　知多地域：半田市、常滑市、東海市、大府市、知多市、阿久比町、東浦町、南知多町、美浜町、武豊町

図表13　名古屋圏の市区の対前年平均変動率

（変動率：%）

県及び市区名	住　宅　地			商　業　地			県及び市区名	住　宅　地			商　業　地		
	平成31年変動率	令和2年変動率	地点数	平成31年変動率	令和2年変動率	地点数		平成31年変動率	令和2年変動率	地点数	平成31年変動率	令和2年変動率	地点数
愛知県							安　城　市	2.3	3.0	22	1.7	1.9	9
名　古　屋　市	2.3	2.0	346	8.9	7.7	223	西　尾　市	△0.5	△0.7	38	△0.3	△0.5	10
千　　種　　区	2.1	1.9	26	7.0	6.5	23	犬　山　市	△0.2	△0.6	18	0.0	△0.5	4
東　　　　　区	5.4	6.0	13	14.1	11.2	14	常　滑　市	△0.5	△0.3	15	△0.3	△0.2	4
北　　　　　区	0.7	1.1	18	2.2	2.8	12	江　南　市	0.3	0.3	9	0.0	0.3	6
西　　　　　区	1.8	2.1	17	5.1	6.7	17	小　牧　市	0.3	0.4	25	0.7	0.6	8
中　　村　　区	6.4	3.2	16	14	13.2	32	稲　沢　市	0.4	0.1	19	0.6	1.0	4
中　　　　　区	24.1	18.5	5	19.5	14.2	41	東　海　市	0.5	0.8	28	0.4	0.9	6
昭　　和　　区	3.6	1.2	12	3.5	2.1	10	大　府　市	2.8	2.6	16	3.1	3.5	5
瑞　　穂　　区	2.2	1.1	17	2.1	1.7	8	知　多　市	△0.3	△0.1	16	△0.5	0.0	4
熱　　田　　区	5.7	5.7	13	10.8	12.1	10	知　立　市	2.0	2.6	14	1.8	2.4	3
中　　川　　区	0.5	0.7	40	1.9	2.1	14	尾　張　旭　市	0.7	0.5	20	0.0	1.1	3
港　　　　　区	0.3	0.8	20	1.1	1.1	7	高　浜　市	0.9	1.2	12	1.4	1.1	2
南　　　　　区	1.3	1.2	21	0.5	1.4	7	岩　倉　市	0.5	0.6	10	0.2	0.2	4
守　　山　　区	2.2	1.9	36	1.9	1.8	8	豊　明　市	1.7	2.0	11	1.3	1.3	3
緑　　　　　区	1.0	0.7	40	1.3	1.1	7	日　進　市	2.4	1.3	14	3.2	2.5	2
名　　東　　区	2.7	2.1	24	2.4	2.6	7	愛　西　市	△0.5	△2.1	11	--	--	--
天　　白　　区	1.5	1.1	28	2.3	1.8	6	清　須　市	0.4	0.8	25	0.8	1.6	3
岡　　崎　　市	1.8	1.8	72	0.6	0.5	32	北名古屋市	0.1	0.7	17	0.0	0.7	2
一　　宮　　市	1.3	0.9	46	1.8	2.0	26	弥　富　市	0.3	0.3	11	0.0	0.0	1
瀬　　戸　　市	0.9	0.6	38	0.4	0.0	9	み　よ　し　市	2.0	1.6	9	1.1	1.4	2
半　　田　　市	0.1	0.2	28	△0.4	0.0	9	あ　ま　市	0.0	0.1	18	△0.3	△0.4	2
春　日　井　市	2.2	2.1	48	2.3	2.2	14	長　久　手　市	3.7	2.3	13	3.7	3.0	2
津　　島　　市	△0.5	△1.5	10	△0.7	△1.2	3	三重県						
碧　　南　　市	0.8	1.0	19	0.0	0.2	4	四　日　市　市	△0.1	0.1	62	0.8	1.2	28
刈　　谷　　市	3.1	3.6	29	3.3	4.0	7	桑　名　市	△0.3	△0.2	37	0.4	0.6	7
豊　　田　　市	3.3	2.9	58	3.8	3.4	13	い　な　べ　市	△0.7	△0.6	7	△0.6	△0.2	2

資料：国土交通省「地価公示」

図表14　地方圏の市区別変動率（人口10万人以上の市）

（人口：万人、変動率：％）

地方	道県	都市名（人口）	住宅地 平成31年 変動率	住宅地 令和2年 変動率	住宅地 令和2年 地点数	商業地 平成31年 変動率	商業地 令和2年 変動率	商業地 令和2年 地点数
北　海　道	北　海　道	札　幌　市　（196）	4.0	7.1	307	8.8	10.2	148
		中　央　区　（24）	5.7	8.0	26	14.5	14.8	33
		北　　　区　（29）	4.9	7.3	46	12.2	12.1	18
		東　　　区　（26）	3.8	6.6	37	7.2	8.3	17
		白　石　区　（21）	6.5	9.2	27	10.1	11.4	16
		豊　平　区　（22）	4.7	7.3	32	8.8	9.6	13
		南　　　区　（14）	0.3	2.1	37	1.9	3.5	11
		西　　　区　（22）	4.1	5.9	29	5.7	6.8	17
		厚　別　区　（13）	6.2	10.5	27	9.5	13.2	9
		手　稲　区　（14）	2.8	9.9	27	1.2	6.4	9
		清　田　区　（11）	1.4	6.5	19	0.5	3.8	5
		函　館　市　（26）	△0.3	△0.3	32	1.1	1.5	23
		小　樽　市　（12）	△0.6	0.9	32	2.5	11.2	12
		旭　川　市　（34）	△0.4	△0.4	63	0.0	0.3	23
		釧　路　市　（17）	△0.2	△0.2	32	0.1	0.0	15
		帯　広　市　（17）	1.1	2.9	29	△0.2	0.3	9
		北　見　市　（12）	△0.4	△0.4	14	△1.0	△0.8	5
		苫　小　牧　市　（17）	△1.6	△1.1	51	△1.4	△1.2	17
		江　別　市　（12）	0.1	1.5	29	0.0	0.6	8
東　　北	青　森　県	青　森　市　（28）	△0.4	△0.4	48	0.1	0.2	20
		弘　前　市　（17）	0.0	0.3	31	△0.1	0.1	9
		八　戸　市　（23）	△0.3	△0.2	35	0.1	0.1	13
	岩　手　県	盛　岡　市　（29）	0.4	0.7	46	1.2	0.9	19
		一　関　市　（12）	△2.3	△2.0	5	△4.3	△3.4	4
		奥　州　市　（12）	△0.8	△0.7	9	△3.4	△3.4	4
	宮　城　県	仙　台　市　（106）	5.8	5.7	222	10.7	10.9	81
		青　葉　区　（29）	6.7	7.1	60	12.6	12.9	50
		宮　城　野　区　（19）	3.5	3.7	39	7.6	7.9	12
		若　林　区　（14）	6.0	5.0	29	9.3	9.9	9
		太　白　区　（23）	6.0	6.4	53	6.1	5.6	5
		泉　　　区　（21）	6.0	5.3	41	6.1	5.8	5
		石　巻　市　（14）	△0.6	△0.7	22	0.7	0.2	12
		大　崎　市　（13）	△0.1	0.1	12	△1.9	△0.7	6
	秋　田　県	秋　田　市　（31）	△0.1	0.2	60	△0.3	0.2	25
	山　形　県	山　形　市　（25）	2.6	3.1	23	0.6	1.6	15
		鶴　岡　市　（13）	△0.5	△0.3	11	△1.2	△1.2	6
		酒　田　市　（10）	△0.1	0.0	17	△1.4	△1.1	3
	福　島　県	福　島　市　（28）	2.3	1.7	38	2.3	2.1	20
		会　津　若　松　市　（12）	0.7	0.4	24	0.0	△0.1	8
		郡　山　市　（32）	2.2	1.5	52	1.9	1.7	17
		い　わ　き　市　（32）	1.1	0.0	77	1.1	0.2	19
	新　潟　県	新　潟　市　（79）	0.7	0.7	107	0.5	0.7	35
		北　　　区　（7）	1.2	0.8	10	△0.7	△0.3	2
		東　　　区　（14）	1.6	1.8	12	0.5	1.2	5
		中　央　区　（18）	1.6	1.6	22	1.4	1.7	19
		江　南　区　（7）	1.3	1.4	13	--	--	--
		秋　葉　区　（8）	△0.7	△0.7	16	△1.4	△1.2	4
		南　　　区　（4）	△0.5	△0.5	3	--	--	--
		西　　　区　（16）	0.6	0.6	25	0.6	0.4	2
		西　蒲　区　（6）	△1.8	△1.5	6	△3.0	△2.7	3
		長　岡　市　（27）	△1.0	△0.9	48	△1.6	△1.3	15
		上　越　市　（19）	△1.9	△1.6	35	△2.8	△2.3	10
関　　東	茨　城　県	水　戸　市　（27）	△0.5	△0.5	48	△0.3	△0.2	17
		日　立　市　（18）	△0.6	△0.5	38	0.5	0.4	8
		土　浦　市　（14）	△0.1	0.0	32	0.0	0.1	9
		古　河　市　（14）	△0.1	0.0	26	0.1	0.0	8
		つ　く　ば　市　（23）	△0.3	△0.2	28	1.1	1.1	6
		ひ　た　ち　な　か　市　（16）	△0.4	△0.1	31	△0.6	△0.5	6
		筑　西　市　（11）	△0.6	△0.8	19	△0.7	△0.6	4
	栃　木　県	宇　都　宮　市　（52）	0.3	0.4	77	0.7	0.9	32
		足　利　市　（15）	△1.5	△1.8	33	△1.3	△1.2	5
		栃　木　市　（16）	△1.0	△1.5	44	△1.2	△2.4	9
		佐　野　市　（12）	△1.1	△1.2	32	△0.7	△1.2	6
		小　山　市　（17）	0.3	0.4	27	0.2	0.4	7
		那　須　塩　原　市　（12）	△1.4	△1.4	8	△1.2	△1.1	4
	群　馬　県	前　橋　市　（34）	△0.3	△0.3	44	△0.2	△0.2	25
		高　崎　市　（37）	0.1	0.2	43	1.8	2.3	22
		桐　生　市　（11）	△1.5	△1.6	23	△1.3	△1.5	10
		伊　勢　崎　市　（21）	△0.2	△0.3	25	△0.1	△0.4	9
		太　田　市　（22）	0.1	0.1	35	0.7	0.7	12
	埼　玉　県	深　谷　市　（14）	0.0	0.0	22	0.0	0.1	5
	山　梨　県	甲　府　市　（19）	△0.9	△0.6	30	△0.1	0.0	21
	長　野　県	長　野　市　（38）	0.1	△0.4	48	0.4	0.4	24
		松　本　市　（24）	0.8	0.9	34	0.4	0.7	18
		上　田　市　（16）	△0.4	△0.4	10	△0.9	△0.9	6
		飯　田　市　（10）	△0.4	△0.4	5	△1.3	△1.1	6

地方	道県	都市名（人口）	住宅地			商業地		
			平成31年 変動率	令和2年 変動率	地点数	平成31年 変動率	令和2年 変動率	地点数
北陸	富山県	富山市（42）	0.8	0.8	68	0.7	0.7	31
		高岡市（17）	△0.7	△0.7	32	△0.6	△0.9	12
	石川県	金沢市（45）	2.0	4.3	67	4.5	5.5	30
		小松市（11）	△0.2	0.6	17	△0.8	0.9	4
		白山市（11）	0.1	1.3	10	△0.8	△0.5	3
	福井県	福井市（26）	△0.5	△0.5	40	0.5	0.6	18
中部	岐阜県	岐阜市（41）	△0.6	△0.6	68	△0.3	△0.1	29
		大垣市（16）	△0.5	△0.6	29	△0.2	△0.5	12
		多治見市（11）	△0.3	△0.1	16	0.8	1.6	6
		各務原市（15）	△0.5	△0.3	21	△0.2	△0.1	5
		可児市（10）	△0.7	△0.9	6	0.3	0.4	3
	静岡県	静岡市（70）	△0.5	△0.6	84	1.3	1.0	36
		葵区（25）	0.2	△0.1	25	2.4	1.9	20
		駿河区（21）	△0.3	△0.3	28	1.3	1.0	8
		清水区（24）	△1.3	△1.3	31	△1.3	△0.9	8
		浜松市（80）	0.0	0.1	87	0.8	0.9	39
		中区（24）	1.0	1.1	28	1.4	1.5	27
		東区（13）	0.5	0.6	14	0.0	0.3	2
		西区（11）	△0.8	△0.9	13	0.6	0.4	3
		南区（10）	△1.0	△0.7	8	△1.6	△1.4	3
		北区（9）	△0.5	△0.5	13	--	--	--
		浜北区（10）	0.2	0.3	8	0.0	0.2	3
		天竜区（3）	△4.4	△3.8	3	△4.8	△3.4	1
		沼津市（20）	△1.5	△1.3	30	△1.3	△1.2	12
		三島市（11）	△0.1	△0.1	14	0.2	0.4	6
		富士宮市（13）	△1.1	△1.0	28	△0.8	△0.9	5
		富士市（25）	△1.2	△1.1	39	△1.0	△0.7	13
		磐田市（17）	△0.7	△0.7	23	△0.1	△0.1	4
		焼津市（14）	△2.1	△1.7	17	△2.2	△1.9	4
		掛川市（12）	△1.2	△1.0	8	△1.3	△1.3	4
		藤枝市（15）	△0.5	△0.5	20	1.2	1.8	4
	愛知県	豊橋市（38）	△0.2	0.0	42	0.3	1.0	22
		豊川市（19）	△0.7	△0.3	34	△0.6	△0.2	9
	三重県	津市（28）	△0.9	△0.6	43	△0.6	△0.4	21
		伊勢市（13）	△2.1	△1.6	12	△1.1	0.4	6
		松阪市（16）	△2.1	△1.5	23	△1.3	△0.8	7
		鈴鹿市（20）	△0.5	△0.3	32	△0.6	△0.2	8
近畿	滋賀県	大津市（34）	△0.5	△0.5	58	1.9	1.9	20
		彦根市（11）	△1.2	△1.3	18	△0.5	△0.6	9
		長浜市（12）	△1.4	△1.5	19	△0.7	△0.7	9
		草津市（13）	1.4	1.8	14	2.2	3.3	8
		東近江市（11）	△0.9	△1.3	22	0.1	0.2	6
	兵庫県	姫路市（54）	△0.9	△0.7	90	1.4	1.6	26
		明石市（30）	0.3	0.6	35	1.7	1.8	13
		加古川市（27）	△0.1	△0.3	22	1.5	1.6	8
	和歌山県	和歌山市（37）	△0.7	△0.6	44	0.3	0.3	28
中国	鳥取県	鳥取市（19）	△0.6	△0.3	36	△1.1	△0.9	14
		米子市（15）	△0.1	△0.1	18	△0.3	△0.3	8
	島根県	松江市（20）	△0.1	0.1	40	△0.3	△0.1	13
		出雲市（18）	△0.3	0.0	10	△1.0	△0.7	8
	岡山県	岡山市（71）	0.4	0.8	95	2.4	2.7	48
		北区（30）	1.1	1.6	34	3.0	3.5	32
		中区（15）	1.5	1.7	18	2.3	2.7	5
		東区（10）	△0.9	△0.5	19	△0.1	0.1	4
		南区（17）	△0.3	0.0	24	0.3	1.0	7
		倉敷市（48）	△0.8	0.1	82	0.6	0.9	24
		津山市（10）	△1.2	△1.0	9	△1.7	△1.2	4
	広島県	広島市（120）	2.7	3.1	189	5.8	7.7	68
		中区（13）	6.0	6.7	15	7.3	9.4	30
		東区（12）	2.4	3.2	23	5.8	7.4	6
		南区（14）	5.2	5.7	17	6.2	8.6	10
		西区（19）	3.4	3.8	29	4.8	7.5	9
		安佐南区（24）	2.7	2.9	34	5.1	5.3	4
		安佐北区（15）	0.0	0.3	28	1.2	1.4	3
		安芸区（8）	0.9	1.2	17	1.4	2.3	3
		佐伯区（14）	2.9	2.9	26	3.2	3.5	3
		呉市（22）	△0.8	△0.3	34	0.0	0.4	17
		尾道市（14）	△1.3	△1.0	26	△1.4	△1.1	8
		福山市（47）	0.1	0.4	76	1.8	3.0	22
		東広島市（19）	0.8	0.9	28	1.0	2.0	7
		廿日市市（12）	1.7	2.6	22	2.6	3.9	5
	山口県	下関市（26）	0.7	0.9	53	△0.6	△0.2	22
		宇部市（17）	△0.7	0.3	6	△1.0	△0.7	6
		山口市（19）	0.3	0.5	11	0.0	0.4	8
		防府市（12）	0.0	0.2	18	△0.1	0.2	8
		岩国市（14）	0.2	0.6	24	0.1	0.2	11
		周南市（14）	△0.2	0.0	27	△0.3	△0.2	13

地　　　方	道　県	都市名（人口）	住宅地			商業地		
			平成31年 変動率	令和2年 変動率	地点数	平成31年 変動率	令和2年 変動率	地点数
四　　　　国	徳　島　県	徳　島　市　（　25　）	0.2	0.3	43	0.2	0.3	16
	香　川　県	高　松　市　（　43　）	0.4	0.6	57	0.7	1.1	25
		丸　亀　市　（　11　）	△0.2	△0.1	13	△0.2	△0.1	5
	愛　媛　県	松　山　市　（　51　）	△0.2	0.0	43	0.6	0.8	35
		今　治　市　（　16　）	△0.6	△0.6	24	△1.2	△1.3	6
		新　居　浜　市　（　12　）	△1.0	△0.9	20	△1.5	△1.3	6
		西　条　市　（　11　）	△1.1	△1.1	17	△1.9	△1.9	7
	高　知　県	高　知　市　（　33　）	△0.4	△0.4	48	△0.2	0.2	18
九　州　沖　縄	福　岡　県	北　九　州　市　（　96　）	△0.1	0.1	142	1.0	1.3	73
		門　司　区　（　10　）	△0.6	△0.6	19	0.2	0.3	11
		若　松　区　（　8　）	△1.0	△0.8	16	△1.0	△0.7	6
		戸　畑　区　（　6　）	0.7	0.6	7	0.8	1.1	7
		小　倉　北　区　（　18　）	△0.2	0.0	20	3.6	3.8	18
		小　倉　南　区　（　21　）	0.2	0.4	27	0.5	0.9	7
		八　幡　東　区　（　7　）	△0.9	△0.7	15	0.5	1.2	6
		八　幡　西　区　（　25　）	0.8	1.0	38	0.1	0.5	18
		福　岡　市　（　154　）	5.3	6.8	196	12.3	16.5	86
		東　区　（　31　）	4.4	5.6	42	12.9	14.0	8
		博　多　区　（　23　）	5.5	11.1	16	16.1	21.5	24
		中　央　区　（　19　）	7.7	9.2	22	13.3	20.5	27
		南　区　（　26　）	7.5	8.3	32	9.8	9.4	11
		西　区　（　21　）	3.5	5.3	24	5.5	7.9	5
		城　南　区　（　13　）	4.0	4.9	17	7.7	6.8	2
		早　良　区　（　22　）	4.9	5.4	43	6.5	9.1	9
		大　牟　田　市　（　12　）	△1.3	△1.2	22	△1.1	△1.2	8
		久　留　米　市　（　31　）	0.6	1.2	36	2.2	2.8	15
		飯　塚　市　（　13　）	△0.8	△0.5	9	△1.4	△1.0	7
		筑　紫　野　市　（　10　）	4.7	9.1	12	4.6	8.6	3
		春　日　市　（　11　）	9.0	9.6	15	9.2	8.5	3
		大　野　城　市　（　10　）	7.5	8.2	13	8.7	10.6	2
		糸　島　市　（　10　）	1.1	3.1	10	0.9	2.6	2
	佐　賀　県	佐　賀　市　（　23　）	1.1	1.4	26	2.6	3.2	15
		唐　津　市　（　12　）	△0.3	△0.5	11	△1.4	△1.1	7
	長　崎　県	長　崎　市　（　42　）	1.0	1.3	64	5.9	5.3	21
		佐　世　保　市　（　25　）	△0.1	0.1	43	0.6	0.6	18
		諫　早　市　（　14　）	0.1	0.3	15	0.1	0.3	6
	熊　本　県	熊　本　市　（　73　）	1.3	1.5	93	6.2	6.3	42
		中　央　区　（　18　）	2.4	2.7	23	9.5	10.0	22
		東　区　（　19　）	1.8	1.8	23	2.7	1.8	6
		西　区　（　9　）	0.2	0.1	14	2.2	2.8	7
		南　区　（　13　）	1.2	1.4	14	1.3	1.9	3
		北　区　（　14　）	0.4	0.6	19	1.2	1.7	4
		八　代　市　（　13　）	△0.4	△0.4	7	△0.9	△0.8	4
	大　分　県	大　分　市　（　48　）	1.6	2.4	79	1.6	2.1	37
		別　府　市　（　12　）	0.3	0.5	25	2.0	2.1	16
	宮　崎　県	宮　崎　市　（　40　）	0.2	0.3	64	0.2	0.4	26
		都　城　市　（　17　）	△1.3	△1.2	15	△2.3	△1.6	8
		延　岡　市　（　12　）	△0.2	0.0	22	△1.0	△0.8	10
	鹿　児　島　県	鹿　児　島　市　（　60　）	0.1	0.2	68	0.9	0.9	33
		鹿　屋　市　（　10　）	△1.3	△1.2	8	△2.1	△1.5	5
		霧　島　市　（　13　）	△1.7	△1.4	13	△1.6	△1.3	8
	沖　縄　県	那　覇　市　（　32　）	10.6	9.9	30	17.5	20.1	19
		浦　添　市　（　11　）	10.6	9.9	13	11.4	11.6	4
		沖　縄　市　（　14　）	9.8	11.1	8	7.2	9.4	5
		う　る　ま　市　（　12　）	6.1	6.7	6	3.4	3.3	4

資料：国土交通省「地価公示」
　注：表中の人口は住民基本台帳に基づく人口(平成３０年１月１日現在)による概数である

資料編

図表15	名目 GDP と地価の推移

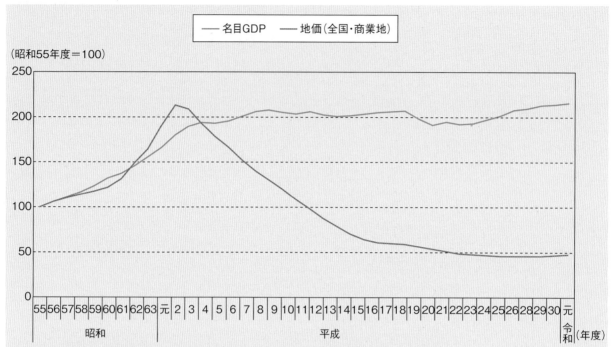

資料：内閣府「国民経済計算」、一般財団法人日本不動産研究所「市街地価格指数」より作成
注1：地価は年度末の数値
注2：名目GDPについては、昭和55年から平成5年までは「平成23年基準支出側GDP系列簡易遡及」より作成、
　　　平成6年以降は「平成30年度国民経済計算年次推計」より作成、
　　　令和元年度は、令和2年6月8日公表の「2020年1〜3月期2次速報値」より作成

3. 土地取引の動向

図表16	制度部門別土地純購入額の推移

凡例：非金融法人企業　金融機関　一般政府　家計（個人企業を含む）　対家計民間非営利団体

（10億円）

資料：内閣府「国民経済計算」より作成
注：赤字の数値は、各年の純購入総額（＝純売却総額）

図表17	土地売却主体の状況（面積割合）

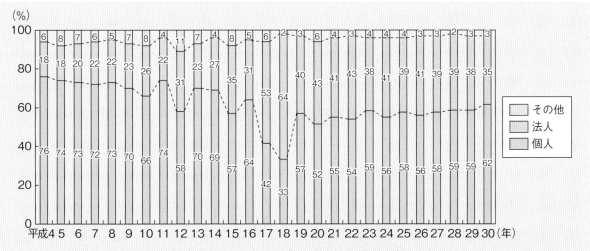

凡例：その他　法人　個人

資料：国土交通省「土地保有移動調査」（〜H29）及び「土地保有・動態調査」（H30〜）より
注：平成19年までの面積は、全国で行われた売買による所有権移転登記のあった土地取引から、抽出率50分の1で
　　無作為抽出した土地取引データを基に分析
　　平成20年以降は全数を分析

195

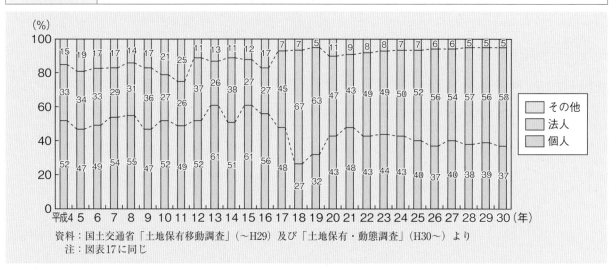

図表18　土地購入主体の状況（面積割合）

資料：国土交通省「土地保有移動調査」（～H29）及び「土地保有・動態調査」（H30～）より
注：図表17に同じ

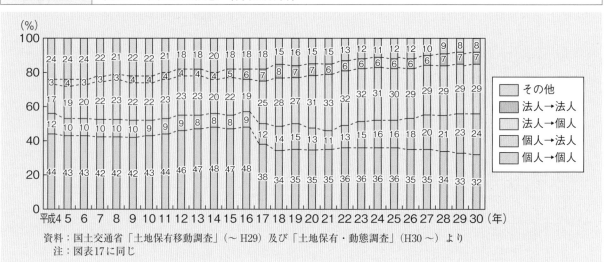

図表19　売主・買主の形態（件数割合）

資料：国土交通省「土地保有移動調査」（～H29）及び「土地保有・動態調査」（H30～）より
注：図表17に同じ

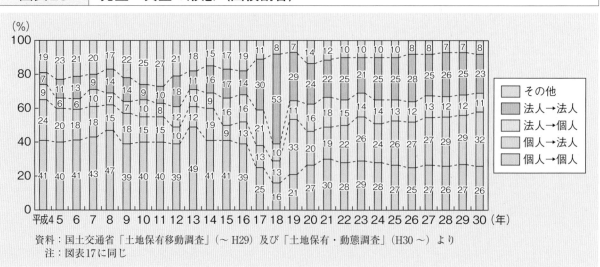

図表20　売主・買主の形態（面積割合）

資料：国土交通省「土地保有移動調査」（～H29）及び「土地保有・動態調査」（H30～）より
注：図表17に同じ

図表21 土地取引の地目別割合（件数割合）

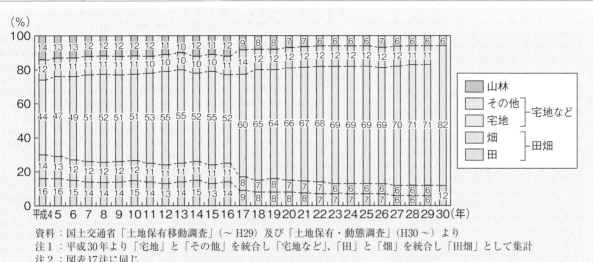

資料：国土交通省「土地保有移動調査」（〜 H29）及び「土地保有・動態調査」（H30〜）より
注1：平成30年より「宅地」と「その他」を統合し「宅地など」、「田」と「畑」を統合し「田畑」として集計
注2：図表17注に同じ

図表22 土地取引の地目別割合（面積割合）

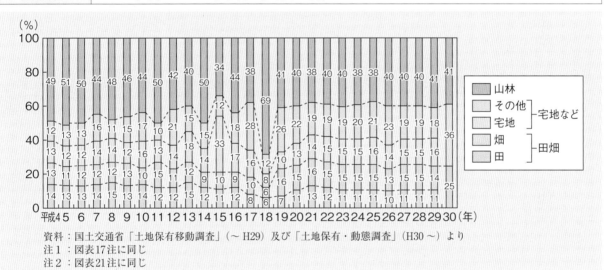

資料：国土交通省「土地保有移動調査」（〜 H29）及び「土地保有・動態調査」（H30〜）より
注1：図表17注に同じ
注2：図表21注に同じ

図表23 個人買主の購入目的（件数割合）

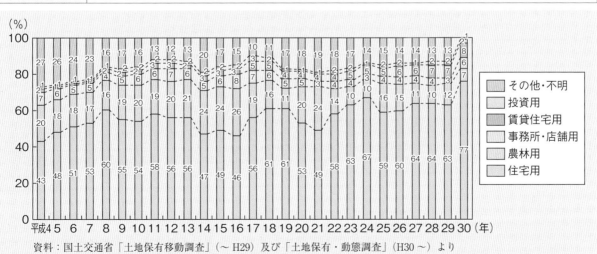

資料：国土交通省「土地保有移動調査」（〜 H29）及び「土地保有・動態調査」（H30〜）より
注1：全国で行われた土地取引から層化無作為抽出等された土地取引の当事者（売主、買主）が対象
注2：平成30年より、調査項目から「その他」を削除

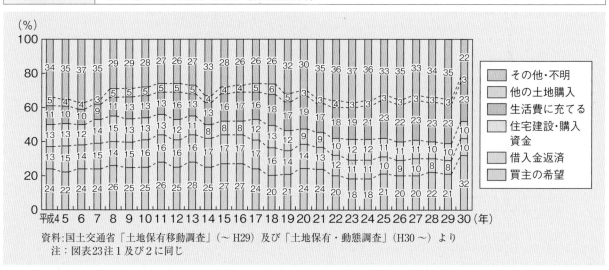

図表24　個人売主の売却理由（件数割合）

資料：国土交通省「土地保有移動調査」（〜 H29）及び「土地保有・動態調査」（H30〜）より
注：図表23注1及び2に同じ

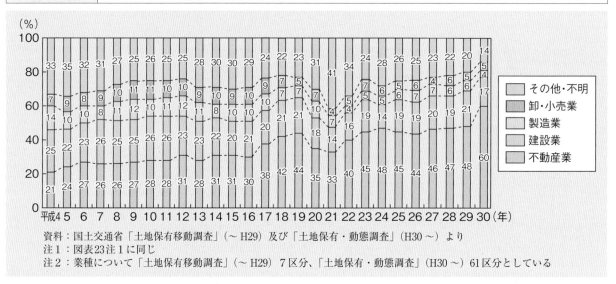

図表25　法人買主の業種（件数割合）

資料：国土交通省「土地保有移動調査」（〜 H29）及び「土地保有・動態調査」（H30〜）より
注1：図表23注1に同じ
注2：業種について「土地保有移動調査」（〜 H29）7区分、「土地保有・動態調査」（H30〜）61区分としている

図表26　法人買主の購入目的（件数割合）

(%)

購入目的 ＼ 取引年	平成4	5	6	7	8	9	10	11	12	13	14	15	16	17	18	19	20	21	22	23	24	25	26	27	28	29	30
事業用	56	53	47	47	50	50	50	51	49	51	46	50	55	51	44	39	39	31	35	34	34	34	39	38	38	41	36
事務所・店舗用地	13	13	11	14	14	13	11	12	12	13	12	13	14	11	9	8	8	7	7	8	9	7	7	7	8	7	9
工場・倉庫用地	9	7	8	6	8	9	9	8	8	8	9	9	8	7	6	10	5	5	3	4	6	6	5	6	6	5	6
資材置場等	16	17	15	16	17	20	20	21	20	21	17	17	22	19	14	12	11	12	12	10	11	13	15	12	11	12	6
福利厚生用地	7	7	6	6	4	3	4	3	4	3	3	3	4	3	3	3	3	2	2	3	2	3	3	2	3	3	3
レジャー施設用地	9	6	4	5	2	1	2	1	1	1	1	0	1	1	0	0	0	1	0	0	0	0	0	0	0	0	1
賃貸住宅用地	2	3	3	4	5	3	5	5	5	5	5	7	6	9	10	10	6	4	7	9	8	9	11	11	11	13	11
販売用 ［販売目的の住宅地造成・分譲住宅用地］	23	25	32	33	31	31	30	31	35	32	29	27	30	33	40	36	27	28	29	32	32	32	23	26	25	23	39
投資用	1	1	1	1	1	1	2	3	2	3	4	3	4	5	4	3	8	7	11	13	13	12	14	15	13	13	12
その他・不明	20	21	20	20	19	18	19	16	13	15	22	20	11	10	12	23	27	34	26	21	21	22	24	24	24	23	13

資料：国土交通省「土地保有移動調査」（〜H29）及び「土地保有・動態調査」(H30〜) より
注：図表23注1及び2に同じ

図表27　法人売主の業種（件数割合）

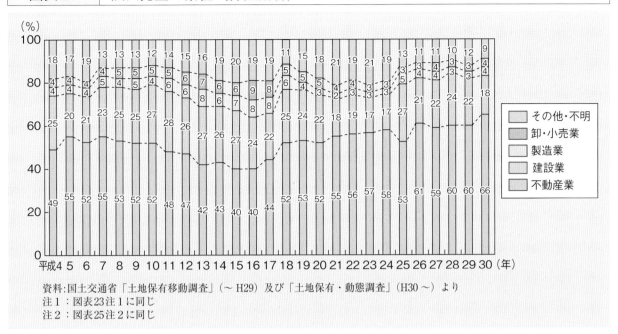

資料:国土交通省「土地保有移動調査」（～ H29）及び「土地保有・動態調査」（H30 ～）より
注1：図表23注1に同じ
注2：図表25注2に同じ

図表28　法人売主の売却理由（件数割合）

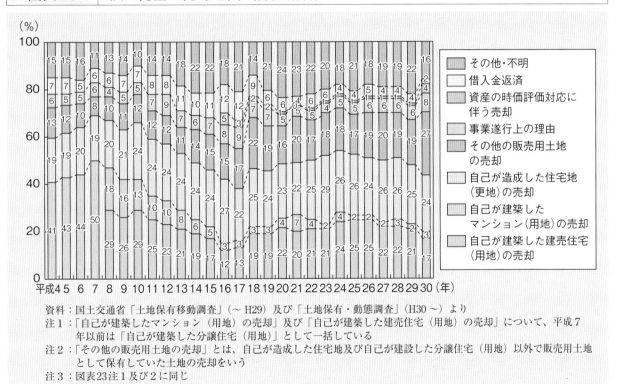

資料：国土交通省「土地保有移動調査」（～ H29）及び「土地保有・動態調査」（H30 ～）より
注1：「自己が建築したマンション（用地）の売却」及び「自己が建築した建売住宅（用地）の売却」について、平成7
　　年以前は「自己が建築した分譲住宅（用地）」として一括している
注2：「その他の販売用土地の売却」とは、自己が造成した住宅地及び自己が建設した分譲住宅（用地）以外で販売用土地
　　として保有していた土地の売却をいう
注3：図表23注1及び2に同じ

図表29	耕作目的の農地の権利移動

(千ha)

区分 ＼ 年	昭和60	平成2	7	12	17	22	27	28	29
移　動　面　積	218.2	209.8	162.5	197.3	198.2	215.0	347.9	344.0	311.1
うち売買による所有権移転	38.1	34.4	27.1	31.1	31.3	28.2	32.1	29.0	32.6
賃　借　権　の　設　定	45.3	53.4	62.5	94.2	111.9	133.4	232.9	233.0	200.6
うち農業経営基盤強化促進法によるもの	39.5	48.0	58.4	90.8	108.2	127.1	185.6	157.3	156.8

資料：農林水産省「農地の移動と転用」、「農地の権利移動・借賃等調査」
　注：「農業経営基盤強化促進法」は、平成5年8月に「農用地利用増進法」を改正したもの

図表30	土地取得面積の業種別割合の推移（販売用土地）

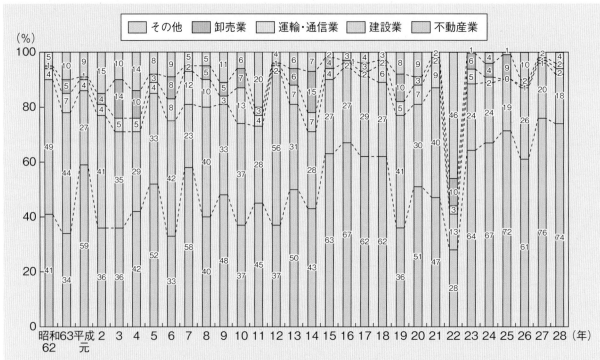

資料：国土交通省「企業の土地取得状況等に関する調査」（～平成23年）、「法人土地・建物基本調査」（平成24年）、「土地動態調査」（平成25〜28年）
注1：平成13年まではその年度末（3月31日）現在、平成14年以降はその翌年の1月1日現在の数値
注2：卸売業は、平成13年までは総合商社

| 図表31 | 土地売却面積の業種別割合の推移（販売用土地） |

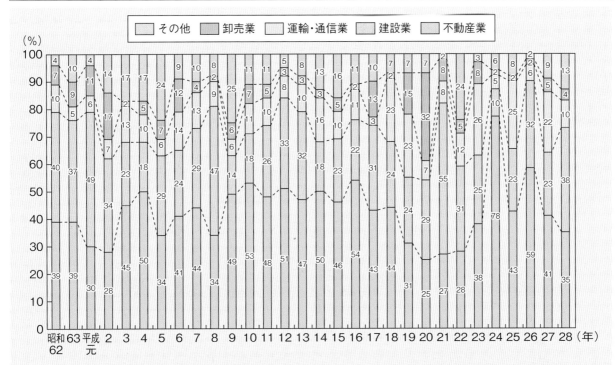

資料：国土交通省「企業の土地取得状況等に関する調査」（〜平成23年）、「法人土地・建物基本調査」（平成24年）、
「土地動態調査」（平成25〜28年）
注：図表30注1及び2に同じ

資料編

201

図表32	産業別工場立地面積の推移	

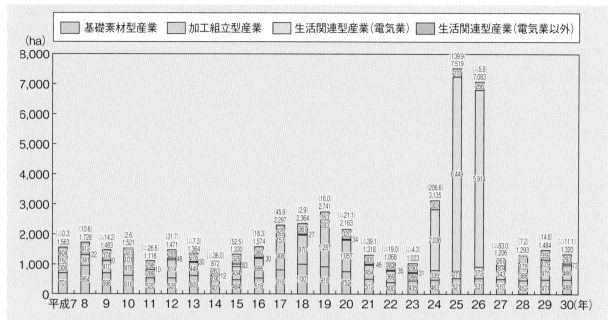

資料：経済産業省「工場立地動向調査」より作成
注1：調査対象は全国の製造業、電気業（水力発電所、地熱発電所を除く）、ガス業、熱供給業のための工場又は事業場を建設する目的をもって取得（借地を含む）された1,000㎡以上の用地（埋立予定を含む）
注2：（　）内は、対前年比伸び率（％）
注3：産業区分は以下のとおり
　　　基礎素材型産業：木材・木製品製造業、パルプ・紙・紙加工品製造業、化学工業、石油製品・石炭製品製造業、プラスチック製品製造業、ゴム製品製造業、窯業・土石製品製造業、鉄鋼業、非鉄金属製造業、金属製品製造業
　　　加工組立型産業：はん用機械器具製造業、生産用機械器具製造業、業務用機械器具製造業、電子部品・デバイス・電子回路製造業、電気機械器具製造業、情報通信機械器具製造業、輸送用機械器具製造業
　　　生活関連型産業：食料品製造業、飲料・飼料・たばこ製造業、繊維工業、家具・装備品製造業、印刷・同関連業、なめし革・同製品・毛皮製造業、その他の製造業、電気業、ガス業、熱供給業
注4：産業別の数値は、秘匿処理分の数値が除かれているため、合計値が図表33の合計値と異なっている

図表33　地域別工場立地面積の推移

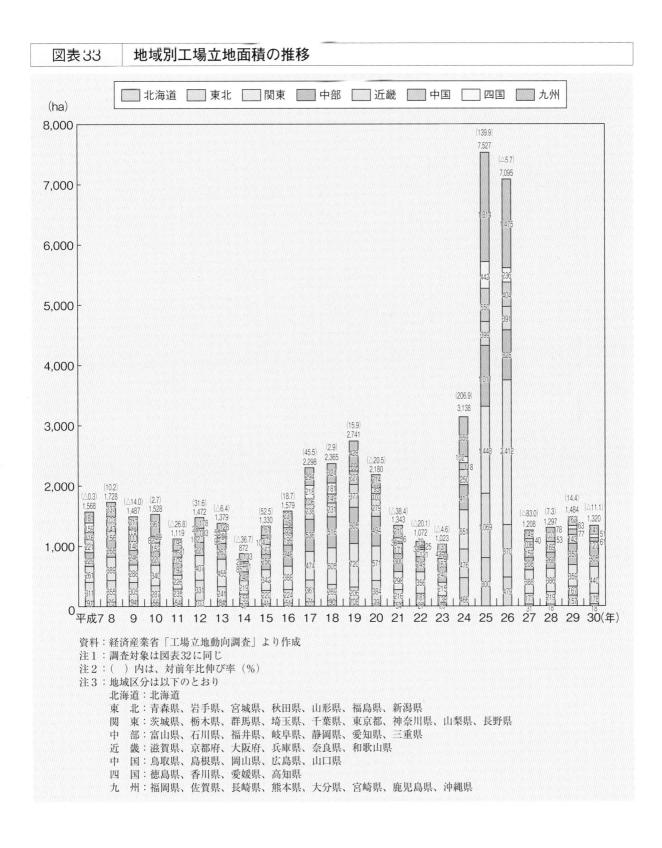

資料：経済産業省「工場立地動向調査」より作成
注1：調査対象は図表32に同じ
注2：（　）内は、対前年比伸び率（％）
注3：地域区分は以下のとおり
　　　北海道：北海道
　　　東　北：青森県、岩手県、宮城県、秋田県、山形県、福島県、新潟県
　　　関　東：茨城県、栃木県、群馬県、埼玉県、千葉県、東京都、神奈川県、山梨県、長野県
　　　中　部：富山県、石川県、福井県、岐阜県、静岡県、愛知県、三重県
　　　近　畿：滋賀県、京都府、大阪府、兵庫県、奈良県、和歌山県
　　　中　国：鳥取県、島根県、岡山県、広島県、山口県
　　　四　国：徳島県、香川県、愛媛県、高知県
　　　九　州：福岡県、佐賀県、長崎県、熊本県、大分県、宮崎県、鹿児島県、沖縄県

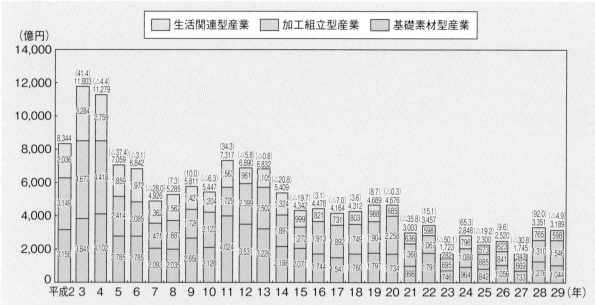

| 図表34 | 産業別工業用地取得金額の推移 |

資料：経済産業省「工業統計表　産業別統計表」「工業統計表（産業編）」、総務省・経済産業省「経済センサス -
　　　活動調査 製造業（産業編）」より作成
注1：従業者30人以上の事務所に係る有形固定資産取得額の内数（土地）
注2：（　）内は、対前年比伸び率（％）
注3：産業区分は以下のとおり
　　　基礎素材型産業：木材・木製品製造業（家具を除く）、パルプ・紙・紙加工品製造業、化学工業、石油製品・
　　　　　　　　　　　石炭製品製造業、プラスチック製品製造業、ゴム製品製造業、窯業・土石製品製造業、
　　　　　　　　　　　鉄鋼業、非鉄金属製造業、金属製品製造業
　　　加工組立型産業：はん用機械器具製造業、生産用機械器具製造業、業務用機械器具製造業、電子部品・デバイス・
　　　　　　　　　　　電子回路製造業、電気機械器具製造業、情報通信機械器具製造業、輸送用機械器具製造業
　　　生活関連型産業：食料品製造業、飲料・たばこ・飼料製造業、繊維工業、家具・装備品製造業、印刷・同
　　　　　　　　　　　関連業、なめし革・同製品・毛皮製造業、その他の製造業
注4：平成27年の数値については、個人経営事業所は含まない

4. 土地利用の動向

図表35	国有地の面積の推移

(万ha)

財産区分＼年度	平成12	22	23	24	25	26	27	28	29	30
行　政　財　産	881.4	866.4	866.4	866.3	866.3	866.3	866.3	866.3	866.4	866.4
公　用　財　産	26.2	11.8	11.8	11.8	11.8	11.8	11.8	11.8	11.9	11.9
公　共　用　財　産	0.7	1.1	1.1	1.1	1.1	1.2	1.2	1.2	1.2	1.2
皇　室　用　財　産	0.2	0.2	0.2	0.2	0.2	0.2	0.2	0.2	0.2	0.2
企　業　用　財　産	854.2	853.3	853.3	853.3	—	—	—	—	—	—
森林経営用財産	—	—	—	—	853.2	853.2	853.2	853.2	853.1	853.1
普　通　財　産	11.4	10.3	10.3	10.2	10.2	10.2	10.2	10.2	10.2	10.1
計	892.8	876.6	876.6	876.6	876.5	876.5	876.5	876.5	876.5	876.6

資料：財務省「国有財産増減及び現在額総計算書」
注1：公共用財産の面積には、公園及び広場の面積が含まれているが、道路、河川、海浜地等のその他の公共用財産は含まれていない
注2：各年とも年度末現在の数値

図表36	公有地の面積の推移

(万ha)

財産区分＼年度	昭和55			60			平成2		
	都道府県分	市町村分	合計	都道府県分	市町村分	合計	都道府県分	市町村分	合計
行　政　財　産	28.8	33.2	62.1	29.9	32.8	62.7	30.8	37.1	67.9
普　通　財　産	5.9	139.6	145.6	6.1	138.8	144.9	5.7	138.5	144.2
基　　　　金	0.8	4.1	5.0	1.1	4.2	5.3	1.1	4.2	5.3
計	35.5	176.9	212.8	37.1	175.8	212.9	37.6	179.8	217.4

財産区分＼年度	7			12			17		
	都道府県分	市町村分	合計	都道府県分	市町村分	合計	都道府県分	市町村分	合計
行　政　財　産	32.5	42.9	75.4	34.5	46.8	81.3	35.0	52.0	87.0
普　通　財　産	6.4	139.4	145.7	67.7	143.3	211.1	67.9	146.7	214.6
基　　　　金	0.9	4.6	5.5	0.9	4.6	5.5	1.0	3.5	4.4
計	39.8	186.8	226.7	103.1	194.8	297.9	103.9	202.2	306.1

財産区分＼年度	22			28			29		
	都道府県分	市町村分	合計	都道府県分	市町村分	合計	都道府県分	市町村分	合計
行　政　財　産	35.7	58.0	93.8	35.9	63.0	98.9	36.1	63.5	99.6
普　通　財　産	68.1	146.1	214.1	68.2	146.1	214.3	68.2	147.2	215.4
基　　　　金	0.9	3.5	4.4	0.9	2.9	3.8	0.7	2.9	3.5
計	104.7	207.5	312.2	105.0	212.0	317.0	104.9	213.6	318.5

資料：総務省「公共施設状況調」
注1：道路、橋梁、河川、海岸、港湾及び漁港の用地は含まれていない
注2：各年とも年度末現在の数値

図表37	国土（宅地・農地及び森林・原野等）の所有主体別面積

（面積：万ha、構成比：%）

年度		昭和55	60	平成2	7	12	17	22	25	26	27	28	29
国 公 有 地		1,106	1,109	1,112	1,121	1,191	1,183	1,189	1,192	1,192	1,193	1,194	1,195
		(34.0)	(34.0)	(34.3)	(34.8)	(37.1)	(37.0)	(37.3)	(37.4)	(37.4)	(37.5)	(37.5)	(37.6)
	国 有 地	897	896	895	894	893	877	877	877	877	876	877	877
		(27.5)	(27.5)	(27.6)	(27.7)	(27.8)	(27.4)	(27.5)	(27.5)	(27.5)	(27.5)	(27.5)	(27.6)
	公 有 地	209	213	217	227	298	306	312	315	316	317	317	319
		(6.5)	(6.5)	(6.7)	(7.0)	(9.3)	(9.6)	(9.8)	(9.9)	(9.9)	(10.0)	(10.0)	(10.0)
私 有 地		2,156	2,150	2,133	2,102	2,017	2,018	2,002	1,993	1,993	1,989	1,988	1,984
		(66.0)	(66.0)	(65.7)	(65.2)	(62.9)	(63.0)	(62.7)	(62.6)	(62.6)	(62.5)	(62.5)	(62.4)
合 計		3,266	3,259	3,245	3,223	3,208	3,201	3,191	3,185	3,185	3,183	3,182	3,179

資料：財務省「国有財産増減及び現在額総計算書」、総務省「公共施設状況調」により作成
注1：国公有地は「財政金融統計月報」及び「公共施設状況調」から求め、私有地は、国土交通省が調査した合計面積から国公有地を
　　　差し引いた残りとしている
注2：合計は道路等を除いた値
注3：（　）内は、構成比（%）

図表38	個人及び法人の所有地面積の地目別構成比の推移

（%）

年	昭和55		60		平成2		7		12		17		22		27		令和元	
地目	個人	法人	個人	法人	個人	法人	個人	法人	個人	法人	個人	法人	個人	法人	個人	法人	個人	法人
宅 地	5.8	1.8	6.4	1.9	6.8	2.1	7.4	2.3	7.8	2.5	8.2	2.5	8.5	2.6	8.6	2.6	8.6	2.7
田 畑 等	36.0	0.8	35.6	0.7	35.0	0.8	34.3	0.9	33.5	1.0	32.9	1.0	32.0	0.8	31.6	1.2	31.0	1.3
山 林 ・ 原 野	45.5	8.1	45.1	8.1	44.3	8.3	42.9	8.9	42.8	8.7	43.0	8.6	43.6	8.7	43.3	8.8	43.2	9.1
雑 種 地 等	0.8	1.2	0.9	1.3	1.0	1.7	1.2	2.1	1.4	2.3	1.5	2.3	1.5	2.2	1.6	2.2	1.7	2.4
小 計	88.2	11.8	88.0	12.0	87.1	12.9	85.8	14.2	85.5	14.5	85.6	14.4	85.7	14.3	85.2	14.8	84.5	15.5
合 計	100.0		100.0		100.0		100.0		100.0		100.0		100.0		100.0		100.0	

資料：総務省「固定資産の価格等の概要調書」
注1：構成比は、免税点以上の土地面積の割合による
注2：田畑等には、牧場を含む
注3：雑種地等には、塩田、鉱泉地、池沼を含む
注4：各年とも1月1日現在の数値である

図表39	個人及び法人の所有地面積の地域別構成比

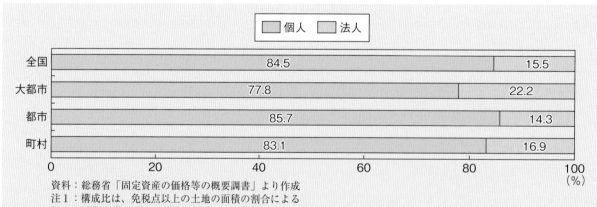

資料：総務省「固定資産の価格等の概要調書」より作成
注1：構成比は、免税点以上の土地の面積の割合による
注2：平成30年1月1日現在の数値である
注3：地域区分は以下のとおり
　　　大都市：東京23区及び政令指定都市
　　　都　市：政令指定都市以外の市
　　　町　村：全国の全町村

206

| 図表40 | 法人所有土地・建物及び世帯所有土地の面積 |

(面積：千㎡、率：%)

土地の種類		平成5年		平成10年		平成15年		平成20年		平成25年	
		土地所有面積	構成率	土地所有面積	構成率	土地所有面積	構成率	土地所有面積	構成率	土地所有面積	構成率
法人土地	土地全体	21,742,760	100.0	22,223,346	100.0	22,423,071	100.0	24,972,328	100.0	26,073,863	100.0
	事業用資産	18,750,869	86.2	18,481,805	83.2	19,006,632	84.8	21,785,868	87.2	22,809,582	87.5
	宅地など	7,569,399	34.8	6,973,598	31.4	7,141,133	31.8	7,344,796	29.4	7,530,777	28.9
	農地	994,182	4.6	994,185	4.5	1,016,788	4.5	1,151,898	4.6	1,133,876	4.3
	山林	10,187,288	46.9	10,514,022	47.3	10,848,711	48.4	13,289,174	53.2	14,144,929	54.2
	棚卸資産	2,107,584	9.7	1,810,405	8.1	1,070,601	4.8	930,849	3.7	962,707	3.7
	特殊用途土地	477,405	2.2	1,931,136	8.7	2,345,838	10.5	2,255,611	9.0	2,278,502	8.7
世帯土地	土地全体	112,454,133	100.0	113,757,072	100.0	112,379,485	100.0	96,843,881	100.0	116,360,881	100.0
	現住居の敷地	6,470,314	5.8	6,527,692	5.7	6,607,515	5.9	6,500,492	6.7	7,053,226	6.1
	現住居の敷地以外	105,983,819	94.2	107,229,380	94.3	105,771,970	94.1	90,343,389	93.3	109,307,655	93.9
	宅地など	3,373,945	3.0	3,008,418	2.6	3,504,327	3.1	3,199,173	3.3	4,317,149	3.7
	農地	39,770,959	35.4	39,874,700	35.1	39,037,338	34.7	33,503,141	34.6	41,672,941	35.8
	山林	62,838,915	55.9	64,346,262	56.6	63,230,305	56.3	53,641,075	55.4	63,317,565	54.4

建物敷地		平成5年		平成10年		平成15年		平成20年		平成25年	
		建物延べ床面積	構成率	建物延べ床面積	構成率	建物延べ床面積	構成率	建物延べ床面積	構成率	建物延べ床面積	構成率
法人建物	建物全体	…	…	1,658,658	100.0	1,650,617	100.0	1,714,796	100.0	1,848,929	100.0
	工場敷地以外	…	…	…	…	1,028,205	62.3	1,108,836	64.7	1,196,947	64.7
	工場敷地	…	…	…	…	622,412	37.7	605,960	35.3	651,982	35.3

資料：国土交通省「土地基本調査」
注：土地全体及び建物全体には「不詳」を含む

| 図表41 | 地目別土地所有者数の推移 |

(万人、%)

土地所有者数	年	昭和55	60	平成2	7	12	17	22	27	令和元
地目別土地所有者数	宅地	3,120.1	(16.1) 3,622.4	(9.7) 3,972.7	(3.0) 4,090.6	(8.1) 4,420.5	(6.1) 4,689.2	(2.6) 4,813.2	(2.8) 4,947.9	(0.5) 4,973.9
	うち住宅用地	2,630.9	(17.1) 3,080.7	(10.3) 3,396.5	(3.5) 3,514.2	(8.7) 3,821.3	(6.1) 4,056.1	(4.3) 4,229.8	(3.6) 4,380.7	(0.8) 4,414.6
	田畑等	1,198.3	(△0.4) 1,194.1	(△1.0) 1,181.9	(△10.5) 1,057.8	(△3.4) 1,021.7	(1.2) 1,034.4	(△5.6) 976.7	(△3.1) 946.9	(△2.8) 920.7
	山林・原野	611.6	(4.4) 638.6	(△0.1) 637.8	(△12.0) 561.0	(△2.9) 545.0	(△0.6) 541.8	(△0.5) 539.3	(△1.9) 528.9	(△0.9) 524.4
	雑種地等	167.9	(27.2) 213.5	(16.5) 248.7	(7.9) 268.3	(11.1) 298.1	(6.0) 315.9	(5.0) 331.8	(2.2) 339.1	(3.0) 349.4
	合計	5,097.9	(11.2) 5,668.6	(6.6) 6,041.1	(△1.0) 5,977.7	(5.1) 6,285.3	(4.7) 6,581.3	(1.2) 6,661.1	(1.5) 6,762.8	(0.1) 6,768.4
土地所有者数 (納税義務者数)		2,930.5	(8.4) 3,176.1	(6.0) 3,367.5	(4.9) 3,532.2	(5.0) 3,708.1	(4.0) 3,856.7	(2.2) 3,941.6	(3.0) 4,059.3	(1.1) 4,105.6

資料：総務省「固定資産の価格等の概要調書」より作成
注1：宅地については宅地計の数値を、住宅用地については小規模住宅用地と一般住宅用地の合計値を用いた
注2：田畑等には、牧場を含む。雑種地等には、塩田、鉱泉地、池沼を含む
注3：各年とも、1月1日現在の数字である
注4：（ ）内の数値は、左隣の欄に掲載している数値に対する伸び率（%）
注5：「地目別土地所有者数」は、法定免税点以上の土地の地目別の所有者数。2種類以上の地目の土地を所有している場合には、各地目につき1人として計算されている。また、2以上の市町村に土地を所有している場合は、各市町村ごとに1人として計算されている
注6：「土地所有者数」は、土地に係る固定資産税の納税義務者数。各市町村内において、2以上の地目の土地を所有しても、1人として計算されている。また、2以上の市町村に土地を所有している場合は、市町村ごとに1人として計算されている

（1）宅地などの利用現況

図表 42	法人が所有する宅地などの利用現況別面積

(千㎡)

宅地などの利用現況			土地所有面積				
			平成5年	平成10年	平成15年	平成20年	平成25年
合　計1）			7,569,399	6,973,598	7,141,133	7,344,796	7,530,777
建物敷地			4,764,125	4,073,776	4,285,540	4,440,925	4,653,109
	建物		4,764,125	4,073,776	4,285,540	4,398,667	4,624,484
		事務所・店舗	912,805	844,152	755,495	856,888	893,148
		工場・倉庫	2,067,604	2,022,343	2,151,416	2,121,740	2,166,087
		社宅・従業員宿舎	165,918	139,843	113,193	92,618	98,427
		その他の福利厚生施設	59,583	56,230	52,141	45,621	42,892
		社宅・従業員宿舎以外の住宅	120,970	118,799	126,038	143,171	174,375
		ホテル・旅館	73,984	99,667	85,251	63,929	80,821
		文教用施設	…	339,299	233,639	330,659	365,578
		宗教用施設	…	…	452,808	429,397	457,119
		ビル型駐車場	…	1,515	2,660	2,307	2,249
		その他の建物	1,363,261	451,928	312,899	312,336	343,787
	利用できない建物（廃屋等）		…	…	…	42,258	28,625
建物敷地以外の土地			2,769,052	2,840,873	2,799,336	2,885,051	2,811,834
	建物以外		2,202,594	2,391,881	2,170,508	2,299,705	2,238,800
		駐車場	107,677	128,699	125,072	152,036	193,257
		資材置場	129,457	146,773	151,147	151,868	134,843
		グラウンドなどの福利厚生施設	61,077	43,440	34,092	27,952	30,227
		ゴルフ場・スキー場・キャンプ場	1,009,106	1,076,390	985,869	893,263	806,508
		貯水池・水路	…	160,447	212,809	232,749	195,672
		文教用地	…	75,803	28,453	61,367	62,557
		宗教用地	…	…	149,675	244,017	263,423
		その他	895,277	760,328	483,392	536,452	552,314
	空き地		566,458	448,992	628,828	585,346	573,034

資料：国土交通省「土地基本調査」
注1：「宅地など」とは、所有土地のうち、「農地」、「山林」、「棚卸資産」、「特殊用途用地（鉄道、送配電等用地)」を除いたもの
注2：「文教用施設」「貯水池・水路」「文教用地」は平成10年調査から、「宗教用施設」「宗教用地」は平成15年調査から、「利用できない建物（廃屋等）」（平成20年は「利用していない建物」）は平成20年から、それぞれ新設された区分である
注3：合計には、利用現況「不詳」を含む

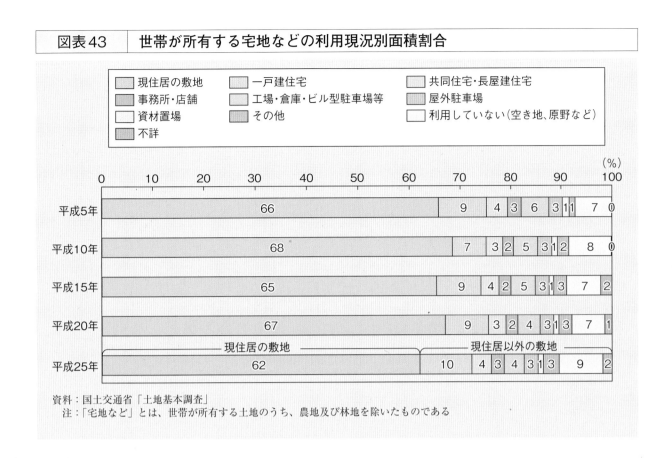

図表43　世帯が所有する宅地などの利用現況別面積割合

凡例：現住居の敷地／一戸建住宅／共同住宅・長屋建住宅／事務所・店舗／工場・倉庫・ビル型駐車場等／屋外駐車場／資材置場／その他／利用していない（空き地、原野など）／不詳

年	現住居の敷地	一戸建住宅	共同住宅・長屋建住宅	事務所・店舗	工場・倉庫・ビル型駐車場等	屋外駐車場	資材置場	その他	利用していない	不詳
平成5年	66	9	4	3	6	3	1	1	7	0
平成10年	68	7	3	2	5	3	1	2	8	0
平成15年	65	9	4	2	5	3	1	3	7	2
平成20年	67	9	3	2	4	3	1	3	7	1
平成25年	62	10	4	3	4	3	1	3	9	2

資料：国土交通省「土地基本調査」
注：「宅地など」とは、世帯が所有する土地のうち、農地及び林地を除いたものである

（2）未利用地の状況

図表44　事業用土地及び販売用土地に占める未利用地割合の推移

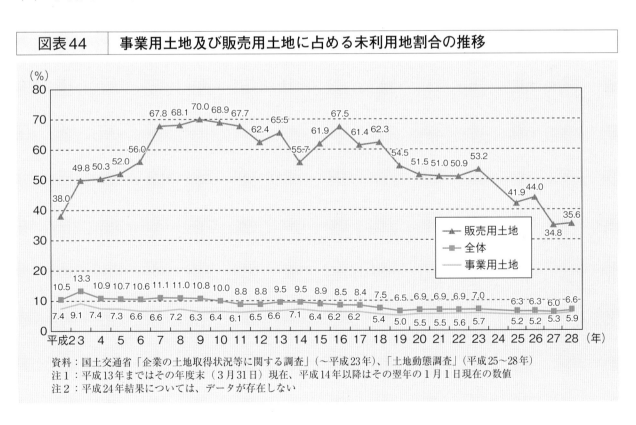

資料：国土交通省「企業の土地取得状況等に関する調査」（～平成23年）、「土地動態調査」（平成25～28年）
注1：平成13年まではその年度末（3月31日）現在、平成14年以降はその翌年の1月1日現在の数値
注2：平成24年結果については、データが存在しない

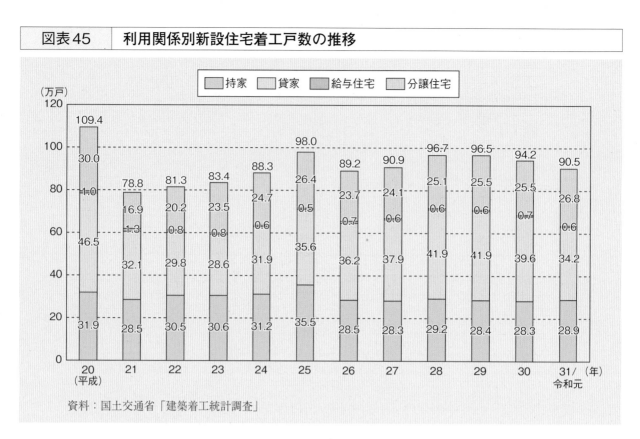

図表45　利用関係別新設住宅着工戸数の推移

凡例：持家　貸家　給与住宅　分譲住宅

資料：国土交通省「建築着工統計調査」

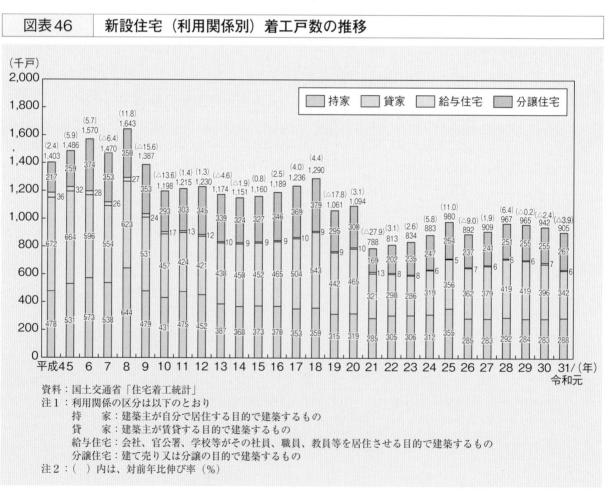

図表46　新設住宅（利用関係別）着工戸数の推移

凡例：持家　貸家　給与住宅　分譲住宅

資料：国土交通省「住宅着工統計」
注１：利用関係の区分は以下のとおり
　　　持　　　家：建築主が自分で居住する目的で建築するもの
　　　貸　　　家：建築主が賃貸する目的で建築するもの
　　　給与住宅：会社、官公署、学校等がその社員、職員、教員等を居住させる目的で建築するもの
　　　分譲住宅：建て売り又は分譲の目的で建築するもの
注２：（　）内は、対前年比伸び率（％）

図表47	新設住宅（利用関係別）着工床面積の推移

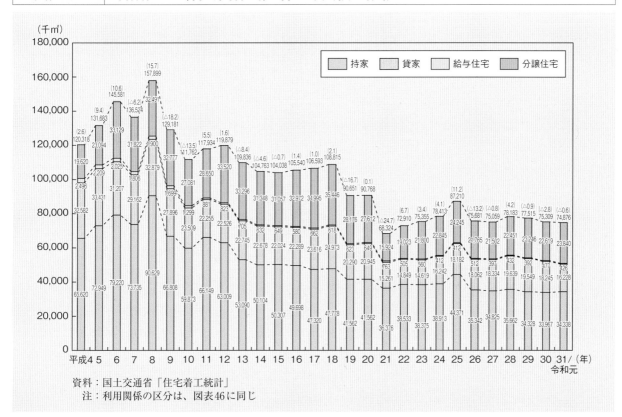

資料：国土交通省「住宅着工統計」
注：利用関係の区分は、図表46に同じ

図表48	新設住宅（利用関係別、地域別、資金別）着工戸数

(前年比：%)

		総　　計		持　　家		貸　　家		給与住宅		分譲住宅			
		戸数	前年比	戸数	前年比	戸数	前年比	戸数	前年比	戸数	前年比	うちマンション	前年比
全	国	905,123	▲ 4.0	288,738	1.9	342,289	▲ 13.7	6,400	▲ 14.3	267,696	4.9	117,803	6.6
三大都市圏		557,376	▲ 3.4	139,139	3.3	211,722	▲ 13.1	3,529	▲ 22.6	202,986	4.5	95,286	6.5
	首 都 圏	308,830	▲ 4.3	58,377	2.8	124,366	▲ 13.9	1,842	▲ 24.4	124,245	4.5	59,406	7.6
	中 部 圏	110,764	▲ 1.3	43,658	2.8	35,428	▲ 13.6	724	▲ 41.9	30,954	12.3	10,576	23.0
	近 畿 圏	137,782	▲ 3.2	37,104	4.7	51,928	▲ 10.6	963	9.7	47,787	▲ 0.2	25,304	▲ 1.4
地 　 方 　 圏		347,747	▲ 4.8	149,599	0.7	130,567	▲ 14.6	2,871	▲ 1.2	64,710	6.2	22,517	7.0
民間資金住宅		809,933	▲ 3.8	257,680	2.5	306,741	▲ 14.3	5,688	▲ 7.7	239,824	5.8		
公的資金住宅		95,190	▲ 5.0	31,058	▲ 2.2	35,548	▲ 7.7	712	▲ 45.5	27,872	▲ 2.5		

資料：国土交通省「建築着工統計調査」
注1：利用関係の区分は、図表46に同じ
注2：マンションとは、利用関係別で言う分譲住宅のうち、構造が鉄骨鉄筋コンクリート造り、鉄筋コンクリート造り、鉄骨造りで、かつ、建て方が共同（1つの建築物（1棟）内に2戸以上の住宅があって、広間、廊下もしくは階段等の全部または一部を共有するもの。）のもの
注3：地域区分は以下のとおり
　　　首都圏：埼玉県、千葉県、東京都、神奈川県
　　　中部圏：岐阜県、静岡県、愛知県、三重県
　　　近畿圏：滋賀県、京都府、大阪府、兵庫県、奈良県、和歌山県
　　　地方圏：上記以外の地域
注4：資金の区分は以下のとおり
　　　民間資金住宅：民間資金のみで建てた住宅
　　　公的資金住宅：公営住宅、住宅金融公庫融資住宅、都市再生機構建設住宅、その他の住宅
注5：令和元年の数値

| 図表49 | 新設住宅（地域別、利用関係別）着工床面積及び1戸あたり平均床面積 |

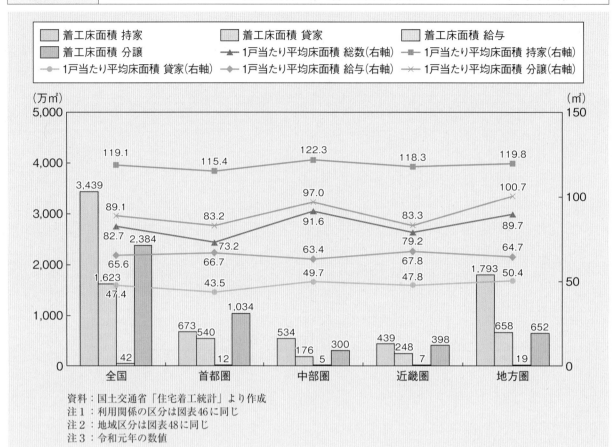

資料：国土交通省「住宅着工統計」より作成
注1：利用関係の区分は図表46に同じ
注2：地域区分は図表48に同じ
注3：令和元年の数値

| 図表50 | 産業別工業用地面積の推移 |

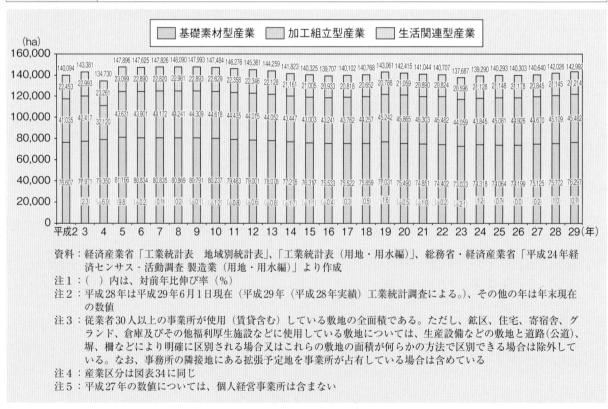

資料：経済産業省「工業統計表　地域別統計表」、「工業統計表（用地・用水編）」、総務省・経済産業省「平成24年経済センサス‐活動調査 製造業（用地・用水編）」より作成
注1：（　）内は、対前年比伸び率（%）
注2：平成28年は平成29年6月1日現在（平成29年（平成28年実績）工業統計調査による。）、その他の年は年末現在の数値
注3：従業者30人以上の事業所が使用（賃貸含む）している敷地の全面積である。ただし、鉱区、住宅、寄宿舎、グランド、倉庫及びその他福利厚生施設などに使用している敷地については、生産設備などの敷地と道路（公道）、塀、柵などにより明確に区別される場合又はこれらの敷地の面積が何らかの方法で区別できる場合は除外している。なお、事務所の隣接地にある拡張予定地を事業所が占有している場合は含めている
注4：産業区分は図表34に同じ
注5：平成27年の数値については、個人経営事業所は含まない

図表51	地域別工業用地面積の推移

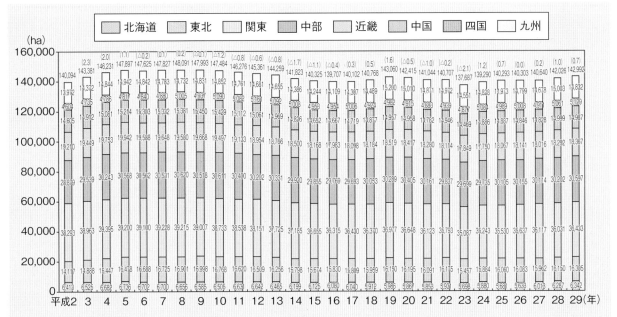

資料：経済産業省「工業統計表　地域別統計表」、「工業統計表（用地・用水編）」、総務省・経済産業省「経済センサス
- 活動調査 製造業（用地・用水編）」より作成
注1：（　）内は、対前年度伸び率（％）
注2：平成28年は平成29年6月1日現在（平成29年（平成28年実績）工業統計調査による。）、その他の年は年末現在の数値
注3：地域区分は図表33に同じ
注4：平成27年の数値については、個人経営事業所は含まない

図表52	地域別森林面積

（面積：千ha、割合：％）

地域	森林面積	地域の総面積に占める割合
全　　国	25,147	67.4%
北　海　道	5,306	67.7%
東　　北（青森県、岩手県、宮城県、秋田県、山形県、福島県、新潟県）	4,870	70.4%
関　　東（茨城県、栃木県、群馬県、埼玉県、千葉県、東京都、神奈川県、山梨県）	1,780	48.2%
中　　部（長野県、富山県、石川県、福井県、岐阜県、静岡県、愛知県、三重県）	3,951	71.2%
近　　畿（滋賀県、京都府、大阪府、兵庫県、奈良県、和歌山県）	1,833	67.0%
中国・四国（鳥取県、島根県、岡山県、広島県、山口県、徳島県、香川県、愛媛県、高知県）	3,788	74.7%
九州・沖縄（福岡県、佐賀県、長崎県、熊本県、大分県、宮崎県、鹿児島県、沖縄県）	2,836	63.7%

資料：国土交通省
　注：平成31年現在の数値

図表53	地域別耕地面積

(面積：千ha、耕地率：%)

	耕地面積	田	畑	耕地率
全国	4,397.0	2,393.0	2,004.0	11.8
北海道	1,144.0	221.9	921.8	14.6
東北	830.7	598.3	232.4	12.4
北陸	309.0	276.6	32.4	12.3
関東・東山	709.1	397.2	311.9	14.1
東海	252.4	151.2	101.3	8.6
近畿	219.9	170.6	49.3	8.0
中国	235.9	182.4	53.6	7.4
四国	133.7	87.1	46.6	7.1
九州	525.3	307.3	218.1	12.4
沖縄	37.5	0.8	36.7	16.4

資料：農林水産省「耕地及び作付面積統計」（令和元年）
注1：「関東・東山」とは茨城県、栃木県、群馬県、埼玉県、千葉県、東京都、神奈川県、山梨県及び長野県
注2：耕地面積は令和元年7月15日現在の数値

図表54	耕地面積等の推移

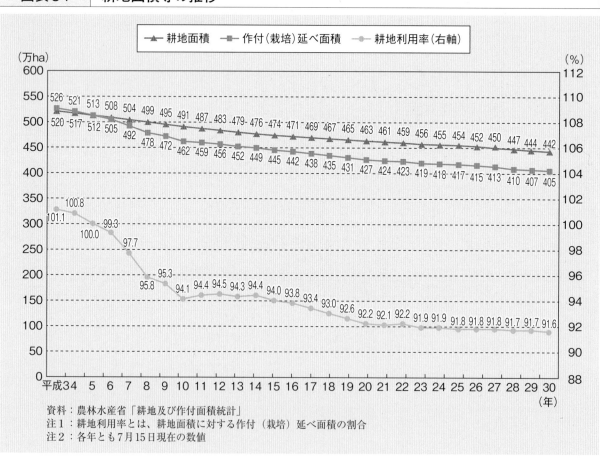

資料：農林水産省「耕地及び作付面積統計」
注1：耕地利用率とは、耕地面積に対する作付（栽培）延べ面積の割合
注2：各年とも7月15日現在の数値

図表55	市街化区域内に占める市街化区域農地の割合

（面積：ha、割合：%）

地域 ＼ 区分	市街化区域面積（A）	市街化区域農地面積（B）	（B）／（A）
全　　　　　　　　国	1,451,690（100.0）	53,831（100.0）	3.7
三　大　都　市　圏	801,017（55.2）	22,505（41.8）	2.8
東　　京　　圏	397,537（27.4）	9,416（17.5）	2.4
東　京　都	108,066（7.4）	811（1.5）	0.8
区　　部	58,193（4.0）	89（0.2）	0.2
地　　　　　方　　　　　圏	650,673（44.8）	31,326（58.2）	4.8

資料：総務省「固定資産の価格等の概要調書」及び国土交通省「都市計画現況調査」より作成
注1：地域区分は図表1-3-6に同じ
注2：市街化区域農地面積は平成30年1月1日現在、市街化区域面積は平成30年3月31日現在の数値
注3：（　）内の数値は、構成比

図表56	市街化区域内農地の転用面積

（ha）

地域 ＼ 年	昭和60	平成2	7	12	17	22	27	28	29
全　　　　　国	6,698	7,744	6,554	4,996	4,677	3,304	4,004	3,941	3,742
三　大　都　市　圏	3,106	3,424	2,977	2,195	2,271	1,604	1,854	1,804	1,774
うち東京圏	1,679	1,743	1,588	1,209	1,346	966	1,077	1,034	977
地　　　方　　　圏	3,592	4,321	3,578	2,800	2,406	1,700	2,150	2,137	1,968

資料：農林水産省「農地の移動と転用」、「農地の権利移動・借賃等調査」
　注：地域区分は以下のとおり
　　　三大都市圏：埼玉県、千葉県、東京都、神奈川県、愛知県、三重県、京都府、大阪府、兵庫県、奈良県
　　　東　京　圏：埼玉県、千葉県、東京都、神奈川県
　　　地　方　圏：三大都市圏以外の道県

図表57	農地に太陽光発電設備を設置するための農地転用許可実績

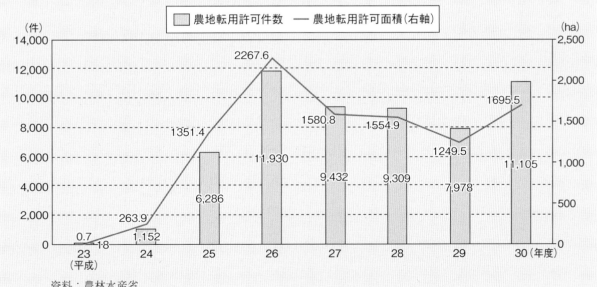

資料：農林水産省
　注：営農型太陽光発電を除く

図表58	営農型太陽光発電設備を設置するための農地転用許可実績

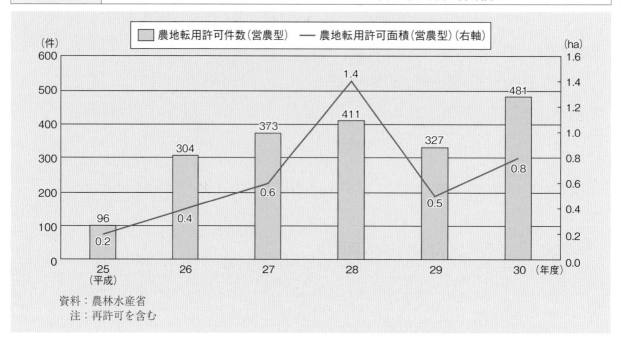

資料：農林水産省
注：再許可を含む

図表59	三大都市圏特定市における生産緑地地区指定状況

（面積：ha、割合：%）

地域		特定市街化区域農地面積 （A）	生産緑地地区指定面積 （B）	割合（%） （B／（A＋B））
	茨　　城　　県	251	73	23
	埼　　玉　　県	1,852	1,703	48
	千　　葉　　県	1,330	1,095	45
	東　　京　　都	733	3,100	81
	神　奈　川　県	1,072	1,315	55
首　　都　　圏　　計		5,238	7,286	58
	静　　岡　　県	617	237	28
	愛　　知　　県	2,343	1,076	31
	三　　重　　県	329	178	35
中　　部　　圏　　計		3,289	1,491	31
	京　　都　　府	430	782	65
	大　　阪　　府	986	1,956	66
	兵　　庫　　県	230	507	69
	奈　　良　　県	750	582	44
近　　畿　　圏　　計		2,396	3,827	61
三　大　都　市　圏　計		10,923	12,604	54

資料：総務省「固定資産の価格等の概要調書」及び国土交通省「都市計画現況調査」より作成
注1：特定市とは、次に掲げる地域をいう
　　　① 都の特別区の区域
　　　② 首都圏、中部圏又は近畿圏内にある政令指定都市
　　　③ ②以外の市でその区域の全部又は一部が以下の区域にあるもの
　　　　　首都圏整備法に規定する既成市街地又は近郊整備地帯
　　　　　中部圏開発整備法に規定する都市整備区域
　　　　　近畿圏整備法に規定する既成都市区域又は近郊整備区域
注2：特定市街化区域農地とは、特定市内の市街化区域農地であり、宅地並み課税が適用される農地をいう
注3：特定市街化区域農地面積は平成30年1月1日現在、生産緑地地区指定面積は平成30年3月31日現在の数値

図表60　オフィスの新規賃借予定理由

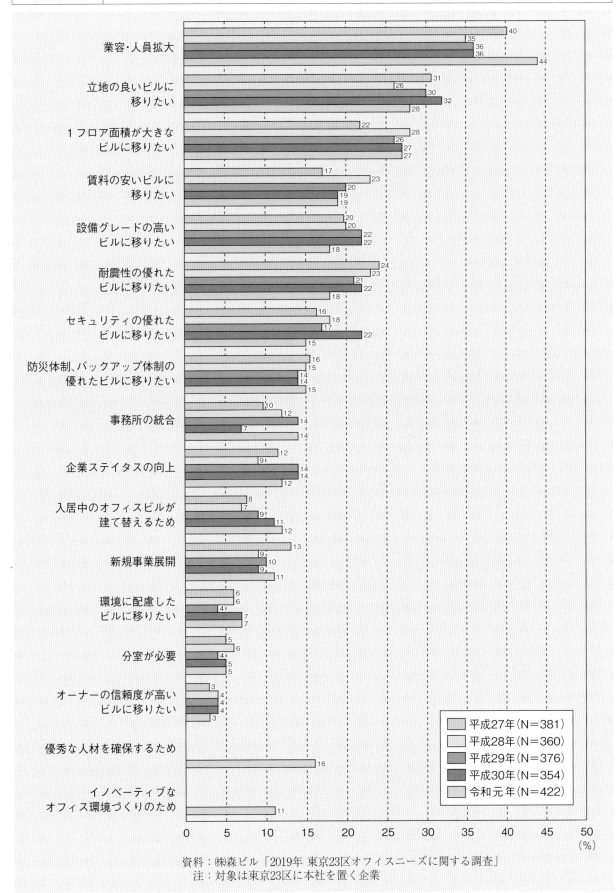

資料：㈱森ビル「2019年 東京23区オフィスニーズに関する調査」
注：対象は東京23区に本社を置く企業

図表61	新規賃借予定面積の拡大縮小割合

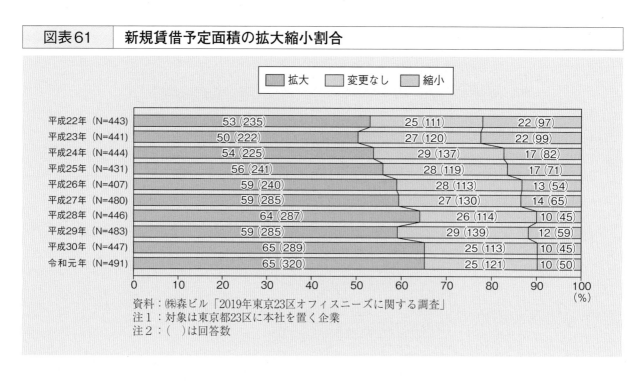

資料：㈱森ビル「2019年東京23区オフィスニーズに関する調査」
注1：対象は東京都23区に本社を置く企業
注2：（ ）は回答数

図表62	コイン式駐車場の車室数の推移

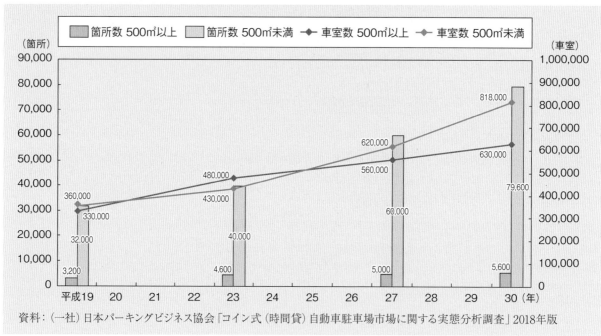

資料：(一社)日本パーキングビジネス協会「コイン式(時間貸)自動車駐車場市場に関する実態分析調査」2018年版

5. 不動産投資市場の動向

図表63	東証REIT指数の推移（平成31年１月～令和２年３月）

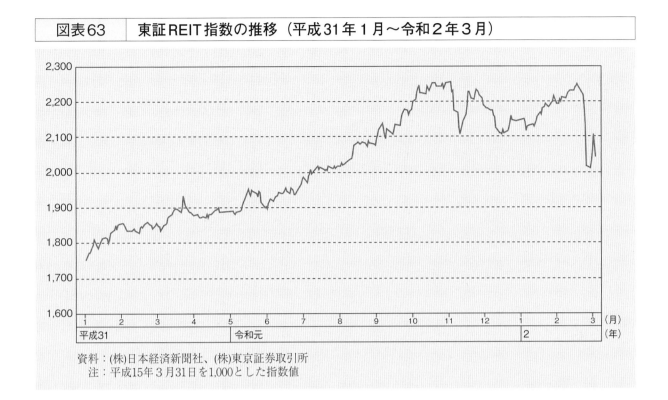

資料：(株)日本経済新聞社、(株)東京証券取引所
注：平成15年３月31日を1,000とした指数値

図表64	Ｊリート資産取得額の推移

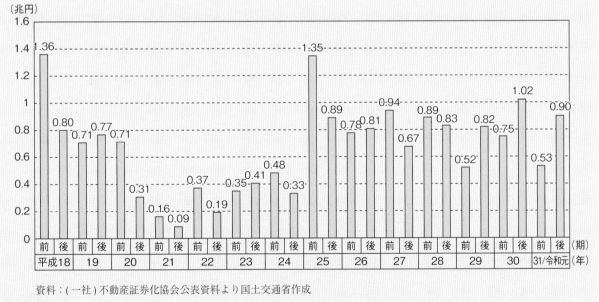

資料：(一社)不動産証券化協会公表資料より国土交通省作成

図表65	Jリートにおける外国人の売買状況

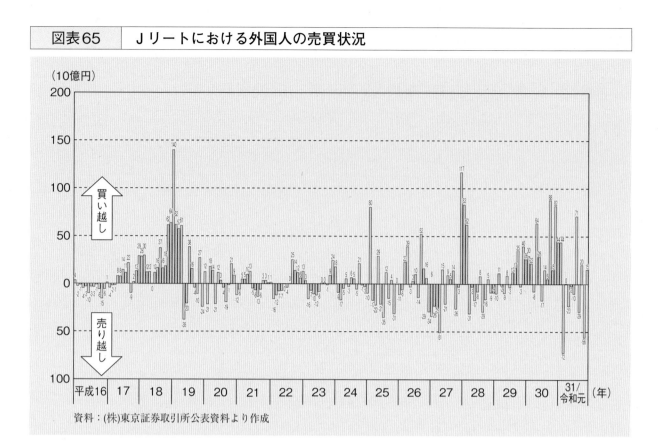

資料：(株)東京証券取引所公表資料より作成

図表66	Jリート等の物件取得件数・割合の推移

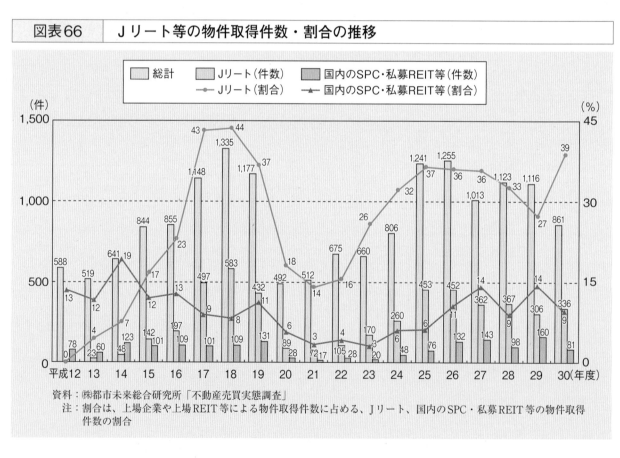

資料：(株)都市未来総合研究所「不動産売買実態調査」
注：割合は、上場企業や上場REIT等による物件取得件数に占める、Jリート、国内のSPC・私募REIT等の物件取得件数の割合

図表67　Ｊリートの物件取得額の推移

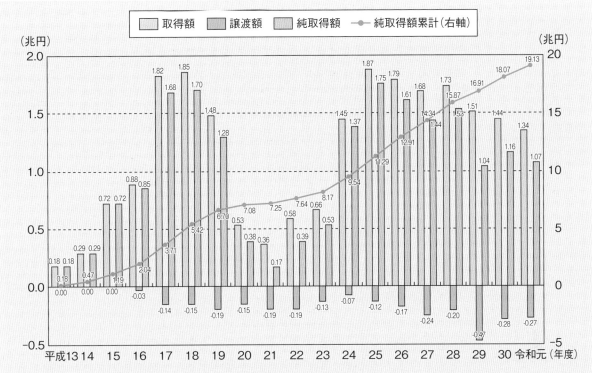

資料：㈱都市未来総合研究所「不動産売買実態調査」
注：データは公表日ベース
　　純取得額＝取得額－譲渡額

図表68　Ｊリート保有物件の推移（地域別累積件数）

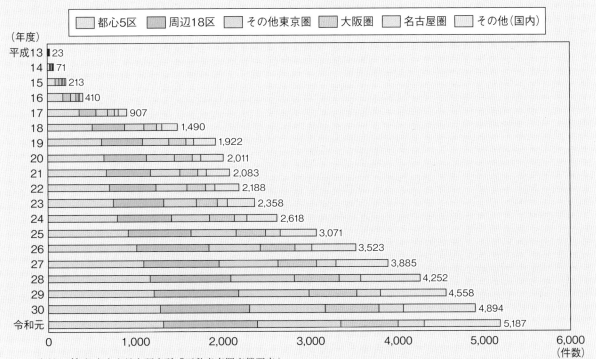

資料：(株)都市未来総合研究所「不動産売買実態調査」
注：データは公表日ベース
　　○都心5区：千代田区、中央区、港区、新宿区、渋谷区
　　○周辺18区：東京23区から都心5区を除いた18区
　　○その他東京圏：東京圏(東京都、神奈川県、埼玉県、千葉県)から東京23区を除く
　　○大阪圏：大阪府、京都府、兵庫県、奈良県
　　○名古屋圏：愛知県、三重県、岐阜県
　　○その他(国内)：上記以外

6. 土地資産額の動向

| 図表69 | 我が国の資産額の推移 |

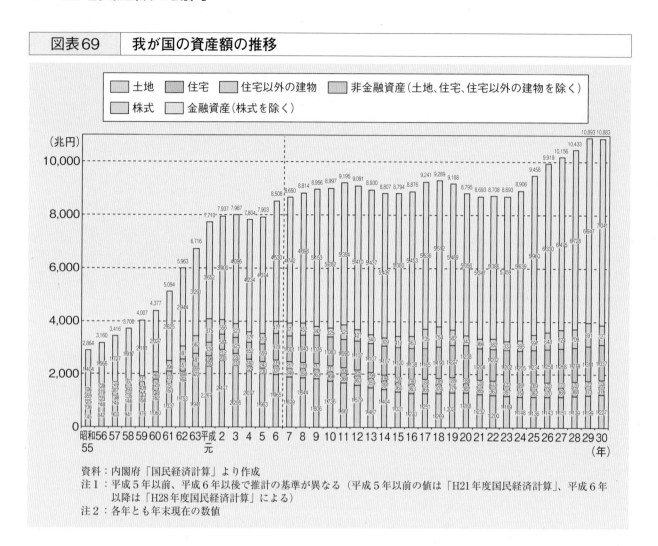

資料：内閣府「国民経済計算」より作成

注1：平成5年以前、平成6年以後で推計の基準が異なる（平成5年以前の値は「H21年度国民経済計算」、平成6年
以降は「H28年度国民経済計算」による）

注2：各年とも年末現在の数値

図表70	名目GDPと土地資産額の推移

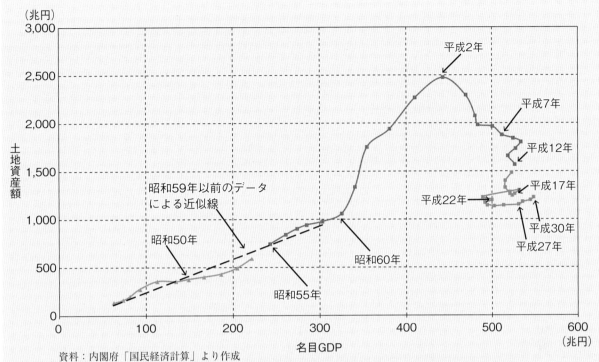

（兆円）

土地資産額

昭和59年以前のデータによる近似線

昭和50年

昭和55年

昭和60年

平成2年

平成7年

平成12年

平成17年

平成22年

平成30年

平成27年

名目GDP

（兆円）

資料：内閣府「国民経済計算」より作成
注：昭和54年以前は平成2年基準値（平成10年度国民経済計算年次推計より作成）
　　昭和55年から平成5年までは平成12年基準値（平成21年度国民経済計算年次推計より作成）
　　平成6年以降は平成23年基準値（平成27年度国民経済計算年次推計より作成）

図表71	制度部門別土地資産額の推移

■家計　■非金融法人　□金融機関　■一般政府　□対家計民間非営利団体

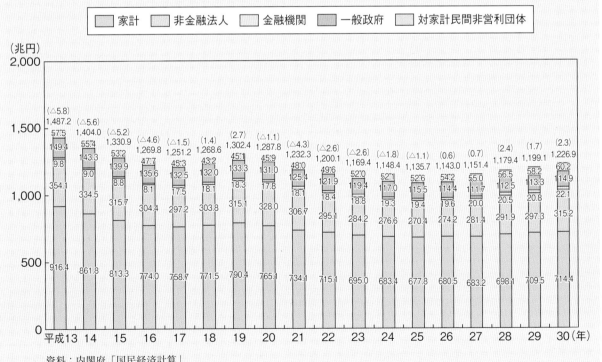

（兆円）

資料：内閣府「国民経済計算」
注1：（　）内は、対前年比伸び率（％）
注2：各年とも年末現在の数値

223

図表72	法人所有土地・建物及び世帯所有土地の資産額

（十億円、％）

土地の種類		平成10年		平成15年		平成20年		平成25年	
		土地資産額	構成率	土地資産額	構成率	土地資産額	構成率	土地資産額	構成率
法人土地	土地全体	616,540	100.0	405,812	100.0	381,925	100.0	345,417	100.0
	事業用資産	500,838	81.2	336,793	83.0	324,239	84.9	295,172	85.5
	宅地など	494,127	80.1	333,829	82.3	321,675	84.2	292,643	84.7
	農地	2,681	0.4	1,247	0.3	1,332	0.3	1,163	0.3
	山林	4,030	0.7	1,717	0.4	1,232	0.3	1,367	0.4
	棚卸資産	51,896	8.4	20,907	5.2	16,581	4.3	13,141	3.8
	特殊用途土地	63,805	10.3	48,110	11.9	41,105	10.8	36,653	10.6
世帯土地	土地全体	…	…	747,883	100.0	591,491	100.0	598,387	100.0
	現住居の敷地	…	…	436,098	58.3	389,512	65.9	366,003	61.2
	現住居の敷地以外	…	…	311,785	41.7	201,979	34.1	232,385	38.8
	宅地など	…	…	174,118	23.3	115,237	19.5	145,235	24.3
	農地	…	…	125,314	16.8	81,256	13.7	80,928	13.5
	山林	…	…	12,353	1.7	5,486	0.9	6,221	1.0

建物敷地		平成10年		平成15年		平成20年		平成25年	
		建物資産額	構成率	建物資産額	構成率	建物資産額	構成率	建物資産額	構成率
法人建物	建物全体	…	…	84,058	100.0	89,045	100.0	80,229	100.0
	工場敷地以外	…	…	70,428	83.8	74,772	84.0	67,454	84.1
	工場敷地	…	…	13,630	16.2	14,273	16.0	12,775	15.9

資料：国土交通省「土地基本調査」
　注：土地全体及び建物全体には「不詳」を含む

224

7. 土地関連諸制度の動向

（1）土地取引規制等

　国土利用計画法においては、土地の投機的取引及び地価の高騰が国民生活に及ぼす弊害を除去し、かつ、適正かつ合理的な土地利用の確保を図るため、①事後届出制、②注視区域及び監視区域における事前届出制、③規制区域における許可制を設けている（図表73、図表74）。

図表73	土地取引規制制度について

制度	事後届出制	事前届出制		許可制
区域	右3区域以外の地域	注視区域	監視区域	規制区域
区域指定要件	なし（右3区域以外の地域）	・地価の社会的経済的に相当な程度を越えた上昇又はそのおそれ ・適正かつ合理的な土地利用の確保に支障を生ずるおそれ	・地価の急激な上昇又はそのおそれ ・適正かつ合理的な土地利用の確保が困難となるおそれ	・投機的取引の相当範囲にわたる集中又はそのおそれ及び地価の急激な上昇又はそのおそれ（都市計画区域）等
届出対象面積	都市計画区域内 市街化区域 2,000m²以上 〃 その他の区域 5,000m²以上 都市計画区域外 10,000m²以上		都道府県知事等が規則で定める面積（左の面積未満）以上	面積要件なし（許可制）
届出時期	契約締結後	契約締結前		契約締結前（許可制）
勧告要件	利用目的のみ ・公表された土地利用計画に適合しないこと等	価格及び利用目的 ・届出時の相当な価額に照らし著しく適正を欠くこと ・土地利用計画に適合しないこと等	価格及び利用目的 ・届出時の相当な価額に照らし著しく適正を欠くこと ・土地利用計画に適合しないこと等 ・投機的取引に当たること	価格及び利用目的（不許可基準） ・区域指定時の相当な価額に照らし適正を欠くこと ・土地利用計画に適合しないこと等 ・投機的取引に当たること
勧告内容	利用目的の変更	契約締結中止など	同左	

資料：国土交通省

図表74	届出制フロー

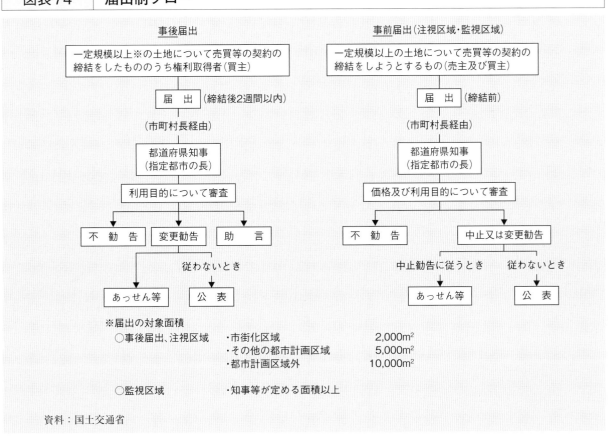

資料：国土交通省

① 事後届出制

　大規模な土地取引に関する土地売買等の契約を締結した者のうち、権利取得者は、当該契約に係る土地の利用目的、価格等を、契約締結後2週間以内に都道府県知事又は指定都市の長（以下「都道府県知事等」という。）に届け出なければならず、都道府県知事等は、土地の利用目的が不適当な場合には、利用目的の変更を勧告することができ、勧告に従わないときにはその旨を公表することができることとされている。

　事後届出の件数及び面積の推移は、図表1-2-3のとおりである。また、届出された取引のうち利用目的を審査した結果、勧告・助言をした件数及びその割合は図表75のとおりである。

図表75	事後届出があった場合において勧告・助言をした割合

年	平成10	11	12	13	14	平成15	16	17	18	19	20	21	22	23	24	25	26	27	28	29	30	31
事後届出件数（A）	3,332	14,894	12,512	10,603	9,668	10,790	11,989	12,683	15,624	16,439	14,179	10,139	10,931	11,051	12,407	13,367	14,736	15,176	15,785	17,699	16,723	16,723
勧告件数（B）	0	1	2	0	0	0	0	1	0	0	0	0	0	0	0	0	0	0	0	0	0	0
助言件数（C）	17	168	243	137	139	243	280	261	320	366	251	463	425	310	337	383	291	475	365	272	424	
（B＋C）／A	0.5%	1.1%	2.0%	1.3%	1.4%	2.3%	2.3%	2.1%	2.0%	2.2%	1.8%	4.6%	3.9%	2.8%	2.7%	2.9%	2.0%	3.1%	2.3%	1.5%	2.5%	0.0%

資料：国土交通省
注1：事後届出件数は、届出の処理月ベースである
注2：「勧告」とは、国土利用計画法第24条の規定による土地の利用目的に関する勧告をいう
注3：「助言」とは、国土利用計画法第27条の2の規定による土地の利用目的に関する助言をいう

② 注視区域又は監視区域における事前届出制
ア　注視区域制度

　都道府県知事等は、地価が相当程度上昇し、又はそのおそれがあり、これによって適正かつ合理的な土地利用の確保に支障を生ずるおそれがあると認められる区域を、注視区域として指定することができる。

　注視区域においては、大規模な土地取引について土地売買等の契約を締結しようとする者は、当該契約に係る予定価格及び土地の利用目的を届け出なければならず、都道府県知事等は、予定価格又は土地の利用目的が不適切な場合には、契約の中止等の措置を講ずるよう勧告することができ、勧告に従わない場合には、その旨及び当該勧告の内容を公表することができることとされている。

　令和2年4月1日現在、その指定は行われていない。

イ　監視区域制度

　都道府県知事等は、地価が急激に上昇し、又はそのおそれがあり、これによって適正かつ合理的な土地利用の確保に支障を生ずるおそれがあると認められる区域を、監視区域として指定することができる。

　監視区域においては、都道府県又は指定都市の規則により定められた面積以上の土地取引について土地売買等の契約を締結しようとする者は、当該契約に係る予定価格、土地の利用目的等を届け出なければならず、都道府県知事等は、予定価格又は土地の利用目的が不適切な場合には、契約の中止等の措置を講ずるよう勧告することができ、勧告に従わない場合には、その旨及び当該勧告の内容を公表することができるとされている。

　監視区域は、平成5年のピーク時には58団体（1,212市町村）において指定されていた。その後、地価の下落・沈静化傾向等を踏まえ、都道府県知事等が監視区域の指定解除を機動的かつ弾力的に行い、平成11年末には、監視区域を指定している団体は1都（1村）となった（図表76）。

　その後、国会等移転審議会答申において国会等の移転先候補地が選定されたことに伴い、平成12年1月に関係8府県（48市町村）で監視区域が指定されていたが、令和2年4月1日現在、監視区域を指定している団体は、1都（1村）となっている（図表77）。

図表76	監視区域指定市町村数の推移

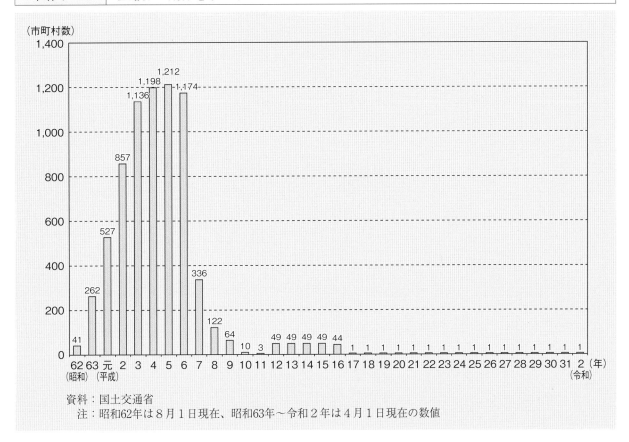

資料：国土交通省
注：昭和62年は8月1日現在、昭和63年～令和2年は4月1日現在の数値

図表77	監視区域の指定を行っている団体

都道府県名 （市町村数）	市 町 村 名	届出対象面積 （下記の面積以上）	指定期間
東 京 都（1村）	小笠原村 （都市計画区域のみ）	500m²	令和2年1月5日 ～令和7年1月4日

資料：国土交通省
注：令和2年4月1日現在の数値

③　規制区域における許可制

　都道府県知事は、土地の投機的取引が相当範囲にわたり集中して行われ、又はそのおそれがあって、地価が急激に上昇し又は上昇するおそれがあると認められる区域等を、規制区域として指定することができる。

　規制区域においては、原則として、全ての土地取引を許可に係らしめ、自己利用等の一定の場合を除き、土地取引が規制されている。

　令和2年4月1日現在、その指定は行われていない。

④　遊休土地制度

　国土利用計画法の遊休土地制度は、遊休土地の積極的な活用を図るとともに、土地に関する権利の移転等の許可又は届出に際して行われる土地利用目的の審査を事後的に補完する意味を持つ制度である。

　土地取引の許可又は届出手続きを経た土地のうち、取得後2年以上経過した一定規模以上の低・未利用地について、その利用を促進する必要があると認められる場合に、都道府県知事がその土地の所有者等に対し遊休土地である旨の通知を行い、通知を受けた者はその土地の利用又は処分に関する計画を届け出な

ければならない。

　都道府県知事は、届け出られた計画に対して必要な助言、勧告等を行うとともに、勧告に従わない場合には買取り協議を行う旨の通知をすることとなっている（図表78、図表79）。

　制度創設以来、全国で246件、223.5haの土地に対し遊休土地である旨の通知がなされている。

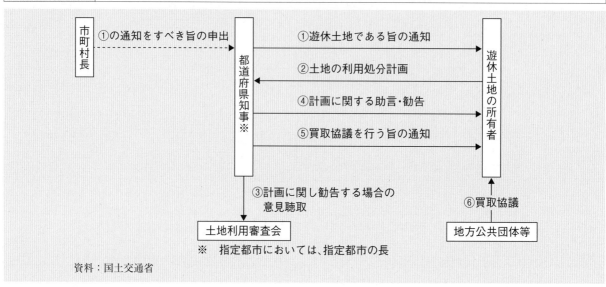

※　指定都市においては、指定都市の長

資料：国土交通省

① 一定規模以上の一団の土地であること

	市街化区域	都市計画区域	都市計画区域外
規制区域	1,000㎡	3,000㎡	5,000㎡
監視区域	都道府県（指定都市）が規則で定める面積。 ただし、その面積が規制区域欄に示す面積未満である場合は、規制区域欄の面積。		
その他	2,000㎡	5,000㎡	10,000㎡

② 国土利用計画法の届出をし、取得後2年経過していること
③ 低・未利用地であること
④ 周辺地域における計画的な土地利用の増進を図るため、特に有効かつ適切な利用を促進する必要があること

資料：国土交通省

（2）国土利用計画体系

①　国土利用計画

　国土利用計画は、国土利用計画法に示されている「国土の利用は、国土が現在及び将来における国民のための限られた資源であるとともに、生活及び生産を通ずる諸活動の共通の基盤であることにかんがみ、公共の福祉を優先させ、自然環境の保全を図りつつ、地域の自然的、社会的、経済的及び文化的条件に配意して、健康で文化的な生活環境の確保と国土の均衡ある発展を図る」との基本理念に即して策定する、国土の利用に関して基本となる計画であり、全国計画、都道府県計画、市町村計画から構成される。国土利用計画においては、「国土の利用に関する基本構想」、農地、森林、宅地等の国土の利用区分ごとの規模の目標とその地域別の規模の目標を示す「国土の利用目的に応じた区分ごとの規模の目標及びその地域別の概要」及び「これらを達成するために必要な措置の概要」を定めることとしている。

　平成17年に国土総合開発法が国土形成計画法へ改正され、国土形成計画（全国計画）と国土利用計画（全国計画）を一体のものとして定めることとされ、平成20年に第四次全国計画が閣議決定され、その目標年次は平成29年としていた。

　しかしながら、この間わが国は平成20年をピークに総人口が減少に転じ、本格的な人口減少社会、超高齢社会に突入した。また、平成23年の東日本大震災をはじめ、多くの自然災害に見舞われた。このような状況において、国土を適切に管理し荒廃を防ぐこと、開発圧力が低減する機会をとらえ、自然環境の再生・活用や災害に対する安全な土地利用の推進等を図ることによって、より安全で豊かな国土を実現することが重要な課題であるという認識の下、平成27年8月に第五次となる国土利用計画（全国計画）を策定した。本計画では、国土の安全性を高め、持続可能で豊かな国土を形成する国土利用を目指し、「適切な国土管理を実現する国土利用」「自然環境・美しい景観等を保全・再生・活用する国土利用」「安全・安心を実現する国土利用」の3つを基本方針としている。また、今後人口減少、高齢化、財政制約等が進行するなかで、基本方針を効率的に実現するために、防災・減災、自然共生、国土管理などの効果を複合的にもたらす「複合的な施策」の推進と、開発圧力が低減する機会をとらえ、土地の履歴や特性を踏まえ、最適な国土利用を選択する「国土の選択的な利用」の推進についても言及している。

　都道府県計画は、全国計画を基本として都道府県の区域内における国土利用の方向を示し、かつ、土地利用基本計画及び市町村計画の基本となるものであり、あらかじめ市町村長等の意見を聴取した上で定められるものである。

　また、市町村計画は、都道府県計画を基本として市町村の区域内における国土利用の方向を示すものであり、公聴会の開催等住民の意向を十分反映させるための措置を講じた上で定められるものである。

　第五次全国計画の策定を受け、多くの都道府県、市町村において計画の策定、見直しが順次進められているところである（図表80）。

図表80	国土利用計画市町村計画策定状況

（件数、率：%）

	市町村数(a)	策定数(b)	策定率(b／a)
北海道	179	83	46.4
東　北（青森県、岩手県、宮城県、秋田県、山形県、福島県、新潟県）	257	197	76.7
関　東（茨城県、栃木県、群馬県、埼玉県、千葉県、東京都、神奈川県、山梨県）	343	103	30.0
北　陸（富山県、石川県、福井県）	51	12	23.5
中　部（長野県、岐阜県、静岡県、愛知県、三重県）	237	142	59.9
近　畿（滋賀県、京都府、大阪府、兵庫県、奈良県、和歌山県）	198	53	26.8
中　国（鳥取県、島根県、岡山県、広島県、山口県）	107	36	33.6
四　国（徳島県、香川県、愛媛県、高知県）	95	44	46.3
九　州（福岡県、佐賀県、長崎県、熊本県、大分県、宮崎県、鹿児島県、沖縄県）	274	169	61.7
合　計	1,741	839	48.2

資料：国土交通省
注1：策定数には、計画の目標年次を経過しているものも含む
注2：首都圏の市町村数には、地方自治法第281条に定める特別区を含む
注3：平成31年3月末現在の数値

② 土地利用基本計画及び土地利用規制

ア 土地利用基本計画

　土地利用基本計画は、国土利用計画（全国計画及び都道府県計画）を基本とし、都市地域、農業地域、森林地域、自然公園地域及び自然保全地域の五地域を定めるとともに、土地利用の調整等に関する事項を内容として都道府県が作成するものである。関係行政機関や地方公共団体は、この土地利用基本計画に即して適正かつ合理的な土地利用規制が図られるよう措置を講ずることとされており、土地利用に関する行政部内の総合調整機能を果たすものである。また、土地取引については直接的に、開発行為については都市計画法を始めとする個別規制法を通じて間接的に、規制の基準としての役割を果たすものである。

　土地利用基本計画における五地域（都市、農業、森林、自然公園及び自然保全）は、それぞれ、個別規制法に基づく地域・区域等の指定がこの五地域に即して行われることを予定して定めている（図表81）。

図表81	五地域の指定状況

平成31年3月末現在　　　　　　　　　　　　　　　　　　　　　　　　　　　　　　　（面積：千ha、割合：%）

地域＼圏域	三大都市圏		地　方　圏		全　　国	
	面　積	割　合	面　積	割　合	面　積	割　合
都　市　地　域	2,842	52.9	7,383	23.1	10,224	27.4
農　業　地　域	1,650	30.7	15,791	49.5	17,441	46.8
森　林　地　域	3,194	59.4	21,952	68.8	25,147	67.4
自　然　公　園　地　域	1,127	21.0	4,479	14.0	5,606	15.0
自　然　保　全　地　域	19	0.4	86	0.3	105	0.3
五　地　域　計	8,832	164.3	49,691	155.7	58,523	156.9
白　地　地　域	55	1.0	581	1.8	636	1.7
単　純　合　計	8,887	165.4	50,273	157.5	59,160	158.6
国　土　面　積	5,374	100.0	31,923	100.0	37,297	100.0

平成30年3月末現在　　　　　　　　　　　　　　　　　　　　　　　　　　　　　　　（面積：千ha、割合：%）

地域＼圏域	三大都市圏		地　方　圏		全　　国	
	面　積	割　合	面　積	割　合	面　積	割　合
都　市　地　域	2,841	52.9	7,383	23.1	10,225	27.4
農　業　地　域	1,650	30.7	15,790	49.5	17,440	46.8
森　林　地　域	3,195	59.4	21,955	68.8	25,150	67.4
自　然　公　園　地　域	1,127	21.0	4,477	14.0	5,604	15.0
自　然　保　全　地　域	19	0.4	86	0.3	105	0.3
五　地　域　計	8,833	164.4	49,690	155.7	58,523	156.9
白　地　地　域	55	1.0	580	1.8	635	1.7
単　純　合　計	8,888	165.4	50,271	157.5	59,158	158.6
国　土　面　積	5,374	100.0	31,923	100.0	37,297	100.0

資料：国土交通省
注1：「割合」は、各圏域の国土面積に占める各地域の面積の割合である
注2：地方圏面積及び全国面積には、歯舞、色丹、国後及び択捉の各島の面積は含まれていない
注3：五地域が重複して指定されているものもあり、五地域を単純に合計した面積は、全国土面積に対して約1.6倍となっている
注4：三大都市圏は、東京圏（埼玉県、千葉県、東京都、神奈川県）、名古屋圏（岐阜県、愛知県、三重県）、大阪圏（京都府、大阪府、兵庫県、奈良県）である

イ　土地利用規制

　国土利用計画法では、土地の利用について土地取引段階において規制を行い、開発・利用を行う段階での規制等は個別の法律に委ねている。個別の法律における土地利用規制の概要は、次のとおりである。

（ア）　都市地域における土地利用規制

　都市計画法では、(a) 都市計画区域の指定（平成30年3月末現在、1,352市町村、約1,024万ha、うち市街化区域約145万ha）、(b) 市街化区域及び市街化調整区域の区分、(c) 用途地域等の決定、(d) 開発行為の許可等に関する措置を定めている（図表82、図表83）。

図表82	都市計画区域の指定状況

（面積：千ha、%）

区　　分	総　　　　数			計	都 市 計 画 区域数	面　積
	市	町	村			
都 市 計 画 区 域　（A）	786	530	36	1,352	1,005	10,244
区 域 区 分 決 定 済	438	173	11	622	251	5,239
用 　途　 地 　域	757	414	20	1,191	816	1,867
全 　　　　　国　（B）	792	744	183		－	37,797
（A）／（B）	99.2	71.2	19.7		－	27.1

資料：国土交通省「都市計画現況調査」
注1：東京都区部は、1市とした。
注2：線引き完了済み都市計画区域の内訳は、市街化区域1,452千ha、市街化調整区域3,787千haである。
注3：平成30年3月31日現在の数値。

図表83	都市計画法第29条に基づく開発許可の状況

（面積：ha）

年度	区域区分設定済都市計画区域						非線引都市計画区域		準都市計画区域		「都市計画区域・準都市計画区域」外		合計	
	市街化区域		市街化調整区域		小計									
	件数	面積	件数	面積	件数	面積	件数	面積	件数	面積	件数	面積	件数	面積
平成 13	8,750	2,907	8,308	1,183	17,058	4,090	1,232	1,257	0	0	88	448	18,378	5,795
14	8,539	2,534	8,494	2,022	17,033	4,556	1,117	1,484	0	0	88	270	18,238	6,310
15	10,157	2,996	10,637	1,370	20,794	4,366	1,153	1,218	0	0	63	272	22,010	5,856
16	10,330	3,399	11,870	1,716	22,200	5,115	1,620	1,399	0	0	54	174	23,874	6,688
17	9,947	3,119	12,808	1,933	22,755	5,052	1,580	1,608	0	0	70	215	24,405	6,875
18	10,057	3,137	14,232	2,150	24,289	5,287	1,672	1,566	0	0	81	442	26,042	7,295
19	9,535	3,386	13,650	2,503	23,185	5,889	1,634	2,276	0	0	74	272	24,893	8,437
20	8,608	2,910	13,834	2,297	22,442	5,207	1,459	1,729	13	40	78	549	23,992	7,525
21	6,876	2,282	12,847	1,712	19,723	3,994	1,012	1,162	21	143	49	263	20,805	5,562
22	8,082	2,657	12,450	1,829	20,532	4,486	1,159	1,266	16	21	48	194	21,755	5,967
23	8,577	2,612	12,096	1,495	20,673	4,107	1,241	1,394	13	12	52	619	21,979	6,132
24	9,452	2,869	12,586	1,918	22,038	4,787	1,443	1,195	14	30	51	174	23,546	6,186
25	9,899	3,000	13,321	1,703	23,220	4,703	1,537	1,520	11	13	95	498	24,863	6,734
26	8,989	2,602	11,057	1,739	20,046	4,341	1,338	1,510	21	119	103	354	21,508	6,324
27	8,765	2,933	11,058	1,738	19,823	4,671	1,324	1,113	9	9	59	280	21,215	6,073
28	9,070	2,702	11,587	1,749	20,657	4,451	1,498	1,252	9	8	61	439	22,225	6,150
29	8,792	2,910	11,339	1,851	20,131	4,761	1,518	1,864	19	39	50	217	21,718	6,881
30	8,733	2,564	11,618	1,534	20,351	4,098	1,566	1,375	19	56	58	270	21,994	5,799

資料：国土交通省

（イ）　農業地域における土地利用規制

　農振法では、(a) 農業振興地域の指定、(b) 農用地区域の設定等を内容とする農業振興地域整備計画の策定、(c) 農用地区域内における開発行為の制限、(d) 土地利用に関する勧告及び交換分合等を定めている（図表84）。

また、農地法では、耕作者の地位の安定、土地の農業上の効率的な利用の促進及び農業生産力の増進を図る観点から、農地等の権利移転や転用の制限等の措置を定めている（図表85）。

図表84	農用地区域の状況

（万ha）

総面積	農用地	混牧林地	混牧林地以外の山林原野	農業用施設用地	その他
468	421	6	33	5	4

資料：農林水産省
注1：市町村から報告のあった数値を集計したもの。
注2：農用地の面積は、田、畑、樹園地及び採草放牧地の面積の合計。
注3：平成30年12月31日現在の数値。
注4：数値は四捨五入の関係で一致しない場合がある。

図表85	転用用途別にみた農地転用の状況

（ha）

区分／年	住宅用地	工・鉱業用地	学校用地	公園、運動場用地	道路、水路、鉄道等用地	商業サービス等用地	その他建設施設用地	植林その他	合計
平成15	5,102	364	101	209	2,159	1,450	6,369	2,251	18,004
16	5,158	334	70	166	1,761	1,590	6,262	2,335	17,675
17	5,277	442	85	130	1,618	1,578	5,833	2,037	17,001
18	5,271	439	55	123	1,775	1,705	5,762	1,827	16,959
19	4,970	575	74	101	1,369	1,779	5,594	1,720	16,182
20	4,546	471	56	117	1,327	1,113	4,979	3,236	15,846
21	3,708	382	63	109	1,360	870	4,079	3,121	13,692
22	3,794	323	80	88	841	808	4,197	2,157	12,288
23	3,864	258	80	98	842	764	3,564	1,823	11,292
24	4,160	291	93	86	837	938	3,902	1,688	11,996
25	4,537	251	65	100	1,032	1,022	4,721	2,076	13,804
26	4,065	406	97	109	1,143	960	5,843	2,610	15,233
27	4,204	316	101	73	855	1,017	6,004	3,938	16,508
28	4,193	384	98	65	759	913	6,217	3,814	16,443
29	4,043	434	78	65	636	878	6,564	4,682	17,380

資料：農林水産省「農地の移動と転用」、「農地の権利移動・借賃等調査」

（ウ）森林地域における土地利用規制

森林法では、（a）保安林及び保安施設地区の指定並びにそれらの区域内における立木の伐採、土地の形質の変更等についての許可制、（b）地域森林計画の対象となっている民有林（保安林等を除く。）における1haを超える開発行為の許可制等に関する措置を定めている（図表86、図表87）。

図表86	森林面積及び保安林面積の推移

（面積：千ha、%）

区分	年度	昭和55	60	平成元	6	13	18	23	27	28	29	30
森林面積	総数（A）	25,279	25,255	25,212	25,146	25,121	25,097	25,081	25,081	25,048	25,048	25,048
	国有林	7,907	7,887	7,861	7,844	7,838	7,686	7,674	7,674	7,659	7,659	7,659
	民有林	17,372	17,368	17,351	17,302	17,283	17,411	17,407	17,407	17,389	17,389	17,389
保安林面積	総数（B）	7,317	7,981	8,224	8,512	9,052	11,763	12,053	12,170	12,184	12,197	12,214
	国有林	3,727	3,936	3,984	4,072	4,309	6,763	6,899	6,920	6,919	6,918	6,917
	民有林	3,591	4,046	4,240	4,440	4,743	4,999	5,155	5,250	5,265	5,280	5,297
（B）／（A）		29	32	33	34	36	47	48	49	49		

資料：林野庁
注1：森林面積は、森林法第2条第1項に規定する森林の面積。
注2：保安林面積は、実面積。
注3：国有林は、林野庁所管以外の国有林を含む。
注4：各年度末現在の数値である。ただし、平成27年度の森林面積は平成23年度末，平成29年度の森林面積は平成28年度末の数値。

| 図表87 | 森林法第10条の2に基づく林地開発許可の状況 |

(件)

開発行為の目的＼年度	件 数													
	平成17	18	19	20	21	22	23	24	25	26	27	28	29	29
工事・事業場用地の造成	86	84	75	72	61	43	46	70	175	304	322	322	271	297
住宅用地の造成	15	19	29	15	9	8	6	10	10	9	9	10	9	6
別荘地の造成	0	0	2	2	1	0	0	0	0	0	0	0	0	0
ゴルフ場の設置	3	1	1	2	0	1	1	0	0	0	0	0	1	0
レジャー施設の設置	5	11	8	6	7	5	4	4	4	2	4	3	3	3
農用地の造成	48	41	61	58	44	48	53	38	18	23	35	34	23	26
土石の採掘	115	119	108	111	82	94	85	79	103	110	103	92	79	63
道路の新設又は改築	34	6	15	18	11	21	19	10	13	12	20	13	7	7
その他	33	47	34	27	23	27	24	17	35	28	25	27	30	36
計	339	328	333	311	238	247	238	228	358	488	518	501	423	438

(ha)

開発行為の目的＼年度	面 積													
	平成17	18	19	20	21	22	23	24	25	26	27	28	29	29
工事・事業場用地の造成	443	407	518	465	297	213	128	489	869	1,941	2,302	2,861	2,547	2,421
住宅用地の造成	72	72	111	34	38	36	35	28	-14	-37	36	62	85	11
別荘地の造成	-2	0	10	12	1	0	0	-1	0	0	9	0	0	-2
ゴルフ場の設置	8	-1	9	9	0	1	3	8	0	-29	-25	0	-56	5
レジャー施設の設置	32	59	23	-33	9	22	11	53	29	13	17	9	7	44
農用地の造成	194	211	292	231	223	184	195	205	126	128	162	138	96	105
土石の採掘	892	1,054	1,009	899	788	879	784	720	1,066	1,148	954	999	682	669
道路の新設又は改築	1,239	47	249	87	146	170	215	133	89	66	113	45	43	76
その他	87	253	181	186	102	84	87	146	169	90	167	167	220	203
計	2,965	2,102	2,402	1,890	1,604	1,589	1,458	1,781	2,334	3,320	3,735	4,281	3,624	3,532

資料：農林水産省
注1：面積は、土地の形質の変更に係る面積であって、開発区域に残置する森林の面積は含まない
注2：件数は、新規許可処分に係るものであって、面積は、当該年度の新規許可処分面積に当該年度の変更許可処分による増減面積を加えたもの
注3：「その他」には産業廃棄物処理場、残土処理場、福祉施設、墓地等が含まれる

（エ）　自然公園地域における土地利用規制

　自然公園法では、国立公園・国定公園等を指定しており、公園内の特別保護地区、特別地域、普通地域等における工作物の新改増築、木竹の伐採、植物採取、土石の採取等の行為について、国又は都道府県知事への許可申請や届出等が必要である（図表88）。

| 図表88 | 国立公園等の指定状況 |

(面積：千ha、％)

区分	公園数	公園面積(A)	特別地域面積(B)	(B／A)	特別保護地区面積(C)	(C／A)	普通地域面積(D)	(D／A)
国立公園	34	2,195	1,619	73.8	292	13.3	576	26.2
国定公園	57	1,445	1,334	92.3	65	4.5	112	7.7
都道府県立自然公園	311	1,948	695	35.7	-	-	1,253	64.3

資料：環境省
注1：特別地域の面積には、特別保護地区の面積を含む
注2：令和2年3月末現在の数値

（オ）　自然環境保全地域における土地利用規制

　自然環境保全法では、(a) 原生自然環境保全地域・自然環境保全地域等の指定並びに原生自然環境保全地域内における立入制限地区及び自然環境保全地域内における特別地区等の指定、(b) 原生自然環境保全地域内における開発行為等の禁止及び立入制限地区における立入禁止、(c) 自然環境保全地域内の特別地区等における開発行為等の許可及び普通地区における届出等に関する措置を定めている（図表89）。

図表89	自然環境保全地域等の面積

（面積・地区：ha、比率：%）

区分	地域数	面　積 (A)	特別地区及び 海域特別地区 ［野生動植物保護地区］ (B)	比　率 (B／A)
原生自然環境保全地域	5	5,631	－	－
自然環境保全地域	10	22,542	18,343 (14,868)	81.4 (66.0)
都道府県自然環境保全地域	546	77,413	25,482 (2,826)	32.9 (3.7)

資料：環境省
注1：原生自然環境保全地域は、南硫黄島、屋久島、大井川源流部、十勝川源流部、遠音別岳の5箇所である
注2：自然環境保全地域は、早池峰、稲尾岳、大平山、利根川源流部、白髪岳、大佐飛山、和賀岳、笹ヶ峰、崎山湾・網取湾、白神山地の10箇所である
注3：令和2年3月末現在の数値

(3)　自然環境保全等のための土地利用規制

①　生息地等保護区における土地利用規制等

　「絶滅のおそれのある野生動植物の種の保存に関する法律」に基づき指定された国内希少野生動植物種の保存のため必要があるときは、その生息・生育地を生息地等保護区に指定することができ、また、生息地等保護区の区域内で特に必要があると認める区域を管理地区として指定することができるとされている。生息地等保護区においては工作物の新築等を行う際にはあらかじめ環境大臣に届け出る必要があり、また、管理地区内においては上記届出を必要とする行為に加えて木竹の伐採等の行為を行う際には、あらかじめ環境大臣の許可が必要である（図表90）。

図表90	生息地等保護区の現況

（面積：ha）

区分	箇所数	面積
生息地等保護区	9	890.18
うち管理地区	9	390.07

資料：環境省
　注：令和2年6月末現在の数値

② 鳥獣保護区における土地利用規制等

「鳥獣の保護及び管理並びに狩猟の適正化に関する法律」に基づき、鳥獣の保護を図るため特に必要があるときは、環境大臣又は都道府県知事は、国指定鳥獣保護区又は都道府県指定鳥獣保護区を指定することができる。また、鳥獣保護区の区域内に特別保護地区及び特別保護指定区域を指定し、これらの地域における工作物の設置等には、環境大臣又は都道府県知事の許可が必要となっている（図表91）。

図表91	鳥獣保護区の現況

（面積：千ha）

区分	国指定		都道府県指定		計	
	箇所数	面積	箇所数	面積	箇所数	面積
鳥獣保護区	86	593	3,657	2,936	3,743	3,529
うち特別保護地区	71	164	541	143	612	307
うち特別保護指定区域	2	1	3	6	5	7

資料：環境省
注：令和元年11月末現在の数値

③ 特別緑地保全地区等における行為制限や土地の買入れの実施等

「都市緑地法」に基づき、市町村による「緑地の保全及び緑化の推進に関する基本計画（緑の基本計画）」の策定を促進している。また、同法に基づく「特別緑地保全地区」の指定を促進し、緑地の保全に支障を生じるおそれのある一定の行為について許可制による制限を行うとともに、地方公共団体による土地の買入れ等を促進している。

また、「首都圏近郊緑地保全法」及び「近畿圏の保全区域の整備に関する法律」に基づき「近郊緑地保全区域」を指定し、区域内における一定の開発行為について届出制を設けるとともに、近郊緑地保全区域内の枢要な部分を構成している地域については「近郊緑地特別保全地区」の指定を促進し、一定の開発行為について許可制による制限を行うとともに、地方公共団体による土地の買入れ等を促進している。

さらに、「古都における歴史的風土の保存に関する特別措置法」に基づき「歴史的風土保存区域」を指定し、区域内の一定の開発行為について届出制を設け、また、歴史的風土保存区域内の枢要な部分を構成している地域については「歴史的風土特別保存地区」の指定を促進し、一定の開発行為について許可制による制限を行うとともに、地方公共団体による土地の買入れ等を促進している。

各区域及び地区の指定状況は、図表92のとおりである。なお、平成30年度末までに、約1,702 haの特別緑地保全地区（近郊緑地特別保全地区を含む。）の土地の買入れが行われ、約930haの歴史的風土特別保存地区の土地の買入れが行われた。

図表92	特別緑地保全地区等の指定状況

（面積：ha）

区分	箇所数	面積
特別緑地保全地区	621	2,818
近郊緑地保全区域	25	97,330
うち近郊緑地特別保全地区	30	3,746
歴史的風土保存区域	32	20,083
歴史的風土特別保存地区	60	6,428

資料：国土交通省
注1：特別緑地保全地区は平成16年の都市緑地法改正で緑地保全地区より名称変更。
注2：平成31年3月末現在の数値。
注3：歴史的風土特別保存地区の箇所数及び面積には、明日香村における歴史的風土の保存及び生活環境の整備に関する特別措置法に基づく第1種歴史的風土保存地区及び第2種歴史的風土保存地区を含む。

④ 保安林制度

　水源の涵養、災害の防備、生活環境の保全・形成等の公共目的を達成するため、特にこれらの機能を発揮させる必要のある森林を保安林として指定し、その森林の保全と適切な森林施業の確保を図ることによって、森林の有する公益的機能を高度に発揮させることが重要である。このため、全国森林計画に基づいた保安林の計画的な配備に努め、平成31年3月末現在の保安林の指定面積は約1,221万ha（実面積）となっている（図表93）。

<table>
<tr><td colspan="2">図表93</td><td colspan="15">保安林の指定状況</td></tr>
</table>

（千ha）

区分＼年	平成17	18	19	20	21	22	23	24	25	26	27	28	29	30	30
水源涵養のための保安林	8,472	8,775	8,870	8,966	9,001	9,033	9,080	9,100	9,128	9,152	9,167	9,185	9,195	9,204	9,224
災害防備のための保安林	2,798	2,825	2,841	2,855	2,860	2,876	2,898	2,911	2,919	2,926	2,933	2,940	2,945	2,952	2,959
保健・風致の保存等のための保安林	776	779	780	785	785	787	788	788	789	790	790	790	791	793	793
合　　　計	11,331	11,654	11,763	11,876	11,915	11,964	12,023	12,053	12,091	12,122	12,143	12,170	12,184	12,197	12,214

資料：農林水産省
注1：各年とも3月31日現在の数値
注2：水源涵養のための保安林とは、森林法第25条第1項第1号の目的、災害防備のための保安林とは、土砂の流出の防備、土砂の崩壊の防備などの第2号から第7号までの目的、保健・風致の保存等のための保安林とは、第8号から第11号までの目的を達成するために指定する保安林をいう
注3：保安林面積の合計欄は、2以上の目的を達成するために指定する保安林があるため、内訳の合計に合致しない

⑤ 国有林野における保護林

　国土面積の約2割、森林面積の約3割を占める国有林野については、「国有林野の管理経営に関する法律」に基づき管理経営を行っており、世界遺産一覧表に記載された「知床」（北海道）、「白神山地」（青森県、秋田県）、「小笠原諸島」（東京都）及び「屋久島」（鹿児島県）を始めとする、原生的な森林生態系や希少な野生生物の生育・生息の場となっている森林が多く所在している。国有林野事業では、このような生物多様性の核となる森林を保護林（平成31年4月1日現在、667箇所、97.8万ha）に設定して、厳格な保護・管理を行っている（図表94）。

<table>
<tr><td colspan="2">図表94</td><td colspan="3">保護林の現況</td></tr>
</table>

（面積：千ha）

保護林区分	特　　　徴	箇所数	面積（千ha）
森林生態系保護地域	我が国の気候帯または森林帯を代表する原生的な天然林を保護・管理	31	701
生物群集保護林	地域固有の生物群集を有する森林を保護・管理	96	237
希少個体群保護林	希少な野生生物の生育・生息に必要な森林を保護・管理	540	40
合　　　計		667	978

資料：農林水産省
　注：平成31年4月1日現在の数値

(4) 国土調査

① 第7次国土調査事業十箇年計画に基づく国土調査事業の推進

　国土調査（基本調査、土地分類調査、水調査、地籍調査）は、国土調査法及び国土調査促進特別措置法等に基づき、国土の開発及び保全並びにその利用の高度化に資するとともに、あわせて地籍の明確化を図るため、国土の実態を科学的かつ総合的に調査するものである。国土調査は、土地に関する最も基礎的な情報を整備するものであり、大きく三つに分けることができる（図表95）。

図表95	国土調査の種類

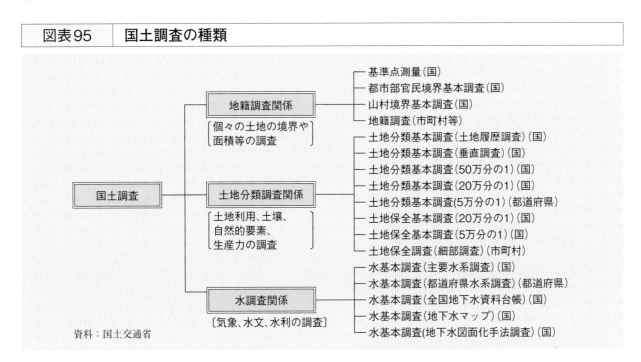

資料：国土交通省

　国土調査の緊急かつ計画的な実施の促進を図るため、昭和37年に国土調査促進特別措置法が制定され、昭和38年以降、同法に基づく国土調査事業十箇年計画を策定し、その推進を図ってきたところである。

　令和2年3月に国土調査促進特別措置法が改正され、これに基づき、令和2年5月に第7次国土調査事業十箇年計画（計画期間：令和2年度から令和11年度まで）が閣議決定されており、国土調査のより一層の推進に取り組んでいる（図表96）。

図表96	第7次国土調査事業十箇年計画の事業量

調 査 名	第6次計画実績	第7次計画
地籍調査（km²）	9,713	15,000
地籍基本調査（km²）	896	450
土地分類調査（土地履歴調査）（km²）	18,000	20,000

資料：国土交通省
注1：「実績」は、令和元年度末現在の数値
　　2：「地籍基本調査」の「実績」には、都市部官民境界基本調査と山村境界基本調査の実測面積を示している

② 地籍調査の実施

　地籍調査は、個々の土地の境界や面積等を調査し、その結果を地籍図及び地籍簿に取りまとめるものである。

　我が国では、土地の位置や形状を示す図面が登記所に備え付けられているが、その約半分は、明治時代の地租改正等に由来する「地図に準ずる図面」（その大部分が旧土地台帳附属地図）である。そのため、一般的に精度が劣っているものが多いことに加え、登記記録上の面積も不正確な場合があり、現代の社会経済上の要請に応えきれていない面がある。このような状況を改善するため、地籍調査では、国家基準点に基づく正確な測量を行い、現地において復元できる地籍図と地籍簿を作成することになっている（図表97）。

図表97	公図と地籍図

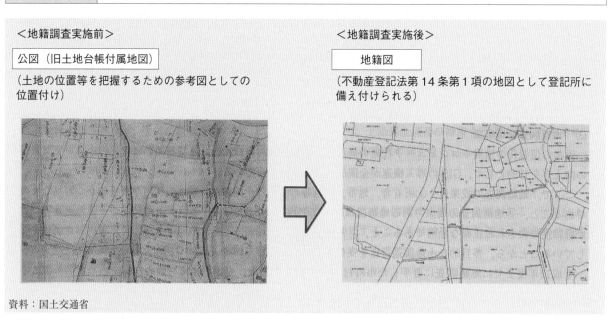

＜地籍調査実施前＞

公図（旧土地台帳付属地図）

（土地の位置等を把握するための参考図としての位置付け）

＜地籍調査実施後＞

地籍図

（不動産登記法第14条第1項の地図として登記所に備え付けられる）

資料：国土交通省

ア　地籍調査の重要性

　地籍調査の成果は、20日間の閲覧後に、都道府県知事の認証等を経て、その写しが登記所に送付される。登記所では、地籍簿に基づき登記記録の内容が改められるとともに、地籍図が原則として不動産登記法第14条第1項の地図として備え付けられることになり、土地取引の円滑化や土地資産の保全に貢献する。

　また、地籍調査の成果は、公共事業や民間開発事業のコスト縮減、公共物管理の適正化、まちづくり等の様々な場面において広く活用されている。

　さらに、地籍調査が実施された地域では、地震、土砂崩れ、水害等の災害により土地の形状が変わってしまった場合にも、土地の境界を正確に復元し、復旧活動に迅速に取りかかることが可能となるため、災害復旧・復興の迅速化という点からも地籍調査の推進が強く望まれている。

イ　地籍調査の進捗状況

　地籍調査の進捗率は、令和元年度末現在、全国で約52％となっており、人口集中地区（DID）においては約26％と特に低い状況にある（図表98）。この原因としては、都市部では、土地が細分化され筆数が多く、土地の権利関係が複雑化している上に、地価が高く所有者の権利意識が強いため、他の地域に比べて境界確認の合意を得ることが困難であることなどが挙げられる。

　また、林地における進捗率が約45％にとどまっており、全国平均に比べて低い状況にある。この原因としては、土地所有者の高齢化に伴い、地形が急峻な山村地域における現地立会いが困難になるなどの調査・測量上の課題が挙げられる。

図表98　地籍調査の地域区分別の進捗率

地域区分	対象面積	実績面積	進捗率
D　I　D	12,673	3,259	26
宅　　地	19,453	9,892	51
農　用　地	77,690	54,535	70
林　　地	178,150	80,800	45
合　　計	287,966	148,486	52

資料：国土交通省
注1：「対象面積」は、全国土面積から国有林野及び公有水面等を除いた面積である
注2：「DID」とは、国勢調査による人口集中地区（Densely Inhabited Districtsの略）を指し、
　　　具体的には、人口密度4,000人/㎢以上の国勢調査上の基本単位区が互いに隣接して、5,000
　　　人以上の人口となる地区のことである
注3：令和元年度末現在の数値
注4：計数は、それぞれ四捨五入によっているので合計は一致しない場合もある

土 地 白 書　　　　（令和2年版）

令和2年9月28日　発行　　　　　　定価は表紙に表示してあります。

編　集　　　国 土 交 通 省
　　　　　　　〒100-8918
　　　　　　　東京都千代田区霞が関2 - 1 - 3
　　　　　　　　　TEL 03 (5253) 8111

発　行　　　勝 美 印 刷 株 式 会 社
　　　　　　　〒113-0001
　　　　　　　東京都文京区白山1 -13- 7
　　　　　　　　　TEL 03 (3812) 5201

発　売　　　全国官報販売協同組合
　　　　　　　〒105-0001
　　　　　　　東京都北区田端新町1 - 1 - 14
　　　　　　　　　TEL 03 (6737) 1500